우리 아버지 시대의 마이클 조던

득점기계 신동파

이 책은 한국언론진흥재단의 저술지원으로 출판되었습니다.

SCORING MACHINE

우리 아버지 시대의 마이클 조던,

득점기계 신동파

SHIN DONG PA

허진석 지음

20세기의 마지막 해 7월이었다. 7만 7천 톤 크루즈를 타고 알래스카 해안을 떠돌았다. 거기서 그의 이름을 들었다. '신동파'. 차가운 북쪽 바다에 우뚝 선 크루즈의 위용은 서울역 앞 대우빌딩을 뿌리째 뽑아다 바다에 심어 놓은 듯 당당했다. 갑판은 드넓었고 선실엔 빈 곳이 없었다. 거기서 힘든 일을 하는 사나이들은 대개 필리핀 선원들이었다. 일이 없을 때, 그들은 뱃일보다 더 힘들 것 같은 농구를 하며 고단한 일상을 스스로 위로했다. 나는 아직 30대였고, 당연히 피가 뜨거웠으며 무엇보다도 농구를 사랑했다. 나는 국산 운동화로 갈아 신고 그들과 마주 섰다. 반들반들한 플로어가 깔린 코트에서 필리핀 사나이들의 검게 그을린 어깨에 내 어깨를 부딪치며 공을 다퉜다. 먼 거리에서 슛을 성공시켰을 때 그들은 외쳤다.

"신동파!"

기를 쓰고 슛을 못하게 막으려는 나를 선수처럼 유연한 드리블로 제치고 어려운 동작으로 레이업슛을 넣은 뒤, 그들은 외쳤다.

"신동파!"

신동파, 신동파, 신동파…… 처음에는 내가 한국인이니까 놀리려고, 아니면 기분 좋게 해주려고 그러는 줄 알았다. 그러나 시간이 갈수록 그들에게 신동파란 기합(氣合)이고, 감탄사이고, 더 나아가 신비한 힘을 가진 주술적 언어임을 알아차렸다. 필리핀에서는 그의 이름이 '복(福)', '행운', '만사형통' 등과 같은 의미를 지닌 보통명사로 사용된다는 기사를 읽은 것은 한참 뒤의 일이었다. 나는 혼란에 빠지고 말았다. 스포츠 기자가 된 뒤 줄곧 농구를 취재했으므로 물론 신동파를 모르지는 않았다. 그런데 북극이 멀지 않은 그 바닷가에서 나는 신동파라는 개인에 대해 모든 것을 잊고 말았다. 알래스카의 해안선을 뒤덮은 만년설과도 같이, 나의 농구에 대한 기억은 백지상태로 돌아갔고 신동파는 내가 '모르는 사람', '낯선 누군가'가 되어 있었다. 그날 자메이카에서 온 카지노 딜러 두 명과 편을 먹은 나는 필리핀 청년들과의 3대3 대결에서 엄청난 점수 차로 지고 말았다. 내기에서 진 나는 그들에게 맥주를 돌리며 잔을 비울 때마다 함께 '신동파!'를 외쳤다. 거대한 크루즈라도 배임에는 틀림없었다. 내가 들이키는 맥주 한 잔 한 잔이 물이 가득 담긴 양동이처럼 목덜미에 척척 얹히는 것 같은 기분이 들었다. 강한 주먹에 관자놀이를 두들겨 맞는 듯 두통에 시달리면서, 나는 여느 날보다 일찍 침대 속으로 기어들어 갔다. 까무룩 기억의 끝자락이 의식 저편으로 사라져 갈 즈음, 나는 언젠가는 신동파에 대해 알아보고 그를 주제로 멋진 글을 써야겠다고 다짐했다.

시간이 흘렀다. 나는 최근 2년 동안 신문사 일에서 떠나 이름 없는 학자로서 묵은 기록을 벗 삼았다. 2012년에는 국민대학교의 이기광-이대택 교수, 2013년에는 순천향대학교의 전혜자 교수의 배려 속에 학교 시설을 이용하면서 웁살라에 간 미셸 푸코라도 된 듯 오래된 책과 문서들에 코를 처박고 이것저것 끄적거렸다. 그러나 20세기의 마지막 해 초여름에 북쪽 바다에서 만난 낯선 이름 신동파를 잊지 않았다. 신문사를 그만두기 전부터 그에 대한 자료를 모으기 시작했고, 2010년부터는 그를 가르친 미국인 코치 찰리 마콘(Charlie Marcon)과 제프 고스폴(Jeff Gausepohl)을 차례로 면담하였다. 2012년이 끝나갈 즈음에는 그와 동시대를 누빈 김영기·김인건·이인표·유희형·김무현·최종규·박한 등에 대한 인터뷰도 마쳤다. 신동파에 대한 신문 기사와 책자 등 자료도 상당 부분 확보되었다. 2013년 봄, 마지막 단계로 신동파의 구술을 들으며 과거의 기록을 확인하는 작업이 막바지 단계에 이르렀다. 나는 비로소 "이제 책을 쓸 수 있겠다."라고 생각했다.

그러므로 이제 내가 쓰고자 하는 책의 중심 주제는 신동파다. 그렇지만 단지 옛날을 기억하는 이야기책이나 흔해빠진 평전(評傳)이 아니라 역사·문화적 담론으로 충만한 인문저술을 목표로 삼는다. 현재를 살아가는 독자들의 가슴에 선명한 기억을 남기는 한편 사초(史草)를 쓰는 역관과도 같이, 연구자들이 반드시 보아야만 할 원전(原典)을 남기기를 원한다. 물론 이와 같은 목표가 얼마나 달성하기 어려우며 때로는 허황된 것인지 잘 안다. 그러나 지난한 목표를 걸지 않고는 자칫 안이한 낙관과 기대에 몰입해 기본을 그르치기 십상이기에 피할 길이 없는 과정이다.

신동파(申東坡, 1944년 9월 2일~)는 1960년대 한국 남자농구 대표팀의 주요 선수였으며 훗날 여자실업농구팀 태평양화학과 여자농구 대표팀, 남자프로농구 SBS 스타즈팀에서 지도자로 활약하고 대한농구협회(KBA)의 부회장을 역임한 농구인이다. 광복 이후 한국 남자농구 스타 계보의 첫머리를 장식하는 인물로서 한국 남자농구가 1969년 최초로 아시아 남자농구 정상에 오르는 데 기여한 주요 인물군(群) 가운데서도 첫 손에 꼽힌다. 그는 두 손을 이용해 던지는 슛, 즉 '투 핸드 세트 슛(Two Hand Set Shot)'이 널리 사용되던 시기에 농구를 배웠다. 그러나 성장기에 독학으로 한 손만을 이용해 던지는 '원 핸드 점프 슛(One Hand Jump Shot)'으로 전환한 뒤 이를 체득함으로써 전례를 찾기 어려운 높은 득점 능력을 발휘하였다. 즉, 원 핸드 점프 슛이라는 새로운 트렌드(trend)를 받아들여 완성한 인물인 것이다. 또한 신동파가 현역으로 활약하던 시대에 한국의 남자농구 대표팀은 물론 그가 소속한 중소기업은행 남자농구팀에서도 그를 중심으로 한, 득점 전술을 수립해 수행함으로써 높은 득점 능률을 실현하였다. 이를 계기로 한국의 남자농구는 '슈터(shooter)'를 중심으로 한 공격 전술이라는 독특한 득점 방식을 체질화하였다. 또한 이는 한국 남자농구의 팀 전술로 승계되어 최근의 남자농구 대표팀에까지 적용되고 있다. 따라서 신동파는 현대 한국농구의 윤곽을 완성하는 데 기여한 선구자 가운데 한 명이며, 프로농구가 출범하여 인기 종목으로 자리를 굳히게 되는 근원이기도 하다.

그러므로 신동파라는 농구선수에 주목해야 하는 이유는 분명하다. 그의 활동은 10대 후반에 국가대표로 선발된 이후 특히 국제무대에서 성취한 범상치 않은 내용으로 이뤄졌다. 그가 우리 농구사에 남긴 족적은 매우 큰 중요성을 지닌다. 신동파는 한국 남자농구 사상 최초이자 현재로서는 유일하게 세계선수권대회(1970년 유고)에서 최고 득점자(득점왕)가 되었다. 아시아 무대에서는 당대 최고의 득점 능력을 발휘함으로써 필리핀을 비롯한 일부 아시아 국가에서 전례를 찾아보기 어려운 숭배의 대상이 되었다. 신동파는 필리핀, 대만 등지에서 매우 존경을 받은 슈퍼스타이다. 특히 필리핀에서는 그의 이름이 '복(福)', '행운', '만사형통' 등과 같은 의미를 지닌 보통명사로 사용됐을 정도로 신적인 추앙을 받고 있다. 현역 시절의 신동파는 절륜한 경기력을 구사하는 최고의 선수로서 스포츠 코리아를 대표하였으며, 해외에서는 높은 인기를 구가한 몇 안 되는 '한류(韓流) 스타'였다고 볼 수 있다. 물론 한류란 2000년대 들어 등장한 용어로서 한국의 드라마와 가요 등 대중문화가 일본과 동남아를 비롯한 세계 각국에서 큰 인기를 모으며 현지화하는 현상을 일컫는다. 이런 점에서 신동파를 현재와 같은 한류의 개념에 포함시키기는 물론 어렵다. 그러나 대한민국이 국위선양을 스포츠-체육 정책의 근간으로 삼았던 1960년대 이후 국가아마추어주의(State Amateurism)의 시대에 신동파는 수출 가능한 최고의 문화 콘텐트 가운데 하나였다고 해도 과언이 아니다.

신동파가 활약한 시대는 한국 남자농구가 아시아 정상을 지향하면서 자기 개혁을 위한 노력을 경주한 시기이다. 미국인 코치를 초빙하여 수행한 일련의 훈련 프로그램 개혁과 해외 전지훈련 등으로 이전과 분명히 차별화된 경기력을 습득해 가는 과정에 있었다. 신동파는 이 시기의 대표적 인물로서 세심한 고찰과 평가가 필요하다. 1960년대 초·중반의 한국농구는 아시아 3~4위 수준의 경기력에 머무르고 있었다. 아시아 열강의 대열에 진입하는 시기는 1969년 아시아남자농구선수권대회와 1970년 아시아경기대회에서 우승할 때이다. 이 시기는 신동파가 선수로서 절정의 경기력을 발휘하던 시점과 일치한다. 그러므로 1960년대 후반의 한국 남자농구가 거둔 성취를 평가하는 작업은 신동파의 역량과 기여에 대한 심도 깊은 관찰과 분석을 전제로 해야 한다. 또한 그 경기 내용과 기술, 기술 습득 과정과 훈련의 내용 등을 기록하여 자료화하는 일은 한국 스포츠 역사의 측면에서도 적지 않은 의의를 지닌다. 이는 현재의 한국농구, 나아가 한국의 스포츠가 지향하는 국제수준의 경기력 확보와 지도자 및 선수의 자질 향상이라는 목표의 실현을 위해서도 주요한 참고 자료이자 선례의 일부로서 검토할 가치가 충분하다.

그런데 신동파의 활동에 관한 본격적인 저술이나 학술 수준의 연구는 충분하지 않은 상태이다. 신동파가 현역 선수로 활동하던 당시의 기록은 신문이나 잡지, 『대한뉴스』 등에 보도된 내용이 전부이다. 이런 자료들은 그나마 체계적으로 분류되어 있다고 보기도 어렵다. 아이러니컬하게도 신동파의 활동에 대한 세세한 기록은 한국이 아니라 필리핀에서 더 많이 발견할 수 있다. 필리핀의 매체들은 신동파가 현지에서 열린 국제경기에 참가했을 때의 활약상과 기록을 한국의 미디어에 비해 세밀하게 반영하고 있다. 반면 한국에서 신동파의 활동에 대한 기록은 신문이나 잡지 등의 매체에 그가 은퇴한 뒤에 서술한 회고록 형식으로 흩어져 있다. 이러한 회고는 주로 개인적 체험을 술회하는 수준에 그쳐 심도 깊은 이해와 평가를 위한 자료로서는 매우 불충분하다. 또한 신동파와 동시대에 활약한 인물 등의 회고가 각종 인쇄 매체에 산재하고 있다. 이들 가운데 신동파가 서술하지 않은 내용의 일부를 단편적으로 취합함으로써 그 윤곽을 짐작할 수는 있다. 사정이 이러한 까닭에, 신동파에 대한 생애사적 기록은 대부분 신동파 본인이 남긴 회고와 그의 주변 인물들의 기술에 의존하는 수밖에 없다. 다만 현존 인물이라는 점에서 본인과 주변 인물들에 대한 구술 채록을 통해 미시적 확인이 가능하다. 이 역시 서둘러야 할 작업임에 틀림없다.

한편으로, 신동파 개인에 대한 문헌과 구술을 통한 생애사 검토 외에 그가 수행한 훈련과 경기의 내용에 대한 기록과 검토 역시 불가결하다. 왜냐하면 스포츠에 있어서 기능과 정신적 의지의 표현은 경기를 통하여 구현되기 때문이다. 이 과정을 빠뜨리고서는 결코 탁월한 경기인의 제대로 된 모습을 분명히 재현해낼 수가 없다. 신동파의 경우, 이와 같은 목적을 달성하기 위하여 가장 바람직한 검토의 대상은 그가 현역 선수로 활약할 당시의 시각 자료이다. 그 가운데서도 동영상 자료는 시간의 공백을 뛰어넘어 과거를 현재에 재현하는 유력한 도구가 된다. 신동파의 존재가치를 확인하는 한편, 슈터 중심의 경기 운영이라는 전통을 확립하게 만든 특출한 슛 능력에 대해 분석하고 확인하는 데 동영상만큼 효과적인 도구는 없을 것이다. 하지만 불행히도 자료의 질과 양은 매우 부족한 수준이다. 이와 같은 사정은 국내·국외를 막론하고 비슷한 상황이라고 판단된다. 국내에는 정부기록물인 『대한뉴스』를 제외하면 온전한 동영상 자료를 찾기 어렵다. 일본이나 대만, 필리핀 등지에 1960~1970년대 남자농구 경기 자료가 잔존할 것으로 기대할 수 있으나 그 존재 유무는 2013년 3월 현재까지 확인되지 않았다. 따라서 신동파가 출전한 경기의 전(全) 시간을 분석할 수 있는 동영상 자료는 없다. 그러나 다행히도 신동파 본인이 소장한 자료 가운데 1980년대 국내 텔레비전 방송(KBS)을 통하여 방영된 것으로 보이는 약 5분 분량의 경기 동영상이 있다. 이 동영상은 1971년 아시아남자농구선수권대회에서 한국 팀이 대만과 벌인 결승리그 경기 장면을 담고 있다. 이 동영상을 통하여 아쉬운 대로 전성기 신동파의 슛 동작을 검토할 수 있다. 이와 함께 1969년 12월 6일자로 녹화된 『대한뉴스』 보도 화면에서 신동파의 정면 점프슛 동작을 발견할 수 있다.*

이러한 동영상 검토에는 물론 제한점과 한계도 있다. 첫째, 짧은 동영상 자료를 다각도로 검토한 결과를 근거로 삼았으므로 표본수가 매우 부족하다. 따라서 표본수가 충분할 경우에 비해 오류의 가능성이 낮다고 볼 수 없다. 둘째, 동영상 자료가 신동파의 전형적인 슛 자세를 모두 반영하고 있다고 보기 어렵기에 과학적인 유추 내지 해석에 의존해야 할 경우도 있다. 그럼에도 불구하고 신동파의 현역 시절 경기 모습에 대한 시각적 검토와 분석은 그가 남긴 탁월한 기록과 본인 또는 주변 인물의 기억을 재구성한 문헌 및 일련의 구술과 더불어 의미 있는 수준에서 이해와 해석이 가능하도록 외연을 확대하게 해준다. 이 가운데는 최초로 발굴된 자료가 상당수이며, 따라서 제한적인 범위를 뛰어넘는 의미 부여가 가능할 것이다.

이 책을 통하여, 신동파에 대한 문헌 조사와 구술 면담 뿐 아니라 그와 함께 활약한 당시의 한국 남자농구 주변 인물들을 함께 인터뷰

---

* 또한 나는 여러 방면으로 노력한 끝에 일본과 국내에 거주하는 지인들의 도움으로 1971년 일본에서 열린 제6회 아시아남자농구선수권대회 경기 동영상을 2013년 9월 15일에 확보하였고 2014년 9월 현재 분석 작업을 하고 있다.

하여 신동파의 존재를 통하여 이룩한 한국 남자농구의 의미 있는 성과를 집약할 수 있을 것이다. 특히 경기력 향상과 한국 남자농구가 체험하게 된 패러다임의 변화 및 정체성의 확정 등에 대하여 구체적으로 논구하는 일도 가능하다. 이를 위하여 당대와 이후의 주요 문헌을 정밀하게 검토하고 신동파는 물론 그와 함께 활약한 당대의 인물들을 인터뷰하였다. 즉 김인건·이인표·방열·박한·최종규·하의건·유희형·최영식·김무현·조승연 등의 구술을 채록하였다. 이들의 구술을 통하여 당시 남자농구 대표팀의 운영과 훈련 내용, 주변 상황과 신동파의 훈련 및 경기 내용을 입체적으로 재구성하는 일이 가능했다. 또한 신동파 농구의 실체로서 신동파의 경기, 특히 슛 동작 및 경기 내용에 대한 검토를 통하여 신동파의 농구 및 그 경기력의 과학적인 데이터화를 위한 가능성도 확인하였다. 이러한 작업은 1960~1970년대 한국 남자농구 대표팀의 운영과 훈련 내용을 현재 공간 위에 선명하게 구현한다. 필리핀·대만·일본 등에 열세를 보이던 한국 남자농구가 아시아 정상급 경기력을 갖추게 되는 과정이 세세히 드러난다. 흥미로운 내용을 담고 있으면서도 학술 부문, 특히 체육사 연구의 유력한 자료로 활용할 수 있으므로 그 가치가 적지 않으리라 기대한다. 또한 신동파라는 특출한 선수를 매개로 확충된 콘텐츠를 추출해 특히 현재와의 관련성이라는 관점에서 생산적 학습의 경험으로 구체화할 수 있을 것이다.

　신동파는 뛰어난 득점 기술로 1960년대 후반부터 1970년대 초반까지 한국은 물론 아시아를 넘어 세계무대에서도 경쟁력을 발휘한 한국 남자농구의 대표적인 스타플레이어였다. 그는 한국인 최초이자 유일한 세계농구선수권대회 득점왕(1970년 유고 세계남자농구선수권대회에서 경기당 32.6점)으로 국제농구연맹(FIBA)에 기록되어 있다. 그가 남긴 기록은 2012년 3월 현재까지 역대 2위에 해당할 만큼 탁월한 수준으로 평가할 수 있다. 특히 신동파는 투 핸드 점프숏 또는 투 핸드 세트 숏이 혼용되던 시기에 당시로서는 새로운 기술에 속한 원 핸드 점프 숏을 완전히 체득하여 본격적인 숏 플레이를 수행하였다. 그는 높은 릴리스 위치와 일관된 숏 모션을 통하여 매 경기 기복이 적은 균일한 경기력을 발휘하였다. 그가 수행한 경기력과 그에 따른 업적은 훗날 등장하는 이충희·김현준·문경은 등 우수한 숏 전문 선수들에게 영향을 주었다. 한국 농구사에서 신동파는 광복 이후 첫 대중스타라고 할 수 있는 김영기의 뒤를 이어 남자농구의 가장 대표적인 인기선수로 자리매김하게 되었다. 남자농구 선수로서 그의 경기력과 인기에 버금가는 인물로는 1980년대 초반에 등장하는 이충희, 1980년대 중반에 등장해 모든 연령을 초월해 신드롬을 일으켰던 허재가 있다. 이 가운데 이충희는 신동파의 경기 스타일과 슈터 중심의 농구라는 콘셉트를 유산으로 물려받은 직접적인, 또한 마지막 계승자로 평가할 수 있다. 신동파는 새로운 기술을 적극적으로 수용하고 체득해 자기화함으로써 세계적 수준의 경기력을 확보한, 한국 농구 선수로서는 매우 드문 사례에 속한다. 그를 통하여 선진 기술의 신속한 도입과 숙련이 얼마나 중요한지를 알 수 있다. 신동파는 한국 남자농구가 1969년 제5회 아시아남자농구선수권대회와 1970년 제6회 아시아경기대회를 잇달아 제패하면서 아시아의 정상으로 발돋움하는 데 결정적으로 기여하였다. 한국농구는 1967년 유니버시아드 2위, 1970년 세계남자농구선수권대회 11위 등 한때 세계 농구의 정상권에 근접한 경기력을 발휘하였다. 그러나 2014년 현재 한국농구의 위상은 세계무대는커녕 아시아에서도 정상권에 머무르고 있다고 장담하기 어려운 상황이다. 이러한 현실을 고려할 때, 신동파의 개인적 분발과 그를 둘러싼 한국 농구계의 노력은 교훈과 모범으로 삼을 충분한 가치가 있다.

이 책을 쓰기까지 도움을 주신 신동파 선생과 인터뷰에 응해 준 우리 농구의 전설들께 깊이 절한다. 언제나 호의로써 내가 쓰는 글을 읽어 주시고 주저 없이 출간하여 세상의 빛을 보게 해 주시는 도서출판 역락과 글누림출판사의 이대현, 최종숙 대표 두 분께 감사드린다. 훌륭한 편집으로 부족한 저술을 다듬어 아름다운 작품으로 완성해 준 이태곤 편집장과 안혜진 디자이너의 노고에 어떻게 보답해야 할지 모르겠다. 출판을 지원해준 한국언론진흥재단 관계자들께도 감사드린다.

이 책을 아름다운 오월에 세상 소풍을 끝낸 나의 장인 심권택 니콜라오께 바친다. 그는 고통스럽게 투병했고, 결코 이길 수 없는 싸움인 줄도 알고 있었으나 삶을 긍정하였고 결코 좌절하지 않았으며 언제나 유머러스했다. 인생의 마지막 순간까지 성실했던 그에게 영원한 평화가 깃들이기를 기도한다.

세검정의 신록 아래서
허진석

프롤로그

고국에 계신 동포 여러분 안녕하십니까!

내 나이 또래, 사실은 그보다 더 오랜 세대의 한국인으로서 농구에 관심이 있었다면 신동파라는 이름은 목소리로 기억할 것이 분명하다. 신동파가 활약하던 시대는 라디오의 시대였다. 그러므로 현재에 이르러 신동파가 활약하는 모습을 동영상으로 확인할 수 있는 기회는 많지 않다. 앞으로 신동파의 현역 시절 활약하는 모습을 담은 동영상 자료가 무더기로 발견될 가능성은 없지 않다. 필리핀과 대만, 일본, 이스라엘 등 신동파가 전성기를 구가하던 시절에 아시아 남자농구의 강호로 군림한 나라의 방송 자료를 검색함으로써 가능할지도 모른다.

신동파는 한국이 1969년 제5회 아시아남자농구선수권대회에서 필리핀을 제압하고 우승했을 때 필리핀 텔레비전에서 그 경기를 여러 차례 반복해서 중계방송(그러므로 녹화방송이었을 것이다)했다는 말을 최근까지도 많은 필리핀 사람들로부터 들었다고 한다. 그러나 필리핀 교민이나 친분이 두터운 필리핀 농구인들에게 거듭해서 부탁하고 수소문도 했으나 중계방송을 녹화한 동영상 자료는 찾지 못했다. 뒤에 가서 언급하겠지만, 신동파의 현역 시절 활약을 담은 동영상은 주로 일본에서 보관해왔다. 이 자료들이 현재 어느 곳에서 어떻게 관리되고 있는지는 2014년 현재까지 정확하게 파악되지 않았다. 내가 보관하고 있는 신동파 관련 동영상 자료는 두 종류인데 원래 소재지는 모두 일본이다. 그러나 그 중 하나는 한국방송에서 여러 해 전에 방송한 뒤 행방을 알 수 없게 되었고, 나머지 하나는 일본의 농구인이 개인적으로 보관하던 동영상 자료를 복사한 것인데 내가 확인한 바로는 필자에게 복사본을 전달한 다음 원본(이것 역시 텔레비전 방송을 녹화한 것이므로 복사본인 셈이지만)을 파기했다고 하므로 내가 소장한 동영상 자료가 유일본일 가능성도 없지 않다.

　나의 개인적인 체험을 털어놓자면, 신동파는 늦은 오후나 캄캄한 밤(그 시절에는 저녁이 일찍 찾아왔다. 밤은 또 얼마나 어두웠던가?)에 웅웅거리는 라디오의 전파를 타고 잔뜩 흥분한 것 같은 남자(그때는 '아나운서'라고 했는데 요즘은 '캐스터'라고 부른다)의 목소리에 실려 아버지 곁에 조심스럽게 앉아 귀를 기울이던 소년의 머릿속에 선명한 이미지로 부각되었다. 그의 이미지가 그토록 선명하였기에, 훗날 스포츠 기자가 되어 농구를 취재하게 되었을 때 나는 현역 지도자로서 활발하게 활동하는 신동파를 각별한 심정으로 대할 수밖에 없었으리라. 나는 2013년에 『아메리칸 바스켓볼』을 썼는데, 이 책은 신동파를 주인공으로 내세운 책이 아니었다. 이 책은 1950년대부터 1970년대에 이르는 우리 농구의 역사를 되짚어 보면서 주로 찰리 마콘(Charlie Marcon)과 제프 고스폴(Jeff Gausepohl)이라는 미국인 코치에 대한 이야기를 담았다. 두 사람은 미국에서 대학농구 선수로 뛴 적이 있는 엘리트 농구인들이다. 주한미군으로 근무하는 동안 우리 농구협회의 요청에 따라 남자농구 대표팀을 지도하였다. 마콘은 1966년부터 1967년까지, 고스폴은 1967년부터 1968년까지 우리 대표팀의 코치로 일했다. 그럼에도 불구하고, 나는 이 책을 쓰는 동안에도 신동파라는 슈퍼스타의 존재감을 지워낼 수 없었다. 아니, 우리 농구의 위대한 한 시기를 더듬어 그 윤곽이 뚜렷해질수록 신동파라는 이름도 거대해져 갔다. 나는 이 책을 쓸 때 지극히 개인적인 어린 시절의 기억을 반추하였다.

　'딸깍.'
　까무룩 잠이 들었을까. 1960년대의 밤은 고요했다. 먹물에 잠긴 듯, 눈을 크게 떠도 사위엔 어둠뿐. 아버지가 라디오를 켜는 소리에 잠이 확 달아났다. '웅~'하는 잡음. 곧 이어 약간 들뜬 목소리가 흘러 나왔다.
　"고국에 계신 동포 여러분 안녕하십니까. 여기는 상하(常夏)의 나라, 비율빈의 수도 마닐라입니다. 지금부터, 한국과 비율빈, 비율빈과 한국의 아세아남자농구선수권대회 경기 실황을……."

야자수가 바람에 잎을 날리고 피부가 새카만 사람들이 산다는 '남국(南國)'. 내가 아는 '상하의 나라'는 그런 곳이었다. '비율빈(比律賓)'이 필리핀이라는 사실을 알고 있었다. 그렇지만 라디오 스피커를 통해 들려오는 비율빈이라는 나라 이름을 들으면 관자놀이에 열대의 뜨거운 바람이 훅 끼쳐 드는 것처럼 실감이 났다. 농구는 그렇게 먼 곳에서 내게 왔다. 그것도 칠흑 같은 어둠을 헤치고.

대한민국 농구팀이 외국에 나가 경기를 하는 밤, 나의 머릿속에는 특설 코트가 세워졌다. 바람에 잎을 날리는 야자수 아래 학교에서 본 녹슨 농구대가 우뚝 섰다. 림에는 그물도 걸리지 않았다. 골 아래 맨흙에는 물이 고여 있었다. 코트 주변은 햇볕에 그을려 피부가 새카만 사람들이 에워쌌다. 거기서, 가슴에 태극기를 단 키가 큰 선수들이 경기를 했다. 경기는 박진감이 넘쳤다. 1960년대의 라디오 중계방송은 청취자의 마음을 사로잡았다. 중계 캐스터의 음성은 감정에 호소했다. 선수들은 대개 이름 뒤에 '-군'을 붙여 불렀다.

"우리의 자랑스러운 신동파군, 조국의 품에 다시 두 점을 바칠 차안스, 프리드로(프리스로; 자유투) 제 일구…… 네, 골인입니다! 제 이구……."

'프리드로 제 일구'와 '네, 골인입니다!' 사이에는 심연이 가로놓였다. 먹물에 잠긴 듯한 어둠, 야자수가 바람에 잎을 날리는 비율빈에서 한국까지의 가없는 거리, 그리고 말이 없는 아버지와 아들 사이의 공감이.[1]

---

1) 허진석, 2013: 5~6.

나는 이 책에서 앞으로도 『아메리칸 바스켓볼』의 내용 일부를 인용하거나 참고할 것이다. 나는 『아메리칸 바스켓볼』에서 우리 농구의 1960년대에 대해 이야기했다. 그 시대의 중심인물인 신동파에 대해 이야기하면서 한국농구와 미국농구의 인연, 교류 양상, 결정적인 역할을 하거나 영향을 미친 인물들에 대해 거르고 넘어갈 수는 없다. 인명사전에서 신동파를 찾으면 그 내용은 대개 표준화

신동파

되어 있다. 즉, 신동파에 대한 우리 사회의 역사적 정의가 이미 완성되었다는 뜻이다. 인명사전의 정의와 설명을 요약하면 대체로 농구선수 신동파의 활동 내용과 결과, 수상 경력 및 그와 관련한 영향 사례, 그리고 지도자(특히 여자농구 대표팀의)로서의 업적 등이다. 뭉뚱그리면 대체로 다음과 같다.

신장 188cm의 그는 가공할 득점력으로 아시아 무대를 휩쓸어 한국 남자농구의 전설로 불리고 있다. 1964년 제18회 올림픽 대회. 1968년 제19회 올림픽 대회, 1970년 유니버시아드, 1971년 세계 농구 선수권 대회의 대표선수로서의 화려한 선수 경력과 1982년 제9회 ABC(아시아 농구 선수권 대회) 등에서의 여자 농구단

감독으로서의 공적 등으로 1967·68년의 서울특별시 문화상(체육부문)을 비롯, 1967~1969년의 대한체육회 최우수선수표창, 1970년 대통령 표창 등 많은 상을 받았다. 또한 정부로부터는 체육훈장 석류·백마·맹호장 등도 받았다. 농구의 인기가 높은 필리핀에서 열린 1969년 아시아 선수권 대회의 맹활약으로 '신동파 신드롬'을 일으켜, 아직까지도 필리핀에서는 유명 인사인 것으로 알려져 있다. 슈터라는 개념을 처음 도입한 선수로도 꼽힌다. 한국 여자농구 기술 지도자로서도 유명하다. 그는 1975년 현역에서 은퇴한 직후부터 태평양화학 여자농구팀을 맡아 10여 년 동안 최강의 팀으로 조련하였다. 또한 여자 국가대표팀 감독으로서 1970~1980년대 한국 여자농구를 아시아 정상으로 이끌었으며 남자 실업농구팀 SBS의 초대 감독으로 활동하는 등 선수와 지도자로서 모두 뛰어난 업적을 쌓았다.

스포츠 역사상 매우 중요한 인물로서 신동파에 대한 나의 인식은 대체로 이러하다. 신동파의 위대한 점은 끊임없는 노력에 창조성을 더해 자신이 실현할 수 있는 최선의 경기를 해냈다는 데 있다. 신동파는 일제강점기로부터 이어져오던 구식농구(투 핸드 세트슛이 상징하는)를 배웠지만 선수로서 능력을 극대화하는 시점에 미국 농구와 조우하게 되었다. 이 만남은 그의 재능과 노력으로 놀랄만한 결과를 창출하였다. 그는 당대의 아시아 무대에서 비교할 대상을 찾기 어려운 득점 전문 선수였고, 2014년 현재까지 세계선수권대회에서 득점 1위를 기록한 유일한 대한민국 남자농구 선수이다.

미국농구란 무엇인가? 이 물음에 답하기 위해서는 1960년대 한국 남자농구의 용기 있는 실험과 도전, 거기 참여한 천재적인 선수들의 극적인 변모에 눈을 돌려야 한다. 신동파는 한국농구 사상 유례를 찾기 어려울 만큼 한 시대에 쏟아져 나온 재능 충만한 선수들 가운데서도 첫손에 꼽혀야 할 만한 인물이다.

전설의 시작

야구왕 박현식을 꿈꾼 갈비씨 소년

신동파는 회고록과 구술을 통하여 휘문중학교 1학년 때 우연한 계기로 농구부에 입회하게 되었으며, 원래는 야구 선수가 되는 것이 꿈이었다고 하였다. 군수를 지낸 조부와 공무원으로 일한 아버지 슬하의 1남 2녀 중 장남으로 비교적 유복하게 자란 그는, 부모의 뜻을 존중하고 순종하는 온화하고 원만한 성격이었던 것으로 보인다. 부모의 의견을 존중하고 판단을 구하려는 그의 태도는 회고록 곳곳에서 발견되는데, 몇 군데 예를 들어 보면 다음과 같다. 먼저, 휘문고등학교 학생 시절 대학 진학과 관련하여 김영일(金永一)로부터 연세대로 진학하는 것이 어떠냐는 제안을 받자 "부모와 상의해서 연락하겠다."라고 대답하는 장면이다.

당시 휘문은 주로 고려대에 진학했고 경복은 연세대에 진학했었다. 이제까지 이런 전통도 있고 해서 나는 으레 고대에 진학할 것으로 믿고 있었다. 또한 윤항섭 코치는 휘문의 선배인 데다가 고대 출신이었고 나에게 기초 훈련을 지도해 주던 최영식 선배도 고대에 재학 중이어서 내가 연대에 간다는 것은 생각도 못하고 있었던 때였다. 당시 연세대 코치는 이경재 씨로 휘문의 대선배였으며 고대 코치는 고2때까지 나를 지도해주던 신봉호 코치의 형인 신광호 씨였는데 신광호 씨와 나의 아버지는 직장 관계로 절친한 사이였었다.

겨울방학이 가까워서였다. 하루는 학교에서 약수동 집으로 돌아가는 길이었다. 당시 나는 비원 앞을 지나 을지로 3가까지 가서 집에 가는 버스를 타곤 하였었다. 이날 비원 앞에서 우연히 당시 연세대 농구선수로 활약하던 김영일 선배를 만났다. 김 선배는 그때도 워낙 유명한 센터여서 평소에 존경하던 터라 무척 반가웠다. 김 선배는 나에게 "지금 시간이 있냐."고 물으면서 "명동에 있는 태극당에 가서 빵이나 먹자."고 나를 데리고 갔다. 둘은 걸으면서 농구에 관한 이런 이야기 저런 이야기를 나누었는데 그때 김 선배는 나에게 연세대에 오라는 말은 한 마디도 없었다. 나는 이 발걸음이 연세대에 진학하게 된 직접적인 동기가 되는 줄은 꿈에도 모르고 그저 따라갔었다.

태극당에서 마주앉은 김 선배는 "이경재 코치가 너를 한번 보고 싶어 한다."고 말했다. 이때야 나는 비로소 김 선배가 연세대 진학을 권유하는 것을 알아차렸다. 그리고 김 선배는 넌지시 연세대 자랑을 많이 하면서 "이 코치도 휘문 선배이니 연세대에 진학하면 좋을 것."이라고 나를 꾀었다. 으레 고대에 진학하려니 하고 생각하고 있던 나는 이 말을 듣고 당황했다. "부모에게 상의해서 연락하겠다."고 말하자 김 선배는 "그러지 말고 오는 일요일 하오 2시 이곳에서 이 코치와 함께 만나는 것이 좋을 것 같다."고 역시 연세대 진학을 강조하는 것이었다.

이때부터 "연대냐, 고대냐."로 고민하게 되었다. 당시 휘문 졸업생은 모두 고대에 진학하기로 되어 있었다. 그런데 "어떻게 나만 연세대로 갈 수 있느냐."하는 생각이 줄곧 나를 괴롭혔다. 내가 연세대에 가는 것은 마치 윤 코치와 최영식 선배를 배반하는 것 같은 생각이 들어 여간 괴로운 것이 아니었다. 이런 가운데 약속 날짜가 다가왔다. 나는 생각다 못해 약속을 지키지 않기로 작정했다. 그래서 약속 장소에 나가지 않았다. 이경재 선배와 김영일 선배가 나를 기다릴 것이라고 생각하니 이것 또한 괴로운 일이었다.

당시 연세대는 고려대보다 농구가 강했었다. 연세대에는 김영일, 하의건, 방열, 김인건 등 쟁쟁한 멤버가 있었던 반면 고대에는 최영식, 김무현 선배밖에 없어 연세대보다 전력이 약했다. 이런 연유로 해서 고대는 나와 이병국 등 휘문 졸업생을 모두 받아 전력을 강화할 계획으로 있었다.

"연세대냐, 고대냐."로 고민하고 있던 어느 날 아버지는 나를 부르더니 또다시 연세대 진학을 권유하는 것이었다. 아버지는 "많은 별들 가운데 유난히 빛나는 별이 더욱 아름답다."고 말하면서 "연세대에 가서 쟁쟁한 선배들과 실력을 겨루는 것이 훌륭한 선수가 되는 지름길이 될 것."이라고 강조하면서 내일 김영일 선배를 만나 보라는 것이었다. 이것이 나의 연세대 진학이 결정되는 중요한 순간이었다.

고민하던 나는 마침내 아버지의 의견을 따르기로 했다. 다음날 이경재 코치와 김영일 선배를 만나 "연세대에 진학하겠다."는 뜻을 전했다. 그랬더니 "잘 생각했다."고 기뻐하며 "내일부터 당장 합숙소에 와서 선배들과 함께 연습하라."고 했다. 결정을 본 다음날 김 선배는 약수동 우리 집으로 찾아와 부모님에게 인사를 한 다음 나의 합숙 준비를 시켜 연세대 합숙소로 직행했다.[2]

다음은 대학 졸업반이던 1967년 정호천(鄭浩天)으로부터 "같은 값이면 기은(企銀; 企業銀行)으로 오라."는 권유를 받은 다음 "부모와 상의해서 나중에 알려주겠다."라고 대답하는 장면이다.

4학년이 되면서부터 어느 실업팀으로 가야 할 것인가를 조심스럽게 생각하기 시작했다. 당시 나는 한국은행이나 기업은행 중 하나를 택하려고 마음먹고 있었으며 산업은행은 생각해 보지 않고 있었다. 왜냐하면 당시 한은에는 백남정, 문현장, 김영일, 김인건 선배가 있었으며 기은에는 하의건, 방열 두 선배가 있었던 반면 산업은행에는 선배가 없었기 때문에 외면을 할 수밖에 없었다.

이때 기은에서 먼저 손을 뻗쳐왔다. 5월 어느 날, 당시 기은 팀의 주무를 맡고 있었던 정호천 씨가 학교로 나를 찾아왔다. 정 씨는 나에게 "은행은 다 마찬가지니 같은 값이면 기은으로 오라."면서 "기은은 초창기 은행이니 오면 다른 은행과는 달리 승진도 빠를 것."이라고 꾀었다.

---

2) 일간스포츠. 1974. 1. 14. 7면.

당시 기은팀 코치는 휘문중고 시절 나를 지도해준 신봉호 씨였고 국가대표팀에서 은퇴한 김영기 씨는 청량리 지점 대리로 근무하고 있었다. 이런 연유로 나는 정 씨의 권유를 뿌리치지 못하고 그 날은 "부모와 상의해서 나중에 알려 주겠다."고만 말하고 헤어졌다. 이 뒤 정 씨는 하루걸러 나에게 계속 연락, 나는 정 씨의 설득에 넘어가 기은에 가기로 결정했다. 이것이 이 해 7월이었다.[3]

신동파는 또한 병역을 수행해야 할 나이가 되었을 때 육군 입대를 종용받는 자리에서도 "부모도 있고 …(중략)… 내 마음대로 결정할 수가 없습니다."라고 여유를 구하는 모습을 보인다. 이를 통하여 신동파의 일관된 태도를 확인할 수가 있다.

그 자리에는 이경재 코치, 육군팀 주무 김홍배 씨, 그리고 당시 육군 선수였던 하의건 방열, 당시 한은 선수로 입대적령기가 된 김인건, 김영훈 등이 앉아 있었다. 나는 직감적으로 "내 입대 문제구나."하고 느꼈다. 그러나 때는 이미 늦었다. 육군팀 주무 김홍배 씨가 나를 감시하기 시작했다. 도망갈 궁리를 하던 나는 그만 기가 질려 버렸다.
내가 자리에 앉자 이 코치는 나를 데리고 자리를 옮겼다. 여전히 김홍배 씨는 따라 다녔다. 이 코치는 난처한 표정을 짓더니 대뜸 나에게 "동파 넌 언제 가도 한 번은 갈 것이 아니냐."고 물었다. 나는 하도 어안이 벙벙하여 아무 말도 않고 앉아 있었다. 이후

---

3) 일간스포츠. 1974. 1. 27. 3면.

이 코치의 말을 계속 들었더니 나를 그 자리에서 입대시키려는 계획임이 분명했다. 그래서 나는 이 코치에게 "선생님 그게 무슨 말씀입니까."하고 반문하면서 "부모도 있고 은행에 높은 사람도 있고 하니 내 마음대로 결정할 수가 없습니다."고 여유를 구했다.[4]

무엇보다도 그는 휘문중학교 농구부에 들어간 뒤 한동안 부모의 반대에 부딪히는데, 특히 그의 아버지는 "너는 외아들인데 공부를 해라."라든가 "너는 몸이 약해서 훌륭한 농구선수가 될 수 없다."라는 말로 비교적 강하게 만류를 한다. 이때 신동파는 부모 모르게 운동을 하면서 몹시 불안해하였다. 선수로서 첫 공식경기를 한 다음에도 혹시 부모들이 보지 않았나 싶어 걱정을 안고 전전긍긍한다.

1학년 겨울방학을 맞았다. 당시 휘문에는 실내코트가 없었다. 운동장 한쪽에 시멘트 바닥을 깔아 골대를 세운 옥외코트였다. 영하 10도를 오르내리는 강추위였다. 그러나 농구에 미치기 시작한 나에겐 추운 것 같지 않았다. 머리에는 수건을 쓰고 귀마개를 하고 연습을 했다. 손이 얼어 터질 것 같았다. 그러나 훌륭한 농구선수가 되기 위해 이를 악물고 참았다. 지금도 그때의 기억은 생생하다.

야구에서 못 이룬 나의 꿈을 농구에서 이루어 보리라고 굳게 마음먹었다. 연습을 끝내고 집에 돌아오면 지쳐 저녁도 못 먹고

---

4) 일간스포츠. 1974. 1. 27. 3면.

잠에 곯아떨어졌다. 이런 나를 본 부모들이 내가 운동하는 것을 반대하기 시작했다. 큰 시련기였다. 그러던 어느 날 아버지가 나를 조용히 불러 앉히고 "농구를 그만두라."고 조용히 타일렀다. 아무 말도 안 했다. 아버지는 다시 "너는 외아들인데 공부를 해라.", "그리고 너는 몸이 약해서 훌륭한 농구선수가 될 수 없다."고 나에겐 사형선고와 같은 말씀을 했다. 이때 나는 어떻게 하든지 아버지를 설득시켜 농구를 계속하겠다고 결심했다.

아버지에게 "앞으로 밥도 잘 먹고 공부도 잘 하겠다"고 말하며 농구를 계속할 수 있도록 해달라고 간청했다. 그러나 나의 간청은 아랑곳없이 아버지는 한결같이 "운동을 그만두라"는 것이었다. 아버지 말씀을 듣고 나서 한잠도 못 잤다. 농구를 그만둘 수는 없었다. 다음날부터 부모들에게는 운동을 안 하는 체하고 계속했다. 물론 집에 돌아와 피곤한 기색도 할 수 없었으며 지쳐서 먹기 싫은 저녁도 억지로 다 먹어 치워야 했다. 이렇게 부모를 속이며 운동을 계속해 중3이 되었다. 이제는 후보 선수가 아닌 레귤러 멤버로 뛸 수 있게 된 것이다.

(중략)

그러나 한 가지 걱정이 있었다. 집에 돌아가는 일이었다. 오늘 게임을 혹시 부모들이 보지 않았나 싶어 걱정을 안고 집에 돌아갔다. 직감은 의외로 적중했다. 저녁상을 물리고 난 아버지가 나를 부르는 것이었다.

가슴이 덜컥 내려앉았다. 아버지 앞으로 가 무릎을 꿇고 앉았다. 아버지의 표정으로 보아 이날 국군체육관(현재 장충체육관)에서의 게임을 보신 것이 틀림없었다. 아버지의 말씀을 거역한 죄로

영락없이 꾸지람을 들을 판이었다.

　그러나 아버지의 말씨는 의외로 부드러웠다. 아버지는 "오늘 네 어머니와 함께 체육관에 갔었다."고 말문을 열고 "앞으로 운동을 계속하되 공부를 게을리해서는 안 된다."고 의외로 너그럽게 이해하고 허락해 주시는 것이 아닌가. 속으로 뛸 듯이 기뻤다. 신명이 절로 났다. 내 방으로 돌아와서 혼자 여러 가지로 멋있는 모션을 취해 보았다. 그렇게 즐거울 수가 없었다. 신명이 나서 어쩔 줄 모르는 나를 보고 부모도 흐뭇하게 생각하는 것 같았다.

　아버지의 허락으로 용기백배, 더욱 열심히 연습을 했다. 연습을 마치고 집에 돌아오면 어머니가 꿀물이나 설탕물을 준비해 주셨다. 이 때문에 피로가 덜한 느낌이었다.[5]

　이토록 원만한 성격을 가진 신동파지만 매우 고집스럽게 추구한 인생의 방향이 있었으니, 바로 운동 내지 스포츠에 대한 선망과 추구였다고 할 수 있다. 신동파는 초등학교 시절부터 청계천 근처의 모래밭에서 마을 친구들과 야구 경기를 하며 놀기를 좋아했고 주로 포수를 맡았으며, 휘문중학교에 진학하자마자 곧바로 야구부에 가입한 데서 운동선수가 되겠다는 그의 열망을 확인할 수 있다. 그는 회고록에서 '아시아의 철인' 박현식(朴賢植)과 같은 대선수가 되기를 꿈꾸었다고 고백하였다.

　57년 3월 나는 휘문중학교에 들어갔다. 중학에 입학했을 당시

---

5) 일간스포츠. 1974. 1. 7. 7면. 일간스포츠. 1974. 1. 9. 3면.

나의 꿈은 홈런왕 박현식 (朴賢植) 씨와 같은 훌륭한 야구선수가 되는 것이었다. 국민학교 시절부터 나는 동네에서 야구를 즐겨 했다. 나는 단짝친구들과 어울려 동네대항 야구시합을 곧잘 했다. 나의 포지션은 포수, 그러던 어느 날 우리 산림동 팀은 인현동 팀과 청계천변에서 시합을 벌이게 되었다. 이때는 청계천이 복개되지 않고 있어 가운데는 내가 흐르고 내의 양 가에는 모래 사장이 있어 우리들의 좋은 놀이터가 될 수 있었다.

박현식의 활약에 대하여 보도한 『경향신문』 1976년 3월 9일자 7면 기사.

이날 시합에서 나는 상대편 투수가 던지는 공에 왼쪽 눈을 얻어맞아 눈이 퉁퉁 부어올랐으며 집에 돌아가서는 부모들로부터 호된 꾸지람을 들었다. 이후 나는 부모 몰래 야구시합을 즐기면서도 포수는 그만두고 외야수를 했다.[6]

박현식은 '아시아의 철인'으로 불린 1950~1960년대 한국 야구 최고의 홈런타자였다. 광복 이전의 인물인 이영민, 광복 이후에 그라운드를 수놓은 김영조에 이어 1960~1970년대 김응용과 박영길

6) 일간스포츠. 1974. 1. 6. 3면.

이 나타나기 전까지 한국야구사의 대(大) 타자 계보를 잇는 인물이다.

1929년 평남 진남포에서 태어난 박현식은 일곱 살 때 가족과 함께 인천으로 이주해 정착했다. 8남매(4남 4녀) 중 형 셋이 모두 야구를 했으므로 막내인 박현식도 자연스럽게 초등학교 시절부터 야구를 시작했다. 1938년 말 한신 타이거즈에 계약금 1500원(당시 쌀 한 가마니 1원, 소 한 마리 3원)을 받고 입단해 일본 프로야구 진출 1호 한국인으로 기록된 박현명이 그의 맏형이며 동산고 최장수 감독(1946~1973년)을 지낸 박현덕이 둘째 형이다. 박현식 역시 야구 명문 동산고에서 투수로 활약했다.

동산중 시절부터 인천의 대표 투수로 활약한 박현식은 장태영(경남중), 김양중(광주서중) 등과 '황금의 3각 라이벌'로 꼽혔다. 중·고등학교 시절에는 투수로 명성을 떨쳤지만 금융조합연합(1949년)과 육군팀(1950년~1959년)을 거치며 외야수로 전향하여 홈런왕이 되었다. 1954년 제1회 아시아야구선수권대회부터 1965년 제6회 대회까지 국가대표 선수로 연속 출전한 그는 필리핀에서 열린 제6회 대회에서 특별상(철인상)을 받으면서 '아시아의 철인'으로 불리게 되었다. 공식 기록이 남아 있지는 않지만 박현식은 1968년 제일은행을 끝으로 선수 생활을 마칠 때까지 20여 년 동안 홈런 112개를 친 것으로 알려져 있다.

은퇴한 다음 제일은행의 감독을 맡은 그는 1975년부터 1977년까지 잠시 야구를 접고 제일은행의 은행원으로 근무했다. 1978년 경기고 야구부 감독이 되어 야구계로 복귀한 그는 대한야구협회에서 경기 이사와 심판 이사로 일한 후, 1981년 12월 15일 인천 연고의 프로야구 팀인 삼미 슈퍼스타즈의 창단 감독에 취임했다. 이듬해 13경기 만에 3승 10패의 부진한 성적을 남기고 한국 프로 야구 역대 최단명 감독이라는 기록을 남긴 채 감독 자리에서 물러났지만 후임 감독이었던 김진영 감독과 함께 '인천 야구의 대부'로 존경받았다. 1983년에는 잠시 삼미의 사령탑으로 복귀하기도 했는데 김진영이 1983년 6월 1일 MBC 청룡(이후 LG 트윈스)과의 경기 도중 심판 판정에 불만을 품고 주심을 폭행한 혐의로 6월 3일 강동경찰서에서 구속되었기 때문이다. 박현식은 이때 총감독으로서 감독 대행을 맡았다. 삼미 감독시절 박현식은 영화 '슈퍼스타 감사용'으로 잘 알려진 투수 감사용을 발탁했는데 당시 팀에 왼손투수가 없었기 때문에 생각해낸 묘안이었다. 감사용은 삼미 구단의 모기업인 삼미특수강에서 직장인 야구를 하던 아마추어였는데, 영화제목과는 달리 주로 팀이 뒤졌을 때 기용되어 경기를 마무리 짓는 역할을 맡았다.

1984년부터 1989년까지 한국야구위원회(KBO) 심판 위원장으로 일한 박현식은 1991년 LG 트윈스 2군 감독을 끝으로 야구계에서 물러났다. 말년에는 위암이 발병해 투병하여 시한부 선고를 받았지만 세상을 떠나기 한 달 전인 2005년 7월 16일 인천 문학야구장에서 열린 올스타전의 시구를 맡아 야구팬들 앞에 마지막 모습을 보였다. 2005년 8월 20일 새벽에 서울에서 세상을 떠나 경상북도 영천시 고경면 청정리에 있는 참전용사 묘역에 안장되었다.

야구에 버림받고 농구의 부름을 받다

야구선수가 되겠다는 신동파의 결심은 단단했지만 세상의 모든 일이 그렇듯이 그의 꿈도 시련에 부딪혔다. 중학생이 되어 설레는 마음으로 야구부에 가입할 무렵 신동파의 체격은 키 165㎝로 비교적 큰 편이었지만 몸무게가 45㎏ 안팎이어서 마른 편이었으며, 휘문중학교의 야구부 감독(신동파는 그의 이름을 기억하지 못하고 있으나 최영식을 비롯한 당시의 휘문중·고등학교 동문들은 손희준이라고 기억하였다)은 이러한 체격을 '약한 몸'으로 간주하였던 것 같다. 왜냐하면 그는 신동파에게 "너는 몸이 약해 야구선수가 될 수 없으니 야구를 그만두고 공부나 열심히 하라."라며 탈퇴를 권한 것이다.

어느 날 야구감독으로부터 청천벽력 같은 소리를 듣게 되었다. 지금은 이름을 기억할 수 없는 그 야구 감독은 나를 조용히 불러 세웠다. 그리고 그는 "너는 몸이 약해 야구선수가 될 수 없으니

야구를 그만두고 공부나 열심히 하라."고 선고를 하는 것이다. 나는 다리가 후들후들 떨리며 눈앞이 캄캄했다. 박현식 씨와 같은 훌륭한 야구선수가 되어 보겠다는 꿈이 무참히 깨어지는 순간이었다.

나는 이 순간 몸이 깡마른 나를 한없이 원망하였다. 이 당시 나의 키는 1m 65cm로 비교적 큰 편이었으나 체중은 45kg 정도여서 마른 편이었다. 너무 실망하는 나를 보고 감독은 당황하면서 "야구선수가 되려면 몸도 튼튼해야 되고 특히 체격이 좋아야 한다."고 말하고 "몸이 튼튼해지면 다시 야구부에 들어오라."면서 곧 울음을 터뜨릴 것 같은 나를 위로해 주었다. 나는 야구부에서 쫓겨난 것이 어린 마음에 분하고 서러워 집에 돌아와서 이불에 얼굴을 묻고 울었다.[7]

이 경험은 소년 신동파에게 매우 큰 상처를 남겼고, 이 경험으로 인하여 훗날 농구선수가 된 뒤에도 적은 체중, 약한 체력, 약한 몸 등 체격과 체력에 대한 강박관념과 콤플렉스를 쉽게 떨쳐내지 못한 흔적이 회고록 곳곳에서 발견된다. 예를 들어 신동파는 휘문중·고등학교 재학 시절을 회상하며(일간스포츠, 1974. 1. 9, 1974. 1. 13), 연세대학교 재학 시절을 생각하며(일간스포츠, 1974. 1. 17) 등 모두 세 차례에 걸쳐 자신의 신체 조건과 관련하여 진술을 남겼다. 이 중 연세대 재학 시절 서충원과 자신을 비교하기 위해 체격에 대해 서술한 7회째 회고를 뺀 나머지 두 차례가 모두 체격이 작거나 약해

---

7) 일간스포츠. 1974. 1. 6. 3면.

보여서 고민을 하거나 코치를
비롯한 주변 사람들의 우려를
산 경우이다.

한 가지 고민이 사라지자
또 한 가지 고민이 그림자처
럼 따랐다. 59년 중3때의 키
는 1m 70cm정도로 비교적
큰 편이었으나 몸무게는 50
kg이 채 못돼 깡마른 체격이
었다. 신 코치와 선배들로부
터 "너는 몸이 너무 약하다"
는 소리를 귀가 따갑도록 들
었다. 이런 소리를 들을 때마

중학생 신동파. 깡마른 체격 때문에
콤플렉스에 시달리던 시절이다.

다 얼굴이 화끈 달아올랐다. 남들에게 몸을 보여주기가 싫었다.
그래서 연습 때면 되도록 트레이닝복을 입고 연습하는 버릇이 생
겼다. 몸이 약하다는 데 신경을 너무 쓰다 보니 자꾸 내 몸이 약
해지는 느낌이 들어 불안했다. 저녁에 남 몰래 아령을 했다. 그래
도 좀처럼 몸에 살은 붙지 않았다.
이럴 즈음 나의 별명은 '갈비', '황새다리'로 통했다. 어린 마음
에 이런 별명이 나붙은 것이 그렇게 괴로울 수가 없었다. 몸 좋은
사람이 가장 부러워 보였다. 이런 고민 속에 싸여 나날을 보내던
어느 날 아버지는 나의 고민을 알아차렸는지 나에게 용기를 불어
넣어 주었다. "너는 몸에 살은 붙지 않았으나 어려서부터 병이 없

고 건강하다. 살이 많아야 꼭 건강한 것은 아니다."라고 위로해 주시었다. 아버지 말씀을 듣고 난 뒤부터 "몸이 약하다."고 신경을 쓰는 것은 어리석다고 단정하게 되었다. 마음이 홀가분했다. 남보다 몸은 약하나 남보다 잘할 수 있다는 자신을 갖도록 노력했다. 이런 자신감은 확실히 효과가 있었다. 얼마 안 되어 "몸이 약하다"는 데는 신경을 안 쓰게 되었다.[8]

장(이진) 코치는 처음 나를 보고 "동파는 키는 크지만 보디 빌딩이 안 돼 있어. 그리고 특히 상체가 약해."라고 충고했다. 이 뒤 얼마 안 있어 장 코치는 다시 나를 부르더니 "동파는 슈팅이 정확할 뿐 아니라 게임 시야가 넓고 육감도 좋다."고 칭찬을 해주었다. 이런 칭찬은 노장들 틈에 끼어 전전긍긍하던 나에게 용기를 잃지 않게 해주었다. 이 뒤 장 코치는 어쩐 일인지 웨이트 트레이닝 등 하드 트레이닝은 피하게 하고 슈팅에 전력하도록 했다. 이런 나를 보고 선배들은 "동파는 특혜를 받는다."고 놀려대던 일이 기억난다.[9]

종별선수권대회를 맞았다. 춘계연맹전에서 우승을 차지했던 우리 팀은 이 대회에서도 우승을 노렸었다. 그러나 뜻밖에 결승에서 광희중에 지고 말아 준우승에 그쳤다. 광희중은 앞서 이인표 선수는 졸업했으나 상당히 센 팀으로 손꼽히던 팀이었다.

휘문과 맞선 광희중에는 춘계연맹전에서 보지 못했던 키 큰 센

---

8) 일간스포츠. 1974. 1. 9. 3면.
9) 일간스포츠. 1974. 1. 13. 3면.

터가 떡 버티고 있는 것이 아닌가. 그는 나보다 5cm 정도가 큰 키와 좋은 몸집을 가지고 있었다. 한눈에 보아 체격이 좋았다. 이 선수 때문에 고전하겠다는 생각이 머리를 스쳤다. 그리고 이 예감은 너무나 맞아 떨어져 이 키 큰 센터 때문에 우리는 광희중에 졌다. 나중에 알고 보니 이 선수는 서충원 선수로 연대에서 만나 같이 선수생활을 하게 되었으며 현재 기업은행에 같이 근무하고 있다.10)

야구부에서 물러난 신동파는 그의 큰 키를 눈여겨 본 당시 휘문고등학교의 농구 감독 어수덕(魚秀德)의 권유를 받고 농구에 입문하게 되었다. 어수덕은 어느 날 조회 시간에 신동파에게 방과 후에 교무실로 오라고 지시한 다음 그가 찾아오자 "너 키도 크고 하니 농구를 해보지 않겠느냐."라고 권유를 하였다. 당시의 사정을 신동파는 다음과 같이 설명하였다.

나는 얼떨결에 "네."하고 대답했다. 그 선생은 나에게 "내일 방과 후부터 농구장에 나오라."고 말하고는 나를 보냈다. 나는 교무실을 나서면서 처음으로 농구에 대한 연상을 머리 속에 떠올려 보았으나 불과 링밖에는 생각나는 것이 없어 농구가 더욱 생소하게 느껴졌다. 이렇게 해서 나는 다음날부터 농구를 시작하게 되었고 나를 불러 세웠던 그 선생은 고등학교 농구감독 어수덕 씨라는 것도 선배로부터 들어 알게 되었다.11)

---

10) 일간스포츠. 1974. 1. 9. 3면.
11) 일간스포츠. 1974. 1. 6. 3면.

휘문의 농구는 역사가 매우 길다. 일제강점기 이후 훌륭한 농구인을 여럿 배출하였으며 현재도 휘문중·고등학교 남자농구팀은 중고등부에서 강한 경기력을 발휘하고 있다. 이 학교 출신으로서 우리 농구사에 이름을 남긴 인물은 이성구(27회), 윤항섭(33회), 최영식(51회), 신동파(55회), 이병국(55회), 최희암(66회), 이민현(71회), 정인교(81회), 서장훈(85회), 현주엽(86회) 등이다.

신동파가 농구부에 들어갔을 때는 기본기조차 익히지 못한 초보자였던 것으로 판단된다. 그는 회고록에 "코트 사이드에 앉아 선배들의 훈련을 주의 깊게 지켜보았다. 링(링·Ring ; 림·Rim ; 농구 골망의 쇠 테두리)이 무척 높고 구멍이 작은 반면 공은 커 보였다. 선배들이 던지는 공이 그 작은 구멍으로 쏙쏙 들어가는 것은 어린 나에게 신기하고도 남음이 있었다."라고 썼다.[12] 이러한 느낌은 초보자가 경험함직한 전형적인 첫인상으로 간주할 수 있다. 이런 신동파에게 농구의 기본기를 가르친 사람은 최영식(崔泳植)이었다.

최영식은 당시 휘문고등학교 2학년으로서 졸업 후에는 고려대학교에 진학했으며 실업팀 농협과 기업은행 농구팀에서 선수로 활동하다가 1968년에 은퇴하였다. 신동파가 회고록을 집필하던 1974년에는 개인 사업을 하는 것으로 나타나며, 훗날 대한농구협회(KBA)의 사무국장이 되어 2008년에 발간된 『한국농구 100년』의 제작에 기여하였다. 신동파가 농구부에 들어갔을 때 휘문고등학교 농구부

---

12) 일간스포츠. 1974. 1. 7. 7면.

의 주장을 맡은 최영식은 신봉호(申鳳浩) 코치의 지시에 따라 신동 파에게 농구의 기본기를 가르쳤다. 신동파는 이 무렵 최영식에게서 패스와 드리블을 배웠지만 슈팅은 엄두도 내지 못했다고 회고하였 다.[13] 그러나 신동파는 농구에 소질이 있었는지 빠르게 기량이 늘 었고 그에게서 재능을 발견한 최영식은 더욱 열성적으로 지도하였 다. 이 과정을 통하여 신동파는 농구에 미쳤다고 할 만큼 흥미를 느끼고 몰입하게 되었다. 이와 같은 몰입은 신동파가 1학년 겨울방 학을 이용해 개인훈련에 힘썼던 데서도 확인할 수 있다. 당시 휘문 중학교에는 실내체육관이 없어서 신동파는 영하 10도를 오르내리 는 강추위를 아랑곳하지 않고 '머리에는 수건을 쓰고 귀마개를 하 고' 훈련했으며 "손이 얼어 터질 것 같았다. 그러나 훌륭한 농구선 수가 되기 위해 이를 악물고 참았다."라고 회고하였다.[14]

당시에 농구선수들은 체육관이 아니라 운동장이나 실외에 만든 코트에서 훈련과 경기를 한 사례가 비일비재하다. 신동파의 회고는 비단 휘문 만의 열악한 사정을 설명하고 있는 것이 아니고 당대의 일반적인 풍경을 짐작하게 한다. 심지어 장충체육관조차 처음에는 실내경기 공간이 아니었다. 장충체육관은 1960년 3월 서울시에서 예산 900여만 원으로 기공하여 1963년 2월에 준공하였다. 총 공사 비 9,200여만 원으로 대지 3,293평 위에 우리나라 최초로 세워진

---

13) 일간스포츠. 1974. 1. 7. 7면.
14) 일간스포츠. 1974. 1. 7. 7면.

실내체육관이다. 현대식 돔 양식의 원형경기장으로 건평 1,511평, 연건평 2,350평, 직경 38m로 되어 있다. 이 곳은 본래 육군체육관으로 사용하던 것을 본격적인 경기장으로 개수, 보수한 것이다. 경기장 내에는 1,500룩스짜리 백열등 86개, 수은등 70개로 조명시설이 갖추어져 있고, 관람석에도 전등 40개를 가설하여 야간경기에 편리하게 하였다. 관객 8,000명을 수용할 수 있는 경기장 내부는 25계단으로 된 관람석에 둘러있고, 각종 실내경기를 할 수 있는 경기장의 면적은 320평이다. 이에 딸린 시설로 선수갱의실, 샤워룸, 화장실 10개, 식당 3개, 다방, 관리실 등 방이 여러 개 있고 출입의 혼잡을 피하도록 출입구도 14개 마련되어 있다. 개장기념으로 제1회 동남아여자농구대회를 개최했다. 당시 이 체육관의 건립으로 계절과 시간에 구애됨이 없이 실내경기를 할 수 있게 되었으며, 농구·배구·탁구·권투·씨름·유도·태권도·레슬링·핸드볼·배드민턴·역도·체조 등 각종경기에 필요한 운동기구를 모두 구비하고 있어 연중 경기를 진행할 수 있게 되었다.[15]

장충체육관을 지붕이 있는 체육 시설의 원조로 보는 이들이 많지만 1960년대 이전에도 물론 체육관은 있었다. 우선 일제 강점기에는 서울YMCA, 평양 숭실전문학교 등에 실내 코트가 있었다. 그러나 규격에 맞는 실내 코트가 없어 거의 대부분의 경기를 옥외 코

---

15) http://encykorea.aks.ac.kr/Contents/Index?dataType=0201&contents_id=E0048848 [accessed 30. June. 2014]

트에서 치렀다. 해방 이후 몇몇 학교가 체육관을 지었으나 역시 경기를 하기엔 미흡했다. 국제대회를 열 만한 관중석을 갖춘 정규 규격의 체육관은 1960년에 이르러 지어졌다. 연세대학교 체육관이다. 한국과 일본의 친선경기가 벌어지기도 했던 곳이다. 연세대학교 체육관은 약간 손질만 했을 뿐 여전히 백양로 옆 그 자리에 있다.

옥외코트에서 농구경기가 열리던 시절. 등번호 11번을 단 선수가 휘문고등학교의 신동파다.

장충체육관은 원래 그 자리에 옥외 코트가 있었다. 조금 더 시간을 거슬러 올라가면 일본인들이 스모(일본 씨름) 경기장을 세우려고 확보해 놓은 터였다. 해방 이후 서울시의 협조로 그 자리에 옥외 코트가 들어섰고, 한국은행이 농구대를 기증했다. 이후 민간 차원에서 실내 코트 건설의 움직임이 있었으나 자금 부족으로 계획은 무위로 돌아갔다. 한국전쟁 뒤 옥외 코트이긴 하지만 마루가 깔리고 관중석이 설치된 경기장이 육군의 주도 아래 건립됐다. 요즘 '다시 보는 대한늬우스'에 이따금 등장하는 마루가 깔린 옥외 코트에서 펼쳐지는 농구 경기가 바로 이곳에서 열렸다. 극난(남자), 양우(여자) 등 자유중국(대만)팀 초청 국제 경기도 이곳에서 벌어졌다. 육군체육관이다. 지붕이 없는 옥외 경기장인데도 '집 관(館)'자가 들어간 체육관이라고 한 게 특이하다. 옥외 코트에서는 기량 향상에 한계가 있을 수밖에 없다. 그러나 당시 나라의 경제력으로 볼 때 큰 규모의 체육관을 짓는 건 무척 힘든 일이었다. 어려운 여건에서 1960년 3월 서울시는 예산 900여만 원을 들여 기공식을 한데 이어 공사비 9,200만 원을 투입해 1963년 2월 1일 국제적으로 손색이 없는 장충체육관을 완공했다. 이보다 조금 앞선 시기에 1960년 아시아축구선수권대회를 개최하기 위해 만든 효창구장 건설에 2억3천만 원이 들었으니 당시 체육관 건립이 결코 쉽지 않은 일이었다는 사실을 짐작할 수 있다. 리모델링을 결정하기 전에 장충체육관을 이전해야 한다는 의견이 일부에서 제기됐지만 서울시의 결정으로 선배들의 노력이 깃들어 있는 장충체육관은 제자리를 잃지 않게 됐다.16)

---

16) http://www.asiae.co.kr/news/view.htm?idxno=2013080507160471396[accessed 30.

아무튼 엄동에 옥외 코트에서 훈련을 거듭한 신동파는 이러한 방과 후 훈련이 감당하기 어려울 정도로 고되어 집에 가서는 저녁 식사를 할 기운조차 없을 만큼 지쳐 그대로 곯아떨어지는 일이 잦았다고 한다. 이러한 모습 때문에 그의 부모는 외아들의 건강과 장래를 걱정하게 되었으며 농구를 그만둘 것을 종용하기도 한 것이다. 분명한 사실은 신동파가 농구 훈련에 대단히 몰입하였으며 그의 이러한 노력이 그를 맡아 지도한 선배 최영식에게도 매우 강한 인상을 남겼다는 점이다.

> 나는 신동파를 매우 혹독하게 훈련시켰다. 몸이 빼빼 마른 그의 체력을 강화하기 위해 운동장 200바퀴 달리기는 기본이었다. 학교 안에 있는 계단 100개를 50번, 때로는 100번씩 오르내리게 했고, 토끼뜀을 뛰게 하기도 했다. 신동파는 슛에 재능이 있었는데, 그는 또래에 비해 손이 큰 편이었다. 그 크기가 농구공을 다루기에 적당할 정도로 컸다. 그러나 재능에 앞서 매일 500개, 때로는 1000개도 마다않고 슛을 던지는 인내력와 농구에 대한 몰입이 슈퍼스타 신동파를 만들었다고 생각한다.[17]

신동파가 처음으로 출전한 대회는 휘문중학교 3학년이던 1959년 봄에 열린 춘계중고농구연맹전이었다. 이전까지는 줄곧 훈련만 했을 뿐 공식 경기에는 출전하지 않았다. 첫 경기를 앞두고 그는 홍

June, 2014]
17) 최영식 전화 면담, 2013. 1. 3.

신동파의 롤 모델, 위대한 체육인 김영기

신동파가 뛰어난 농구선수로서 성장하는 과정에서 중요한 전기가 되는 세 시기에 주목할 필요가 있다. 첫째는 신동파가 휘문중학교 3학년이던 1959년 5월 국내에서 최강 팀으로 꼽히던 공군 팀이 휘문중학교로 훈련을 하러 왔을 때 당대 최고의 스타로서 탁월한 기술을 구사하는 선수였던 김영기(金永基)의 움직임을 지켜보고 그를 모범삼기로 작정했을 때이다. 그는 "김영기 씨의 유연한 몸매와 폼에 반하게 되었다."라고 고백하면서[21] 김영기의 경기 모습을 흉내 내기 위해 노력했다는 사실도 숨기지 않았다. 당대 최고의 기술을 구사하는 선수로 평가되던 김영기를 모범으로 삼았다는 사실은 농구선수로서 신동파의 지향점이 그만큼 높았다는 반증이 된다.

---

21) 일간스포츠, 1974. 1. 9. 3면.

우리가 춘계연맹전에서 9전9승으로 우승을 차지하고 종별선수권대회에 대비한 연습을 하고 있던 중3 때의 5월 어느 날, 당시 국내에서 가장 강팀으로 손꼽히던 공군 팀이 우리 학교로 연습을 왔다. 이때 공군 팀에는 김영기, 백남정, 문현장 등 쟁쟁한 멤버들이 있었다는 것은 훨씬 나중에야 알게 되었다. 우리는 코트 사이드에서 공군 팀이 연습하는 것을 지켜보았다. 고등학교 선배들은 "저 사람이 김영기다."라고 손가락질을 하며 그의 플레이를 열심히 주시하고 있었다.

"김영기가 농구를 잘한다."는 말은 많이 들었으나 김영기 씨를 본 것은 이때가 처음이었다. 김영기 씨가 공군 팀에 소속되어 있다는 것조차도 알지 못하고 있었을 정도였다. 선배들과 함께 김영기 씨의 플레이를 주시했다. 그리고 속으로 경탄해 마지않았다. 첫눈에 "농구 잘하게 생겼다."고 생각했다. 김 씨의 폼은 유연하기 이를 데 없었으며 움직임은 어찌나 날쌘지 제비가 물을 차는 것 같았다.

김영기 씨의 유연한 몸매와 폼에 반하게 되었다. 언제나 저렇게 멋있는 폼으로 묘기를 부릴 수 있을까 생각하니 왠지 내 자신이 초라하게 느껴지기까지 했다. 이 순간부터 김영기 씨와 같은 훌륭한 농구선수가 되겠다는 꿈을 가지게 되었다. 김영기 씨의 유연하고 늠름한 폼을 머릿속에 그리며 더욱 맹렬히 연습을 했다. 김 씨가 쉽게 묘기를 부리던 원 핸드 슛도 흉내 내어 보았다. 쉽지는 않았다.[22]

---

22) 일간스포츠. 1974. 1. 9. 3면.

김영기는 광복 이후 등장하는 한국농구의 첫 슈퍼스타로서 신동파에게 큰 영향을 주었다. 그의 원핸드 슛은 신동파에게 본보기이자 도달해야 할 목표가 되었다.

일간스포츠에 회고록을 쓴 후 오랜 시간이 지난 다음, 신동파는 조선일보 1997년 9월 19일자에 김영기에 대한 존경심을 담은 기고문을 남겼다. 제목은 '살아 있는 농구교본 김영기'다. 김영기에 대한 신동파의 존중은 이때도 변함없음을 확인할 수 있다.

내 어릴 적 꿈은 야구선수가 되는 것이었다. 하얀 유니폼에 멋있는 야구 모자를 쓴 모습에 저절로 마음이 끌렸다. 지금도 시간이 날 때면 야구장을 찾는다. 휘문중학교에 입학하자마자 야구부에 들어갔다. 당시 최고 홈런왕 박현식 씨 같은 거포가 되겠다는 야무진 꿈을 갖고 시작한 야구였다.

그런데 어느날 감독이 "너는 몸이 약해 야구는 힘들겠다."며 쫓아냈다. 얼마나 서운했는지 한동안 야구장은 쳐다보지도 않았다. 한 달쯤 뒤 선생님의 권유로 농구부로 옮겼다. 농구를 몇 명이 하는지도 모르고 시작한 농구인생이 벌써 40년이 됐다.

어느 날 학교로 공군 농구팀이 연습경기를 하러 왔다. 공군 팀엔 당시 최고의 스타 김영기 선수가 있었다. 김영기 선수의 모습을 처음 본 나는 그의 플레이에 매료됐다. 1m 79cm의 단신인데도 던졌다 하면 들어갔다. 드리블, 패스, 숏 모두 선수 중에 최고였다. 하지만 어떤 점을 배우겠다는 생각은 감히 가져보지 못했다. 그저 김영기 선배 같은 선수가 한번 돼 보겠다는 막연한 생각뿐이었다. 고등학교 3학년때 나는 국가대표로 선발됐다. 고등학생이 대표선수가 된 것은 내가 처음이자 마지막인 것 같다.

국가대표가 되면서 드디어 김영기 선배와 함께 운동할 기회를 가졌다. 김 선배와는 대표팀에서 3년 동안 같이 뛰었다. 함께 지내면서 겪은 김 선배는 무척이나 진지하고 성실한 사람이었다. 최고참이면서도 가장 먼저 연습장에 모습을 나타내 가장 늦게까지 공을 던지는 '연습벌레'였다.

64년 도쿄올림픽에 같이 출전했을 때 한국팀은 꼴찌의 수모를 당했다. 주장인 김 선배는 다른 나라도 아닌 일본에서 꼴찌를 한 것이 몹시도 억울하다며 한참동안 눈물을 흘렸고 나도 덩달아 울었다.

65년 제3회 아시아농구선수권대회를 끝으로 김 선배는 농구코트를 떠났다. 김 선배가 은퇴하고 나니 왜 그리도 시원한지. 이젠 내 세상이다 싶었다. 사실 김 선배는 엄한 선배는 아니었지만 그만 앞에 있으면 괜히 주눅이 들고 작아지는 나를 발견했다. 같이 경기를 하다 찬스가 생겨도 슛할 생각보다는 김 선배 눈치를 먼저 보는 나였다.

나는 연세대를 졸업한 뒤 김 선배가 코치로 있는 중소기업은행에 들어가 다시 그의 앞에 서게 됐다. 김 선배는 코치로서도 뛰어난 사람이었다. 상대의 약점을 정확히 찔러 작전을 지시했다. 김 코치의 작전을 들으면 속이 시원하게 뚫리는 느낌을 갖곤 했다.

김 선배의 코치를 받은 우리는 69년 제5회 ABC대회서 우승했다. 한국 농구사에 전무후무한 일이었기에 지금도 자부심을 느낀다. 김 선배는 농구인으로서 가장 모범적인 인물이다. 대학도 시험을 치러 합격했고 금융인으로서도 사장까지 올라간 것을 보면 참 대단한 인물이다.

인터넷 '체육박물관'은 김영기에 대하여 다음과 같이 기록하였다.[23]

대표팀의 스타플레이어에서 우승제조 감독으로, 다시 금융업체의 성공적인 경영인을 거쳐 한국프로농구 산파역을 맡은 보기 드문 엘리트 체육인이다.

김영기는 1936년 1월 7일 서울에서 태어나 거의 반세기를 농구와 함께 하면서 스타의 길을 걸어왔다. 배재고등학교 시절 이미 전국 최고의 에이스 슈터로 자리 잡았으며 고려대학교에 진학해

---

23) http://sportsmuseum.co.kr/mvp/2000/mar.htm[accessed 30. June. 2014]

서는 기량이 더욱 원숙해져 바로 대표팀의 확실한 주득점원이 되었다. 학업성적도 탁월하여 대학에서는 법학을 했으며 훗날 은행원이 된 뒤로는 총무부장, 심사부장 등 요직을 맡을 만큼 실력을 인정받았다. 무엇보다 두뇌가 명석하고 이론에 밝다는 것이 농구인의 공통된 평이다.

대학을 마치고 공군에 입대하자 육군, 해병대 팀이 밀리기 시작했으며 개인상은 거의 김영기의 몫이었다. 그의 명성은 이미 아시아권에 널리 퍼져 대만, 필리핀 등에서는 항상 VIP대접을 받곤 했다. 한국 남자농구가 69년 아시아선수권대회에서 최강 필리핀을 꺾고 대망의 첫 우승을 거두었을 때도 김영기 감독의 뛰어난 전략과 용병술이 돋보였다. 그 이듬해 방콕아시아경기에서도 그가 이끄는 한국 남자팀은 정상을 굳게 지켜 황금 진용이라는 평가를 받았다.

60년 농업은행에서 시작된 그의 직장생활은 63년 중소기업은행 과장, 74년 동은행 차장, 76년 지점장, 77년 신용보증기금으로 옮겨 기획부장, 심사1부장, 업무개발부장을 거쳐 82년 전무이사, 91년 창업투자 대표이사에 이르렀다. 선수, 감독으로, 그리고 금융인으로 순탄한 코스를 걸어온 김영기는 괄목할 만한 경기실적과 리더십을 발판으로 82년 대한올림픽위원회 부위원장, 83년 대한체육회 부회장, 대학스포츠위원회 위원장, 84년 LA올림픽 한국선수단 총감독, 88년 대한농구협회 부회장에 올랐다. 90년대 후반 이후로는 프로농구연맹(KBL) 전무이사로 프로농구를 정착시키는 데 심혈을 기울여 이 역시 성공작으로 만들었다.

포상으로는 국민포장, 체육훈장(맹호장), 재무장관표창, 문교장

관 표창, 대통령 표창이 있으며 『갈채와의 밀어』라는 저서가 있다.

김영기는 2008년 10월 15일자로 농구전문잡지 『점프볼』과 인터뷰를 하면서 자신의 농구 인생과 농구관에 대하여 간략하게 털어놓았다. 이 인터뷰 기사의 제목은 '한국농구 최초의 테크니션 LIVING LEGEND 김영기'이다. 다음은 그 중의 일부인데, 김영기의 육성을 담은 듯 자연스런 회고를 반영하고 있어 길게 인용할 가치가 있다.

> ‣ 한국 농구에 있어서 가장 상징적인 인물이라 할 수 있는데, 언제 처음 농구를 접하셨는지요?
> "농구를 좀 늦게 시작했어. 그게 아마 6·25 전쟁 때였지. 1952년도 고등학교 1학년 때였으니까, 휴전 이전이었어. 농구는 원래 그 전부터 관심이 있어서 좋아했었고……."
> ‣ 전쟁 중인데도 농구를 할 수 있었나요?
> "피난이라고 아나? 피난을 다니면서도 학교는 다녔으니까. 대신 농구는 당연히 못했지. 전쟁 중인데, 농구한다는 게 말이 되나. 대구 저 밑에까지 피난 갔다가 다시 서울로 밀고 올라와 학교를 다니면서 다시 하게 된 거야. 배재고에 다녔었거든. 그래서 남들보다 늦게 농구를 시작했어."
> ‣ 그 당시만 해도 농구라는 스포츠가 생소할 시기인데, 처음 농구와의 인연이 궁금합니다.

"6 · 25 막바지였을 때지. 배재고에는 당시 같은 학년만 350명 정도가 있었는데, 전교생이 무조건 과외 활동을 하게 되어 있었어. 지금으로 따지면 클럽 활동이라고 해야 하나? 동아리 활동이라고 해야 하나? 아무튼 구기 종목부터 해서 겨울엔 빙상까지 체육부가 10개 이상 있었고, 연극반 같은 것도 있었지. 생각해보면 그때가 교육제도가 더 좋았던 것 같아. 반드시 어느 하나는 들어가야 했었거든. 그때 나는 농구부를 들어가게 된 거야."

‣ 과외 활동이라면 학업 수업 이후에 운동을 하셨겠어요.

"5~6시간 공부 끝나고 오후 3시 반이나 4시 반쯤부터 과외 활동에 들어갔어. 처음엔 키가 작아서 선생님이 농구에 어울리지 않는다고 하지 말라는 거야. 지금은 180cm 정도 되지만, 고등학교 1학년 때는 160cm가 조금 넘었으니까⋯⋯. 고등학교 1학년 말부터 키가 자라기 시작해 대학교 때까지 컸지."

‣ 농구의 어떤 매력에 끌리셨던 건가요?

"지금은 NBA도 볼 수 있지만, 그때는 그런 게 없을 때라 체육관도 없이 옥외에서만 농구를 했어. 단체 경기 중에는 조직적이고 지적인 운동이라 생각했지. 축구와 럭비는 너무 거칠게 하니까⋯⋯. 농구는 좁은 공간에서 하면서 서로 도와주는 플레이가 많잖아. 나도 요즘 청소년들이 느끼는 것과 똑같았지."

‣ 그 당시의 농구부가 궁금합니다. 지금과는 완전히 다른 분위기였겠어요?

"그때는 지금하고 다르지. 봄이나 가을에 시합이 있으면 그때 모여서 농구를 집중적으로 했었어. 특히, 방학 같은 때 모여서 주로 연습을 하곤 했지. 밥 먹고 농구만 한 게 아니라 밥 먹고 공부도 하면서 농구를 했었어."

› 당시 농구부 모집이 특이했었다고 들었어요.

"박순철 선생이라고 있었어. 피난 갔다 와서 농구부를 다시 창단하셨는데, 모집 방법이 참 이상하다고 해야 하나, 특이하다고 해야 하나. 우등생이 아니면 농구부에 뽑질 않았던 거야. 그 다음에 보는 게 키였지. 당시 반장이나 부반장, 교련 과목이 있어서 대대장, 중대장 등 간부들만 농구부를 하게 했어. 그래서 그때 같이 농구했던 사람들이 서울대, 연대, 고대를 다 들어갔어. 계속 농구를 한 사람도 있었지만, 서울 공대 들어가 MIT 박사까지 한 친구도 있었고 우등생만 뽑았으니, 당연한 거지. 아무튼 특이한 선생님이셨어."

› 당시 농구부에 전문적인 코치는 없었을 것 같은데요.

"코치는 선생님이 하셨는데, 있을 때도 있고 없을 때도 있고 그랬지. 코치가 없을 때는 선배가 가르치기도 하고……. 우리가 할 때는 다 그랬어. 배재고를 비롯해 경기고, 서울고, 양정고 등 5대 사립학교가 있었는데, 내가 고등학교 2학년 때 우승도 하고 준우승도 했지. 서울고와 경기고는 농구만 전문적으로 하기 시작하면서 없어지더라고"

› 당시 대학 입학 후 농구는 어떠셨는지요?

"1955년도에 배재고를 졸업하고 고려대 법학과를 들어갔는데, 대학을 가니까 조직적으로 농구를 하기 시작하는 거야. 그때는 대학에서도 마찬가지로 수업을 듣고 공부를 해야 학점을 받을 수 있었거든. 그래서 그 당시에는 졸업을 못한 운동선수들이 많았지. 오히려 요즘이 그때보다 교육면에서는 굉장히 퇴보한 거지. 그 당시 대학은 요즘 미국 하버드나 예일대처럼 시켰으니까."

› 대학을 졸업하는데 어려움은 없으셨나요?

"사건이 좀 있었지. 내가 6개월을 늦게 졸업했거든. 그 당시 외국 원정을 갔는데, 학교에 승인을 받지 않고 갔다 왔다고 정학을 준거야. 방학 때라 총장 승인도 받지 못 하는 상황인데다, 그 당시엔 외국 나가는 것만 해도 대단했던 거였거든. 지금 같으면 소송감이야. 허허."

› 한국 최초의 테크니션이란 수식어도 있었습니다. 그 당시 기술들은 어떻게 습득하셨는지요?

"고등학교 때는 거의 기술이 없었다고 봐야지. 대학 들어가서 전문적으로 기술을 익히기 시작했어. 장충체육관이 열리면서 미국 코치를 초빙해 선진 농구를 배우기 시작한 거지."

› 그 당시에도 미국 코치를 초빙했었다니, 신기한데요.

"그때는 농구뿐 아니라 스포츠, 문학 등 각 분야에 대해 문화산업 일환으로 미국에서 원조를 하든 시기였거든. 그 당시 코치에게 한 달에 3천 불씩을 줬었어. 내가 한 번 요즘 환율로 따져 보니, 10만 불 정도 되더라고 한 달 월급이 1억 원이었던 거지. 물론, 비용은 미 국무성에서 냈었고 그때 근대 농구를 처음 익혔던 거지."

› 코치로 어떤 분들이 오셨었는지 기억하시나요?

"미국 뉴욕 니코보커스 넷 홀맨(Nat Holman) 헤드 코치와 존 번(John Bunn) 코치가 초빙 됐었지. 지금 같으면 NBA LA 레이커스의 필 잭슨 같은 사람이 온 거라 보면 돼. 그러니, 얼마나 대단해. 생각을 해봐. 필 잭슨이 와서 가르쳤으니, 얼마나 다르겠어.

존 번 코치는 대학선발만 집중적으로 가르쳤었고……."

‣ 언어도 잘 통하지 않았을 텐데, 어떤 방식으로 가르쳤나요?

"지금은 자료가 많지만, 그때는 비디오도 없었기 때문에 필름을 하나하나 보여주며 가르쳤다. 오전에는 무조건 2시간 강의를 들었고, 오후 3시부터 농구 실기 훈련을 했어. 만 2년 동안 영어도 배우고, 농구 기술도 배웠으니, 우리가 얼마나 탄탄했겠어. 아마 아시아에서는 우리가 가장 탄탄하게 배웠을 거야. 그렇기 때문에 우리나라 농구가 급속도로 발전할 수 있었던 거지."

‣ 시설이 상당히 열악했던 시대 아니었나요?

"하나 불행했던 게 바로 그 부분이야. 전쟁이 끝나고 나서니까 마땅한 시설이 없었지. 그래도 당시 우리나라가 미국 농구에 가장 가까운 농구를 한다는 평을 들었어. 그럴 수밖에 없지. 지금의 기술을 그 당시에 다 시작을 한 거니까. 3점슛은 없을 때였지만, 비하인드 백 드리블이나 비하인드 백 패스, 트위스트 슛도 다 그때 시작했지. 요즘은 더블 클러치라고 하드만……."

‣ 체육계가 상당히 보수적이었다는 말을 들었는데, 정석적이지 않은 기술사용에 어려움은 없었나요?

"왜 없었겠어? 바로 귀싸대기 맞았지. 왼손으로 드리블만 하려라도 안정감 없다고 하지 말라고 했던 시대였으니까. 무조건 바른 손만 하라고 하는 거야. 그런데, 미국 코치들이 들어오면서 우리가 그런 생각을 다 깨 버린 거지."

‣ 특별히 기술을 익히기 위해 훈련을 하신 것은 없으셨나요?

"기술이라는 것은 코치가 가르치는 게 아니야. 코치는 기본기만 가르쳐주면 되는 거지. 무조건 따로 연습을 해야지. 차원이 높은 테크닉이나 스킬은 본인이 직접 훈련에 훈련을 거쳐야 습득이 되는 거거든. 3대3 같은 동네농구가 좋은 게 그런데서 기술이 많이 늘거든. 개인기는 단체 훈련에서 생기는 게 아니야."

▸ 개인 훈련 시간을 얼마나 가지신 건가요?

"지금처럼 8시간씩 훈련을 하는 것이 아니라 1~2시간만 단체 훈련을 하고 나머지는 개인 훈련하는데 시간을 많이 할애했어. 원서로 된 책이나 미군들이 보던 잡지도 많은 도움이 됐었지. 미8군에 와 있는 애들하고 시합도 많이 했었고……."

▸ 당시 미군이라면 기량차가 많이 났을 것 같은데요.

"그때는 징집제였기 때문에 2년 간 주둔을 하는 식이어서 뉴욕 닉스나 LA 레이커스에서 뛰던 미국 프로농구 선수들도 꽤 있었어. 8군 사령관 주최로 하는 대회도 있어서 국내 팀 소속으로 나가 미프로선수가 있던 상대팀을 상대로 우승도 하고, 준우승도 하고 그랬지. 그때 정말 많이 배웠던 것 같아. 그래도 올림픽은 안 되더라고. 미국도 그렇지만, 유럽도 너무 큰데다 아시아는 1개 팀 밖에 자격이 없었으니까 출전 자체가 힘들었지."

▸ 현역 시절 어떤 선수였는지 궁금합니다.

"내·외곽을 안 가리고 득점을 올리는 스타일이었지. 신동파가 천부적인 3점 슈터라면, 나는 올—어라운드 선수에 가까웠지. 나중에 득점 분포도를 보면 코트 전체에서 거의 고르게 나타났거든. 신동파하고는 도쿄 올림픽에도 같이 가서 경기를 했었는데, 아시아에서 톱이라는 칭호를 받은 것은 나 다음에 신동파라고 할 수 있지. 그 다음에 이충희와 허재 이야기가 나오지만, 아시아 베스트 5 정도라고 봐. 허허."

▸혹시, 가장 많이 넣은 득점이 몇 점 정도인지 기억하고 계신가요?

"국내에서 내가 아마 48점인가를 기록했었고, 그 다음에 신동파가 52점을 넣었을 거야. 3점슛이 생기기 전까지 내가 기록을 하나 갖고 있었는데, 필드 슛 성공률이 평균 58.8%였지. 슛 3개 중 2개는 넣었던 거지. ABC대회에서는 거의 평균 28점 정도를 넣었었고 그때도 게임 스코어 나는 것은 지금하고 비슷했거든."

▸현역 시절에는 유독 아시아 정상과는 인연이 닿지 않았던 것 같습니다.

"친선 경기를 비롯해 각종 대회에서는 우승을 했는데, 유독 아시안게임과 ABC대회만 우승을 못했어. ABC대회가 1959년에 창설되고 내가 4회까지 나갔었는데, 결국 우승은 못했지. 그래도 우리 때부터 계속 상승세를 타기 시작해 1969년에 최초로 ABC대회에서 우승을 하게 된 거지."

▸그 당시 우승을 이뤄내지 못했던 가장 큰 이유가 있다면요?

"일단 나도 키가 작은데다, 같이 나갔던 선수 구성도 나보다 10살이 많은 사람들이었기 때문에 우승은 힘들었지. 같이 나갔던 선수 중에 두 손으로 슛을 쏘는 사람도 있었으니, 질 수밖에…."

▸1960년대의 농구 열기는 어땠는지 궁금합니다.

"지금보다 오히려 더 인기가 많았던 것 같아. 국내 시합을 할 때에도 그 큰 장충체육관이 꽉꽉 찼을 정도니까. 미국 코치들이 와서 가르치고, 전법도 완전히 바뀌니까 재미가 있었던 거지. 그때와 비교해보면 지금은 관중이 없는 거야."

▸지도자로서 정상에 올려놓으신 69년, 70년 대표팀은 한국

최초의 드림팀, 혹은 근대 농구사에서 가장 기능적이었던 농구팀이란 평가를 받았는데? 당시 어떤 준비를 하셨는지?

"따로 준비를 했다기보다는 은퇴하고 2년을 쉬었다가 바로 감독을 맡으면서 선수들과 가깝다는 것이 가장 큰 장점이 된 것 같아. 당시 우승 주역이었던 신동파와는 같이 뛰기도 했으니까. 각자가 서로를 너무 잘 알고 있기 때문에 역할에 충실할 수 있었던 거지."

▸ 대표팀 선발 방식을 예전의 주먹구구식에서 한국 최초로 데이터화 시켰다고 들었습니다.

"처음으로 선수들 평점을 만들어서 객관화를 시켰지. 포지션별로 총 18명의 대표를 선발한 다음에 연습경기를 통해 최종 12명을 뽑았는데, 그때 평점을 이용했어."

▸ 평점이라고 하면 어떤 식으로 매기는 것이었나요?

"플러스(+)와 마이너스(−) 요인으로 나눠서 매겼는데, 플러스 요인으로 득점을 비롯해 리바운드, 어시스트 등은 개당 1점씩이었고, 스틸은 속공과 연결되기 때문에 1.5점씩 줬지. 마이너스 요인은 실책(개당 1점)이나 슛 실패 횟수였어. 예를 들어 득점을 20점이나 하더라도 20개 슛 시도 중 10개가 성공한 것이면 -10점이 부과되어 +10점만 인정되는 방식이었지. 그렇게 객관화 시켜서 선수 선발을 했었어."

▸ 과거 스파르타식 농구 훈련 방법이 통하던 시절 최초로 과학화시키면서 다양한 전술을 구사하셨어요. 국제 대회에서도 통할 수 있었던 이유였나요?

"아시아 정상에 오를 수 있었던 이유도 다양한 전법을 사용해

서라 할 수 있지. NBA 방식을 많이 도입하기도 했고, 새로운 전법을 만들기도 해서 나오니까 다른 나라에서 당황했던 거지. 지역방어를 이용한 함정수비로 재미도 많이 봤고, 공격에서는 'G2'라고 내가 만든 전법인데, 지금도 농구를 보다 보면 자주 나오더라고. 'G2'는 예전에 첩보 TV 연속극 제목이었는데, 갖다 붙인 거지. 시대가 지나도 변화가 없이 일반화되어 있더라고"

‣1969년 대회에서는 신동파 선수를 아껴놓고 있다가 마지막 필리핀전에 출격시켜 대 성공을 거두었다는 기사도 읽었는데요. 전략이셨는지요? 당시 신문 기사를 찾아보니, 신동파 선수기용을 의도적으로 자제했다는 이야기도 찾아볼 수 있었습니다.

"신동파를 전략적으로 후보로 내보냈지. 최고의 선수를 나중에 내보낸다는 것이 쉬운 일이 아니었어. 신동파에 대한 견제가 워낙 심하다보니까 그런 방법을 쓴 거지. 다행히 통한 거지. 자칫 잘못했으면 국가의 역적이 될 뻔했어. 허허. 인생이 다 그런 거야."

‣우승 후 카퍼레이드도 있었고, 김포공항에 500명이 넘는 인파가 모였다고도 들었습니다.

"아직도 기억이 생생하지. 그때가 농구에 있어서는 첫 스타 탄생이라 할 수 있지. 지금까지 그런 기분으로 사는 것 같아."

‣오늘날 선생님의 플레이를 닮은 선수가 있나요?

"지금은 그런 선수 선수들이 정말 많아. 예전에는 거의 없었지만, 고등부나 대학부 경기만 봐도 소질을 가진 선수는 많더라고. 요즘은 기술의 한계는 없는데, 정신의 한계를 극복하지 못하는 게 문제야."[24]

---

24) http://news.jumpball.co.kr/news/view/cd/83/seq/294/page/77[accessed 30. June.

성공한 운동선수 가운데 상당수는 어린 시절 마음에 두고 존경한 본보기가 있었다고 고백한다. 대한민국의 수많은 축구선수들이 한때는 차범근을 본보기로 삼아 그처럼 성공하기를 희망했다. 2002년 월드컵이 끝난 다음에는 잉글랜드의 명문 축구 클럽 맨체스터 유나이티드에서 명성을 떨친 박지성이 청소년들의 닮고 싶은 스타 1순위에 올랐다. 1990년대 '농구천재'로 인기를 구가한 허재는 어린 시절 용산고등학교 선배인 신선우의 카리스마 넘치는 플레이를 닮고 싶어 했다고 한다.

81년 4월11일. 그날 아침 기자는 환갑을 훨씬 넘긴 나이(당시 65세. 현 LA한인농구협회 고문)로 왕성하게 활동하시던 전 국가대표 농구감독 이희주 씨로부터 전화를 받았다.

"오늘 나하고 꼭 갈 데가 있어."

장충 체육관에선 춘계중고농구연맹전 남고부 경복—용산 결승전이 벌어지고 있었다.

"바로 저 녀석이야. 두고 보라구, 이충희보다 더 잘할 걸."

이미 신동파와 견줄만한 아시아 최고의 슈터로 전성기를 구가하고 있는 이충희보다 더 크게 성장하리란 이 선생의 장담에 약간은 불쾌감마저 느끼며 며칠 전까지 중학생이던 용산고 까까머리 신입생 허재를 눈여겨봤다.

김윤호(현재 SBS 코치)-유재학이 버틴 경복고의 마지막 전성기. 비록 경복이 우승했지만 두 고교스타는 허재의 현란한 개인기 앞

2014]

에 쩔쩔맸다. 기자는 그때 허재에게 '농구천재'란 별명을 달아 주리라 마음먹었다. 경기가 끝난 뒤 소년에게 물었다.

— 커서 어떤 선수가 되고 싶니?

"신선우같은 선수요"

— 신선우는 은퇴했는데?

"그분처럼 올라운드 플레이어가 될래요. 아직 은퇴 안했어요. 분명히 재기하실 거예요"

국가대표 부동의 센터 신선우는 78년 무릎연골수술, 80년엔 아예 오른쪽 발목은 물론 무릎연골을 몽땅 도려내는 대수술을 받았다. 병원 측은 '선수생활 절대불가'란 사형선고를 내렸다. 그러나 신선우는 기적적으로 재기했고 82년 뉴델리 아시안게임 결승전에서 주전센터로 뛰어 중국을 꺾고 금메달을 따내는 또 하나의 기적을 창출한 뒤 그 이듬해 은퇴했다. 허재는 신선우의 플레이도 그렇거니와 정신력까지 흠모했던 게다.

허재를 만난 지 17년 뒤. 지난달 31일 FILA배 97-98년프로농구 챔피언결정 1차전.

오른손 등뼈가 부러져 출전이 불가능하리라 여겼던 기아의 허재는 부러진 뼈가 속살을 찢든 말든 양 팀 통틀어 최다득점인 29점을 쓸어 담았다. 예상을 뒤엎고 챔피언결정전이 기아우세로 돌아선 한판이었다. 그날 인터뷰에서 신선우 현대감독은 "허재의 투혼에 찬사를 보낸다."며 적군에 대한 칭찬을 아끼지 않았다.

오십 보 백 보겠지만, 뛰는데 고통은 선수 때 신선우가 더 심했을 것 같다. 경기가 끝난 뒤 허재는 손 전체가 시커멓게 죽어있지만 당시 신선우는 뛸 때마다 무릎뼈가 닿아 깎이는 듯한 고통을 받았고 경기가 끝나면 무릎부위가 풍선처럼 부어올랐었다. 피를 말리는 챔피언결정전 도중 짓궂게 옛날얘기를 꺼낸 기자에게 신 감독은 한 마디 했다.

"지금 세대는 그렇지 않을 것 같았는데…. 사실 '해 보겠다'는 의지만 있다면 아픈 건 아무것도 아니에요."[25]

신동파에게는 김영기가 그러한 본보기였다. 김영기는 1955년부터 1965년까지 국가대표팀 가드이자 주전 골잡이로 활약했고 1969년부터 1975년까지 국가대표 감독을 맡는 등 선수와 지도자로 돋보이는 활약을 한 스타다. 현역 선수생활을 마친 뒤에는 신용창업투자 사장을 역임하는 등 경영인으로도 능력을 발휘하였다. 1996년 한국농구연맹(KBL) 초대 전무로서 국내에 프로농구가 출범하고 자리잡는 데 결정적인 역할을 해낸 인물이기도 한다. 무엇보다도 그는 광복 이후 한국 남자농구를 상징하는 스타플레이어였고, 선수로서 그가 누린 인기와 후배 선수들에게 미친 영향력은 기술적인 면에서 당대에 유례가 없는 새 기술을 적극적으로 활용하였을 뿐 아니라 세련되고 정확했던 데서 비롯하였다고 볼 수 있다.

---

25) 스포츠서울. 1998. 4. 7.

60년 전에 마이클 조던의 점프슛을 던지다

신동파는 놀라운 인물이다. 나는 그의 놀라운 일면을 그가 농구를 배우기 시작한 지 얼마 되지도 않은 시기에 전혀 특성이 다른 두 가지 운동 메카니즘을 소화해 냈다는 데서 처음으로 발견한다. 그는 뼈와 근육이 굳기 전에 한 번 배운 슛 폼을 버리고 새로운 슛 폼(원 핸드 슛)을 익혔다. 이 과정에서 기적과도 같은 일이 일어나는데, 가르치는 사람조차 구체적으로 뭘 어떻게 해야 한다는 방법론이 결여된 가운데 선수 개인이 온전히 자신의 노력만으로 원 핸드 슛의 진경에 이르는 것이다. 신동파를 지도한 신봉호 코치는 어떻게 가르쳐야 할지도 모르면서 '성공하려면 원 핸드 슛을 해야 한다'며 강하게 권유했고, 힘이 달려 골대까지 공을 던지지도 못하던 소년이 운동장 달리기와 근육운동을 병행하며 하루 500개의 슛을 던진다.

신동파는 김영기를 잇는 남자농구의 슈퍼스타로서 국제무대에서의 활약과 기록, 훗날 누리게 되는 지명도에서 김영기에 미치지 못한다고 보기 어려운 인물이다. 그럼에도 불구하고 신동파는 농구선수로서 성장해가던 청소년기부터 김영기를 선망한 나머지 그의 경기 방식이나 기술 뿐 아니라 동작 하나하나까지 본받고 싶어 했던 것 같다. 신동파가 흉내를 낸 김영기의 동작 가운데는 원 핸드 점프 슛도 있었다. 신동파가 회고록에 '김 씨가 쉽게 묘기를 부리던 원 핸드 슛'이라고 쓴 데서 비춰보듯 이 기술은 아직 농구선수들 사이에 대중화되지 않아 '묘기'에 속했음을 알 수 있다.[26] 김영기도 그의 저서 『갈채와의 밀어』에서 원 핸드 슛이 당시로서는 매우 생소하거나 1980년대까지 한국의 농구선수들이 매우 특별한 기술 또는 능력으로 생각한 서양 선수들의 슬램덩크와 같이 '남의 나라 이야기'였음을 설명하고 있다. 김영기의 언급은 당시의 상황을 짐작케 한다.

그때까지 국내 선수들은 거의 투 핸드 슛을 하고 있었다. 유수한 실업팀 선수들도 거의 투 핸드 슛이었다. 내가 원 핸드 슛을 쓰기 시작한 것은 우연한 기회부터였다. 마닐라에서 열린 제 2회 아시아경기대회에 다녀온 김영수 선배가 외국 선수들의 슛의 성공률을 얘기하면서 이 원 핸드 슛 얘기를 했다. 이 슛의 정확성에 대해서는 전혀 아는 바 없었지만 나로서는 그래도 투 핸드 슛보다는 이로운 점이 많을 것 같았다. 첫째, 러닝 슛에 이로울 것 같

---

26) 일간스포츠. 1974. 1. 9. 3면.

았고 둘째, 골과의 각도를 가리지 않고 슛을 시도할 수 있을 것 같았고 셋째, 슛 모션을 자유자재로 변화시키기 쉬울 것 같았다.

나는 혼자 원 핸드 슛을 연습하기 시작했다. 처음에는 볼이 흔들리면서 골에 가서 빗맞고 떨어졌다. 슛이 정확할 리가 없다. 그러나 나는 열심히 연습을 했다. 그러는 중에 차차 자신이 생겼다. 그래서 배재의 팀 메이트들에게도 권했다. 그러나 우선 슛이 정확하지 못한 원 핸드 슛을 누구도 하려 들지 않았다. 오히려 말리려고 들었다. 내가 자신 없는 원 핸드 슛을 쏘기 때문에 스코어를 못 올린다는 이유에서였다. 이것 때문에 김준규와는 말다툼까지 하게 되고 그 후로도 쭉 사이가 좋지 않았다.

그렇지만 나는 계속해서 원 핸드 슛에 전념하였다. 투 핸드 슛보다 당장은 부정확한 줄 알면서도 언젠가는 이것이 크게 공헌하리라는 것을 확신하였기 때문이었다. 이러한 나의 연습과정에 있었던 게임이 …(중략)… 종별 농구선수권대회와 춘계 학생농구 리그전이다. 이때만 해도 만족할만한 슛도 아니었고 그렇다고 비관할 정도의 것도 아니었다. 그러나 나는 포기하고 싶지 않았다. 외국에서는 성공하고 있다는데 우리라고 못할 리가 없다는 생각이 었다. 나는 쉬지 않고 연습했다. 오히려 연습의 괴로움보다는 이것을 말리는 사람들과의 싸움이 더 괴로웠다.

결국 나는 원 핸드 슛과의 오랜 싸움에서 이겼다. 많은 나날이 흐른 후이긴 했지만, 이것은 이른바 나의 장기(長技)의 하나가 되고, 이에 관심을 쏟아 연습하는 선수들도 많아졌다. 27)

---

27) 김영기, 1966: 83~84.

신동파의 성장에 결정적인 전기를 이룬 두 번째 시기는 바로 이 원 핸드 점프 슛을 익혀 특기로 삼게 되는, 휘문중학교 3학년에서 휘문고등학교 신입생으로 넘어가는 과도기가 아닐까 생각한다. 신동파는 신봉호 코치의 조언을 받아들여 원 핸드 점프 슛을 연마하기 시작하였다. 신동파는 이 시기에 장차 국내는 물론 아시아와 세계를 통틀어 손꼽히는 득점 전문 선수로 이름을 떨칠 기반을 마련했다고 보아도 과언이 아니다. 그가 세계적인 득점 전문 선수로서 기록을 남겼다는 점을 주목할 때, 그의 농구 이력에서 가장 중요한 시점은 원 핸드 점프 슛의 체득에 있다고 본다. 왜냐하면 신동파는 뛰어난 경기 조율이나 강한 리바운드, 리더십, 화려한 드리블과 같은 기술로 명성을 쌓은 것이 아니고 남다른 득점 능력으로 추종을 불허하는 업적을 쌓아 나갔으며 그렇기에 득점 기술인 슛이야말로 상대를 제압하는 그의 가장 강력한 무기였겠기 때문이다.

종별선수권대회가 끝나고 신 코치는 나에게 "원 핸드 슛을 해 보라"고 충고했다. 이제까지 원 핸드 슛은 엄두도 못 내고 있었던 때였다. 신 코치는 나에게 "원 핸드 슛을 못하면 너의 선수로서의 수명도 길지 못할 것"이라고 말하는 것이 아닌가. 이 순간 나의 머릿속에는 김영기 씨의 멋있는 원 핸드 슛폼이 떠올랐다.[28]

---

28) 일간스포츠. 1974. 1. 9. 3면.

휘문고등학교 선수 시절 신동파의 원 핸드 점프 슛.

원 핸드 점프 슛은 오늘날 가장 자주 사용되는 공격 기술이다. 공을 잡고 빠른 동작으로 멈추어서 무릎을 구부렸다가 뛰어오르며 동시에 공을 머리 위로 들어 올린 다음 팔을 쭉 뻗는 동시에 손목과 손가락의 유연성을 이용해 공을 날려 보내는 방법이다. 투 핸드 점프 슛에 비해 슛의 준비동작의 시간이 짧고 드리블 및 패스에 의한 빠른 슛 동작이 가능하여 현대 농구에서 매우 선호하는 슛 기술이다. 또한, 경기 상황에 따라 머리 위에 위치한 공을 투사하기 때문에 슛의 타이밍을 예측하기 힘들어 수비수의 방해를 받지 않는 가장 효과적인 슛이라고 할 수 있다. 그러나 중장거리에서 시도할 경우 정확성이 떨어지는 단점을 가지고 있다.[29]

농구 역사상 누가 가장 먼저 원 핸드 점프 슛 기술을 사용했느냐는 의문은 오랫동안 논쟁거리로 이어져오고 있다. 원 핸드는 고사하고 점프 슛을 누가 먼저 시도했는지도 불분명한데, 『점프 슛의 기원(The Origins of the Jump Shot)』을 쓴 존 크리스트거(John Christgau)는 다양한 문서와 레이 메이어(Ray Meyer) 등 저명한 대학 코치들의 구술 기록을 종합해 유력한 후보로 케니 세일러스(Kenny Sailors)를 지목하고 그가 1934년 5월 점프 슛을 시도한 사례를 제시하였다. 증언에 의하면 세일러스는 점프를 한 다음 오래 체공하며 공을 던지는 기술을 사용했다는 것이다. 그러나 크리스트거는 점프슛의 개척자를 거론하면서 글렌 로버츠(Glenn Roberts) · 마이어 스쿠그(Myer

---

29) 김형수 · 박제영, 1999: 465.

Skoog) · 존 곤살레스(John Gonzales) · 버드 파머(Bud Palmer) · 대비지 마이너(Davage Minor) · 조 풀크스(Joe Fulks) · 조니 애덤스(Johnny Adams) · 밸러스 밴 스멀리(Belus Van Smawley) 등의 이름을 제시하였다.30) 안젤로 루이세티(Angelo Luicetti)가 가장 먼저 원 핸드 점프 슛을 쏘았다는 주장이 있으나 크리스트거는 루이세티를 면담하는 자리에서 "나는 결코 점프 슛을 던지지 않았다. 나는 단지 골 가까운데서 한 손을 이용한 러닝 슛 같은 것을 던졌을 따름이다."라는 증언을 듣고 점프 슛을 던진, 혹은 던진 것으로 알려진 선수들의 명단에 루이세티의 이름을 올리지 않았다. 한편 미국의 대학체육협회(NCAA)는 1931~1934년 미주리대학교에서 선수로 활동한 존 밀러 쿠퍼(John Miller Cooper)를 가장 먼저 점프 슛을 던진 선수로 기록하고 있다.31) 그러나 그의 슛 동작은 두 손으로 공을 잡고 두 다리를 모두 이용해 점프한 다음 슛을 던지는 형태여서 원 핸드 점프 슛은 아니었던 것으로 보인다.

한국에 원 핸드 점프 슛 기술이 알려진 시기는 불분명하다. 정상윤의 증언에 따르면 1955년 8월 미국인 코치 존 번(John Bunn)이 미국 샌프란시스코에 소재한 아시아재단의 지원을 받아 한국을 방문하여 대학 선수들을 지도하는 과정에서 이전까지 일반적으로 사용되지 않았던 원 핸드 슛 기술을 집중적으로 훈련했다고 한다.

---

30) Christgau. 1999: 205.
31) The New York Times, 2011. 3. 2.

원 핸드 숏을 그때는 잘 안할 때인데 존 번은 집중적으로 숏에
대한 훈련을 많이 한 것으로 기억되고 있어요[32]

이전까지는 대부분의 선수가 투 핸드 세트 숏을 구사하였으며,
원 핸드 점프 숏 기술이 전래된 다음에도 투 핸드 세트 숏을 구사
하는 선수가 적지 않았던 것으로 보인다. 일례로 1955년 7월 15일
자 『대한뉴스』는 한국의 남자 팀과 미국 빅토리 팀의 친선경기를
보도하였는데 이 경기에서 한국 팀의 한 선수가 골 정면 자유투 라
인의 뒤쪽에서 두 손으로 숏하는 모습이 잘 나타나 있다.[33] 이 경
기는 1955년 서울 장충동에 자리 잡은 육군체육관(훗날 장충체육관)
의 개장을 기념하여 열렸다. 빅토리 팀은 기독교 선교를 목적으로
조직된 미국의 스포츠 팀이다. 빅토리 팀은 1955년 6월 24일부터
29일까지 육군체육관에서 고려대·산업은행(24일), 홍익대(25일), 연
세대(27일), 공군(28일), 서울선발팀(29일) 등과 여섯 경기를 하고 돌
아갔다. 『대한뉴스』의 동영상은 이들 경기 가운데 하나일 것으로
추정된다.

최근의 한국 농구 경기에서 투 핸드 세트 숏을 구사하는 남자 선
수는 찾기 어렵지만 여자 농구에서는 여전히 기본기로 사용되고
있으며 원 핸드 숏을 던지는 선수가 오히려 드문 것이 현실이다.

---

32) 대한농구협회, 1989: 301.
33) 대한뉴스. 1955. 7. 15.

내가 선수생활을 할 때에도 투 핸드 슛을 던지는 선수가 적지 않았고 흠으로 생각하지도 않았다. 당시 남자 농구 선수 가운데 투 핸드 슛을 던지는 선수와 원 핸드 슛을 던지는 선수의 비율은 비슷하거나 원 핸드가 조금 많았다. 김평옥·조충원 선배처럼 실업무대에서 이름을 날리던 선수들도 투 핸드 슛을 던졌다. 나도 반드시 원 핸드 슛을 던져야 훌륭한 선수가 될 수 있다는 신봉호 선생님의 말씀을 완전히 이해하고 슛 폼을 바꾼 것은 아니다. 선생님의 가르침이기에 당연히 따라야 한다고 생각했을 뿐이다. 그러나 고등학교 2, 3학년이 되었을 때 비로소 '아, 이래서 선생님이 원 핸드 슛을 가르치셨구나.'하고 깨닫게 되었다. 내가 회고록에 원 핸드 슛이라고 기록한 슛 기술은 요즘 선수들이 사용하는 기술과 똑같은 완전한 '원 핸드 점프 슛'이었다.[34]

신동파는 원 핸드 점프 슛을 체득하는 과정에서 적지 않은 고통을 감내하며 시행착오를 겪었다. 원 핸드 점프 슛을 권유한 신봉호 코치도 체계적으로 지도하지는 못했고 골밑에 서서 신동파가 던진 공을 받아 다시 넘겨주면서 반복훈련을 시켰을 뿐이다. 훈련을 시작했을 무렵 신동파가 던진 공은 방향이 제멋대로인데다 힘이 부족해 골까지 날아가기도 어려웠다고 한다. 신동파는 이 무렵 하루 300개의 슛을 던지는 강훈련을 했으며 겨울방학이 되자 신봉호 코치의 지시에 따라 웨이트 트레이닝을 병행하였다. 웨이트 트레이닝은 원 핸드 슛을 하기 위한 동력을 제공하는 팔의 힘을 길러 주었

---

34) 신동파 면담, 2012. 8. 30.

을 뿐 아니라 체중도 불려 주어 비로소 슛 동작이 안정되기에 이르렀다.[35] 슛 동작이 안정되자 신봉호 코치는 운동장을 5~6바퀴 전력으로 질주한 다음 슛을 던지는 훈련을 시켰다. 이는 실제 경기에서는 호흡을 조절해가며 여유 있게 공을 던질 기회가 없으며 늘 호흡이 가쁜 가운데 움직이면서 슛을 던져야 한다는 현실을 감안한 지도법으로 유추할 수 있다. 이 훈련을 2개월 동안 수행한 다음 신동파는 "원 핸드 슛의 요령을 터득하게 되었고 안정된 슛을 구사할 수 있게" 되었다고 확신하게 되었다.

신 코치로부터 "원 핸드 슛을 해보라."고 충고를 받은 다음날부터 나는 원 핸드 슛에 전력했다. 그러나 원 핸드 슛은 여간 어려운 것이 아니었다. 거의 3년 동안 투 핸드 슛을 해오다가 갑자기 원 핸드 슛을 하니 잘될 리 만무했다. 이때는 이미 원 핸드 슛이 널리 개발되어 있었고 김영기 등 유명 선수들은 모두가 원 핸드 슛을 구사하고 있어 원 핸드 슛이 마치 스타플레이어의 생명같이 여겨지던 때였다. 그래서 나는 어떻게 하든지 원 핸드 슛을 익혀야만 되겠다는 결심을 하게 되었다.

신 코치의 지도로 본격적인 연습에 들어갔다. 신 코치가 골대 밑에서 볼을 집어 주고 나는 쏘았다. 그러나 볼은 잘 나가지도 않을뿐더러 빗나갔다. 처음이어서 그러려니 하고 생각했으나 여전히 볼은 비뚤어지게 나갔다. 골대 밑에서 볼을 잡아 주는 신 코치에게 미안한 생각으로 가득 찼다. 이런 슈팅을 하루에 3백 개씩, 차

---

35) 신동파 면담. 2012. 8. 30.

츰 팔에 힘이 생기면서 볼이 링을 향해 똑바로 나가기 시작했다.

이럴 즈음 59년 중3의 겨울방학을 맞았다. 이때부터 신 코치는 웨이트 트레이닝을 병행시켰다. 이 웨이트 트레이닝은 확실히 효과가 있었다. 웨이트 트레이닝은 원 핸드 슛의 원동력인 팔의 힘을 길러 주었고 체중도 늘어 차츰 안정을 얻을 수 있었다. 스피드를 기르기 위해 러닝도 게을리하지 않았다. 교정에 있는 계단을 하루에 1백 번씩 오르내렸다. 그리고 삼청공원까지 로드 웍을 하기도 했다. 기초체력이 다져지면서 요령도 생겨 서서 쏘는 원 핸드 슛에는 자신이 생겼다.

그러나 이것만 가지고는 안 되었다. 실제로 경기에 응용되는 것은 움직이는 상태에서 쓰게 되는 경우가 많아 무빙 슛을 익히지 않으면 안 되었다. 움직이는 상태에서 곧 벗어나 원 핸드 슛을 쓰는 연습은 더욱 어렵고 고된 과정이었다. 신 코치는 운동장을 5~6바퀴 풀 스피드로 돌게 한 후 곧바로 슈팅에 들어가게 연습을 시켰다. 이때는 자칫하면 몸의 균형을 잃을 수 있는 상태여서 슛에 정확성을 기하기가 힘들었다. 운동장을 돌고 나면 거의 그로기 상태가 된다. 처음엔 이런 상태에서 쏘는 슛은 거의 링을 외면해 버렸다. 이런 연습을 하루 이틀 계속하니 차츰 이런 상태에 익숙해지면서 슛도 하나 둘 들어가기 시작했다. 재미가 붙고 자신이 생겼다. 이렇게 하기를 2개월여 만에 원 핸드 슛의 요령을 터득하게 되었고 안정된 슛을 구사할 수 있게 된 것이다. 이때 나의 농구선수로서의 기초체력과 기초기술이 거의 완전하게 형성되었고 이것은 신 코치와 최영식 선배의 나에 대한 아낌없는 노력의 결과로 지금도 그 은혜를 잊을 수 없다.[36]

신동파는 이때 원 핸드 숏 훈련에 얼마나 몰두했던지 낮잠을 자다가도 원 핸드 숏을 하는 꿈을 꿀 정도였다고 회상하였다. 그는 회고록에서 이때의 일을 추억하며 다음과 같이 기록하였다.

중3 겨울방학 동안의 합숙훈련 때의 일로 기억한다. 방학으로 빈 교실의 의자와 책상을 모두 치우고 교실에 난로를 지피고 합숙훈련을 하고 있었다. 오전운동을 마치고 점심을 먹은 다음 낮잠에 곯아떨어졌었다.

꿈 속에 신 코치와 더불어 원 핸드 숏 연습을 하고 있었다. 쏘아도 쏘아도 볼은 링을 외면해 버리는 것이 아닌가. 꿈 속에서도 신 코치에 한없이 미안한 생각이 들고 면목이 없었다. 속으로 "죄송합니다" 소리를 연발했다. 그러다가 던진 것 중의 하나가 멋있게 포물선을 그리며 링에 꽂혔다. 나도 모르게 '나이스 숏.' 하고 외쳤다. 이 순간 함께 잠자던 친구들이 나를 흔들어 깨웠다. 깜짝 놀라 눈을 떴다. 그랬더니 친구들이 "너 무슨 꿈을 꾼 것이 아니냐."고 물었다. 그렇다고 고개를 끄덕이자 친구들은 내가 자면서 "죄송합니다" 소리를 연발하던 끝에 '나이스 숏.' 하고 갑자기 외치는 바람에 깜짝 놀랐다는 것이다. 알고 보니 내가 꿈 속에서 소리를 지른 것이었다. 이 뒤부터 친구들로부터 "죄송합니다."라고 놀림을 받게 되었던 것이다.[37]

신동파는 1960년 4월 휘문고에 진학하였다. 고등학교에 진학하

---

36) 일간스포츠. 1974. 1. 10. 3면.
37) 일간스포츠. 1974. 1. 10. 3면.

니 2학년 선배로 김철갑, 박종수, 장희방, 홍은표, 함기태가 있었고 3학년 선배로는 양광석, 라봉구 등이 있었다. 신동파에게 원 핸드 슛을 열심히 가르쳐 주던 선배 최영식은 신동파가 고등학교에 들어가자 고려대학에 진학하고 없었다. 중학교에서 주장을 지내기도 한 신동파는 다시 볼 보이가 되었다. 공주머니와 물주전자가 그의 차지였다. 그는 선배들이 하는 훈련과 경기를 보고 속으로 '내가 지금 뛰어도 선배들보다 낫겠다'는 상상을 하며 은근히 화가 나기도 했다고 한다. 그러나 후보 선수로서 선배들의 움직임을 지켜보고 개인훈련에 힘쓰는 동안 중학교에서는 잘 되지 않던 레이업 슛이나 원 핸드 슛을 의젓하게 구사할 수 있다는 데서 보람을 느꼈다고도 했다. 고등학생이 된 다음에는 집에서도 더 이상 어린아이 대우를 하지 않았으며 자신이 할 일은 알아서 처리하게 되었다. 사춘기. 신동파는 꿈에 부푼 채 하루하루를 보냈다. 선배들에게 밀려 후보 선수로 만족하다가 2학년이 되어 1961년 춘계연맹전이 열리는 것을 계기로 주전으로 올라서면서 언론의 주목을 받고 본격적인 스타의 길에 들어섰다. 당시 그의 슛 훈련은 하루 500개였다.

2, 3학년 선배 선수들에게 밀려 볼 보이 신세를 면하지 못했던 1년 동안은 정말 나에게 괴로운 한 해였다. 시합에 출전하여 선배들이 플레이하는 동안 벤치에 앉아 있으려면 좀이 쑤셔 미칠 지경이었다. 그러나 신 코치는 나를 기용해 주지 않았다. 이렇게 하기를 1년. 이 동안에 많은 것을 배웠다. 선후배 간의 위계질서는

물론 인내를 몸에 익혔다. 또한 경기 면에서도 원 핸드 슛의 세기를 더욱 익히고 공수 패턴을 실전을 보고 터득했다.

고 2에 올라가서 다시 주전으로 기용되었다. 이때의 나는 슛 폼에 있어서 안정을 기할 수 있었고 슛의 성공률도 좋았다. 현재와 같은 나의 슈팅 폼은 이때 형성된 것으로 지금은 순간순간의 묘를 살릴 줄 안다는 것이 그때와 다른 점이다. 고2인 61년 봄, 춘계연맹전을 계기로 내 이름이 방송이나 신문지상에 오르내리기 시작했다. 이때의 보도내용을 지금은 잘 회상해 볼 수 없으나 대체로 "에러가 없는 안정된 선수"라고 평가했던 것으로 기억한다. 이 말이 싫었다.

에러가 없다는 것은 곧 플레이에 과감성이 없다는 말이 되기 때문이었다. 그러나 이것은 사실이었다. 어려서부터 외아들로 자라왔기 때문인지 남보다 과감성이 없었다. 그리고 내성적인 내 성격은 매사에 조심성을 기하는 소극적인 소년이었다. …(중략)… 이즈음 하루에 500개의 슈팅을 했다. 팔이 빠지는 것 같았고 어깨가 몹시 아팠다. 그래도 참았다. 이때 부모들의 위로와 격려가 없었던들 고통을 못 이겨 연습을 중단했을지도 몰랐다. 어머니는 외아들인 나를 극진히 보살펴 주었다. 몸에 좋다는 보약은 죄다 지어 먹이고 식사도 특별히 마련해 주었다.[38]

---

38) 일간스포츠. 1974. 1. 11. 3면.

김영기를 이긴 고교생 국가대표,
한국 농구의 탑건이 되다

득점력이 매우 뛰어난 고등학교 선수 신동파를 둘러싸고 대학 농구팀에서는 치열한 스카우트 경쟁을 벌인다. 당시 휘문고등학교의 농구 선수들은 고려대로 진학하는 사례가 많았던 것 같다. 휘문고등학교 2학년 때부터 주전으로 승승장구한 신동파는 어느 날 훗날 연세대학교와 국가대표팀에서 만나 한국농구의 첫 전성기를 함께 열어 가는 김영일로부터 은근하지만 선명한 진학 제의를 받는다. 또한 그는 고등학교 3학년 때 국가대표 후보군에 선발되는데, 선발전에서 중고등학생 시절 우상으로 삼았던 김영기 씨가 속한 베테랑 팀을 큰 점수 차로 이기고 강한 이미지를 심는다. 신동파라는 이름이 한국 농구계에 선명하게 각인되는 시기가 바로 이 무렵에 속한다.

신동파는 휘문고등학교 졸업반이던 1962년에 처음으로 국가대표

명단에 이름을 올렸다. 그해 11월 27일 대한농구협회는 1963년 10월 자유중국(대만)의 타이베이에서 열리는 제2회 아시아남자농구선수권대회(ABC)와 1964년 도쿄 올림픽에 대비한 겨울합숙훈련에 참가할 우수남자선수 24명을 선발하였다. 신동파는 서충원(徐忠源)과 더불어 고등학생으로서 이 명단에 포함되어 언론의 주목을 받았다.[39] 국가대표 후보 팀이라고 할 수 있는 이 예비명단은 이듬해인 1963년 5월 29일 18명으로 압축되었다. 이때 선발된 선수는 김영기(金永基)・문현장(文賢藏)・백남정(白南正)・이경우(李慶雨)・조춘원(趙春元)・이규창(李揆昌)・김영일(金永一)・정진봉(鄭鎭鳳)・김인건(金仁健)・이인표(李仁杓)・김종선(金鐘善)・방열(方烈)・하의건(河義鍵)・김무현(金武鉉)・김철갑(金鐵甲)・박영환(朴永煥)・김진호(金鎭浩)・신동파 등이었다.[40] 신동파는 자신이 국가대표 명단에 포함될 당시의 기억을 생생하게 간직하였고 이를 기록으로 남겼다.

대한농구협회는 1963년 10월 11일부터 13일까지 최종 12명 선발을 위한 평가전을 열었다. 16명이 청(靑)・백(白)・홍(紅) 세 팀으로 나뉘어 경기를 하였다. 청팀은 가장 젊은 선수들로 구성되었으며 신동파도 여기 포함되었다. 신동파가 속한 청 팀에는 김영일・정진봉・김인건・이인표 등 젊은 선수들이, 백・홍팀에는 노장 선수가 속했으며 김영기가 속한 홍팀이 최강일 것으로 예상되었다. 그러나 청팀은 백・홍팀을 모두 이겨 놀라움을 샀다. 특히 신동파

---

39) 동아일보, 1962. 11. 29. 8면.
40) 경향신문, 1963. 5. 29. 6면.

는 11일 열린 백팀과의 경기에서 슛을 16개 던져 10개를 성공시킴
으로써 62.5%의 높은 적중률을 기록하였다.[41] 홍팀과의 경기 기록
은 대한농구협회에 남아 있지 않다. 신동파도 수기를 통하여 당시
의 기억을 더듬었는데, 정확한 점수 등을 기억해 내지는 못하였다.

　　이럴 즈음 일본의 입교대학이 연세대와 친선경기차 내한했다.
나는 이때 아직 입학수속이 끝나지 않았기 때문에 정식 연세대생
은 아니었다. 그런데도 이 게임에 뛰게 됐다. 이때야말로 나의 실
력을 발휘할 수 있는 절호의 찬스를 맞은 것이다. 이 게임에서 이
를 악물고 뛰었다. 이 날은 슛도 잘 먹어 들어갔다. 그 결과 우리
는 이겼고 나는 30점 이상을 득점, 또다시 '득점기계'라는 소리를
듣게 되었다.
　　입교대학과의 친선경기를 마치고 연세대에 정식 입학수속을 했
다. 그리고 대표선수 합동훈련을 계속했다. 2차선발에 뽑힌 18명
은 김영기, 문현장, 백남정, 이경우, 조춘원, 이규창, 김영일, 정진
봉, 김인건, 이인표, 김종선, 방열, 하의건, 김무현, 김철갑, 박영환,
김진호 그리고 나였다. 후에 백남정, 조춘원 두 선배가 연습 도중
몸을 다쳐 도중하차, 대표후보 선수는 16명으로 줄었다. 이때는
태릉선수촌이 없었고 서울문리대 뒤쪽인 동숭동에 대한체육회 합
숙소가 있었다. 선배들을 따라 열심히 연습을 했다.
　　63년 5월 어느 날 최종 선발을 위한 평가전을 가졌다. 이 평가
전의 성적을 토대로 최종 12명을 선발하기로 되어 있었다. 선발전

---

41) 경향신문. 1963. 10. 12. 8면.

을 앞두고 연습을 하면서도 어린 마음에 겁이 났다. "노장 선배들
틈에 끼어 국가대표 선수가 될 수 있을까." 하는 두려움이었다.

평가전 날은 다가왔다. 16명은 청, 백, 홍 등 세 팀으로 나뉘었
다. 그런데 내가 소속한 청팀은 김영일, 정진봉, 김인건, 이인표
등 신인선수로 구성되어 있고 백, 홍에는 노장 선수들이 소속되어
있었다. 누가 보아도 김영기 씨가 소속되어 있었던 백팀이 가장
세었다. 우리 청팀은 은근히 겁이 났다. 우리 청팀의 주장 격인 김
영일 선배는 "이왕 이렇게 짜여진 것이니 최선을 다해서 싸워 보
자."고 우리 후배들을 격려했다. 필사적으로 뛸 각오를 한 것이다.

그런데 예상은 완전히 뒤바뀌어 우리 청팀은 노장들로 구성된
백, 홍을 큰 점수 차로 이기고 2전 전승을 했다. 지금 기억하기로
는 김영기 씨가 소속되어 있던 백팀에게는 20점 이상을 이긴 것
으로 안다. 우리 청팀은 백, 홍을 이기고 좋아서 어쩔 줄을 몰랐
다. 이때 나는 "사람이 최선을 다하여 노력하면 좋은 결과를 얻는
다."는 것을 몸소 터득했다.[42]

신동파는 이러한 활약을 통하여 기량을 인정받고 1963년 10월
15일 발표된 남자농구 대표팀 12명에 포함되었다. 신동파를 뺀 나
머지 선수는 김영기·문현장·이경우·이규창·김영일·정진봉·
방열·김무현·하의건·이인표·김인건 등이었다.[43]

평가전을 마치고 발표가 있을 때까지 초조하게 기다렸다. 내일

42) 일간스포츠. 1974. 1. 14. 7면. 일간스포츠. 1974. 1. 16. 3면.
43) 동아일보. 1963. 10. 16. 3면.

이면 최종 선발 발표라고 생각하니 잠이 올 리 만무했다. 가슴에 태극기를 달고 비행기 타는 나의 모습을 수없이 그렸다간 지우고 했다. "나만은 꼭 뽑힐 것."이라는 생각을 수없이 했다. 그러나 그 뒤 "감히 노장들 틈에 끼어서……"라는 생각이 나를 엄습, 괴롭혔다. 이런저런 생각으로 흥분을 가누지 못한 채 그날 밤을 지새웠던 것이 회상된다.

다음날 오전 10시 방송을 기다렸다. 부모와 누이동생들도 내 곁에서 조바심을 하고 있었다. 드디어 10시 정각 기독교방송에서 대표선수 최종 선발에 대한 뉴스가 흘러나오기 시작했고 이어 12명의 명단이 발표되었다. 초조는 극도에 달했다. 손에 땀을 쥐었다. 하나 둘 선수들 이름이 발표되는 순간이 무척 길게 느껴졌다. "이제나 내 이름이 나오나"하고 초조해하던 나는 차츰 불안을 느끼기 시작했다. 옆에 있는 부모와 누이동생의 눈치를 얼른 살폈다. 역시 불안해하는 표정들이었다. 더욱 불안했다. 10번째에도 내 이름은 나오지 않았다. 그때의 불안하고 초조한 심정은 무어라고 표현할 길이 없을 만큼 착잡했다.

이때 옆에 있던 가족들이 먼저 "와" 하고 소리를 질렀다. 여러 가지 생각으로 착잡했던 나는 내 이름을 못 들은 것이었다. 옆에서 좋아 어쩔 줄 모르는 가족들을 붙잡고 "정말이냐"고 물었다. 그랬더니 분명히 11번째에 내 이름이 나왔다는 것이었다. 안도와 기쁨 섞인 한숨을 길게 내쉬었다. 그리고 나서 좋아 어쩔 줄 몰라 방안에서 길길이 뛰었다. 곁에 있던 가족들은 이런 나를 보고 또 한바탕 마음껏 웃었던 일이 기억난다.[44]

44) 일간스포츠. 1974. 1. 16. 3면.

신동파, 미국을 보았다

한국농구는 미국농구를 직수입했다

우리는 농구가 미국에서 시작된 운동이라는 사실을 안다. 19세기 후반 미국에서 비가 내리거나 추운 겨울에도 할 수 있는 구기 종목으로 고안된 운동 경기가 농구이다. 1891년 매사추세츠 주 스프링필드에 있는 국제 YMCA 체육학교(후에 스프링필드대학교)에서 근무하던 캐나다 출신의 제임스 네이스미스(James Naismith)가 창안하였다. 1905년 미국 서부 대학 농구협회가 생겼고, 1915년에는 YMCA · 미국체육협회 · 미국대학연맹이 협동하여 농구의 정상적인 발전을 보게 되었다. 농구의 전파는 YMCA를 통해 캐나다 · 남아메리카 등 미주와 일본 · 필리핀 · 한국 · 중국 등 아시아 지역을 비롯하여 유럽에서도 독일 · 불가리아 · 폴란드 · 프랑스 · 이탈리아 등 여러 나라에 보급되었다. 농구의 인기와 붐이 급격하게 고조되기 시작한 시기는 제2차 세계대전이 끝난 후부터이다. 농구 경기는 1936년 제11회 베를린 올림픽 때부터 정식종목으로 채택되었다.

공과 바구니를 든 제임스 네이스미스

미국은 농구의 소위 '종주국'이며 세계 최강의 경기력을 자랑해 왔다. 미국의 프로농구(NBA)는 어떤 나라의 리그도 넘보기 어려울 만큼 높은 경기력과 관중 동원 능력, 그리고 상업적 영향력을 구축하고 있다. 물론 종주국이라고 해서 그 종목의 영원한 강호로 군림하는 사례는 흔하다고 보기 어렵다. 한국 사회에서 '농구'라는 스포츠 종목은 1907년 황성기독교청년회 간사로 일하던 미국인 선교사 필립 질레트(Phillip Gillett)에 의해 보급되었다는 것이 일반화된 견해이다.[45] 최초의 농구경기는 1907년 7월 23일 열린 서울YMCA와 도쿄 유학생단과의 경기였다고 기록되어 있다.[46] 여기에서 '서울'과 '도쿄'라는 지명에 각별히 유의할 필요가 있다. '서울'은 1905년 군사, 외교권을 박탈당한 채 식민지로 전락해 가는 대한제국의 중심이었다면, '도쿄'는 식민제국 일본의 중심 수도였다. '도쿄'가 제국 일본에서 전파되는 온갖 근대 문물의 발신지였다. 이렇

---

45) 김재우, 2009: 53.
   조광식, 2002: 59.
   대한농구협회, 2008: 49.
46) 김재우, 같은 책, 53.

게 보면 1907년 서울YMCA와 도쿄 유학생간에 열린 농구 경기는 근대 스포츠 역사의 한 단면을 보여준다는 점에서 상징적이다. 이는 제국 일본을 발신지로 삼아 제국의 근대 스포츠를 수신하는, 한국 근대 농구의 특수한 역사를 함축하고 있기 때문이다.

　농구가 대중적인 근대 스포츠 종목으로 안착한 시기는 일제강점기였다. 그렇다고 해서 일제강점기의 농구를 폭넓게 대중들이 향유한 스포츠라고 단선적으로 파악하는 것은 바람직한 태도가 아니다. 왜냐하면 농구를 즐긴 주된 계층은 일제강점기에 학교를 다닌 조선인 학생들이었기 때문이다. 소수에 불과한 이들 계층이 향유했던 농구가 일제강점기 조선 사회 전역에 광범위하게 보급됐다고는 말하기는 어려운 것도 사실이다. 하지만, 일제강점기에 농구라는 스포츠 종목은 식민지 조선 내에서의 경쟁만 아니라 식민제국 일본과의 경쟁 속에서 강인한 체질을 획득해 나간 것이 분명한 사실이다. 농구에 있어서 한일 관계는 식민종주국과 피식민지 민족이라는 역학을 반영하듯이 서로 경합하면서도 협력하는 관계였다. 일제강점기라는 특수한 시대적 환경은 근대 한국 스포츠의 정체성을 마련하는 데 매우 복잡한 배경을 이루었다. 이 시기의 스포츠 활동이 이루어지는 공간은 제국주의 일본의 피식민지라는 환경적 측면과 함께, 한국인의 민족적 정체성이 제고되고 민족이라는 주체에 의한 독립이 주된 과제로 제기되는 가운데 복합적인 의미를 띠기 때문이다. 그러므로 일제강점기에 식민지 조선인 선수들이 보여준 뛰어난 활약상은 조선인이라는 민족의 자긍심과 함께 제국 일본의 하위주체로서 특별한 의미를 지닌다. 1936년 독일 베를린에서 열린 올림픽에서 마라톤의 손기정만 일본 대표로 출전했던 것은 아니다. 잘 알려지지 않은 사실이긴 하지만 이성구, 장이진, 염은현 등 식민지 조선의 뛰어난 세 농구 선수는 베를린올림픽에 일본의 농구 대표팀 선수로 출전했다.[47]

일제강점기 한반도의 근대 스포츠는 자연히 민족주의적 성향이 강했다. 제국 일본의 스포츠와 각축하는 상황에서 조선인의 스포츠 활동은 극일(克日)이 중요한 정신적 기조를 이루었다는 점을 고려하는 것은 기본적인 요건이다. 이런 관점에 서면, 일본은 어디까지나 극복하고 제압해야 할 민족의 타자(the other)라고 보는 것이 옳다. 거시적으로 보면, 스포츠 문화 전반에서 정보나 장비, 훈련 방식 등은 일본을 통해서 유입되었다. 비록 농구가 미국 또는 미국 선교사에 의해 전파되었다고는 하나, 경기에 필요한 장비나 기술적 정보는 미국으로부터 직수입되기보다는 식민제국 일본을 거쳐 중개된 것으로 보는 것이 좀 더 온당하기 때문이다. 특히 농구 전파의 주체들이었던 일본에 유학한 한국인 학생들은 식민지 내지 각 급 학교에서 수학하면서 여가활동으로 농구를 체육 활동으로 삼았고, 그러한 과정에서 습득한 정보와 지식, 경험은 식민지 조선사회에 그대로 수용되었다. 일본어로 번역된 농구 관련 각종 텍스트는 국

---

47) 조광식, 같은 책, 119~124.

내 농구의 역사에 거의 절대적인 영향을 미쳤을 것으로 판단된다.

일제강점기 스포츠를 민족주의의 시각으로 해석하는 태도는 요즘에도 변함없이 잔존한다. 예를 들어 인터넷 매체인 『엑스포츠뉴스』의 2013년 8월 13일자에는 '농구월드컵 진출 한국 남자농구의 발자취'라는 제목으로 칼럼이 게재되었다. 그 중 일부를 소개하면 다음과 같다.

농구가 올림픽 정식 종목으로 채택된 1936년 베를린 대회에 이성구와 장이진, 염은현 등 3명의 조선인이 일본 대표팀의 일원으로 출전했다. 이들은 모두 연희전문(오늘날의 연세대학교) 선수였다. 마라톤의 손기정과 남승룡, 축구의 김용식이 그랬듯이 농구에서도 조선인이긴 하지만 1936년 1월 열린 전일본종합선수권대회에서 우승한 연희전문의 주전인 이들을 뽑지 않을 수 없었다. 이대회는 베를린에 갈 일본 대표 선수를 뽑는 대회였다. 연희전문은 이 대회 준결승에서 일본 최강 도쿄제대를 46-38로 꺾었고 결승에서는 교토제대를 42-22로 크게 이겼다.

미국이 우승한 베를린 올림픽 농구 종목에서 일본은 1회전에서 중국(오늘날의 중화인민공화국과 다른 나라)을 35-19, 2회전에서 폴란드를 43-31로 꺾고 기세 좋게 3회전에 올랐으나 멕시코에 22-28로 져 8강 문턱에서 탈락했다.

베를린 올림픽 이후 1938년 1월에 열린 전일본종합선수권대회 결승에서는 보성전문(오늘날의 고려대학교)이 연희전문을 43-41로 누르고 우승했다. 일본 농구 관계자들에게는 속이 쓰린 일이었지만 그게 끝이 아니었다. 보성전문은 그해 9월 일본 국내 사정으로 일정을 앞당겨 치른 1939년 대회 결승에서 교토제대를 64-50으로 누르고 2연속 우승한데 이어 1940년 대회에서 문리대에 58-37 대승을 거두고 전일본종합선수권대회 3연속 우승의 위업을 이뤘다. 이때 멤버가 신광호 최해룡 조득준(조승연 전 삼성 썬더스 고문 부친) 이호선 오수철 오중열 안창건 최성철 이준영 우낙균 등이다. 제2차 세계대전이 일어나지 않고 일본이 1940년 제12회 하계 올림픽을 예정대로 도쿄에서 열었으면 이들 가운데 몇몇은 이성구와 장이진, 염은현처럼 비록 일장기를 달았지만 올림피언이 될 수 있었다.[48)]

1936년 베를린올림픽에 일본 농구 대표선수로 출전한 이성구(맨 앞).

"마라톤의 손기정과 남승룡, 축구의 김용식이 그랬듯이 농구에서도 조선인이긴 하지만 1936년 1월 열린 전일본종합선수권대회에서 우승한 연희전문의 주전인 이들을 뽑지 않을 수 없었다."는 필자의 언급은 강점기에 분명한 차별이 존재했으며, 농구 분야에서도 이와 같은 차별을 적용하여 조선인을 일본 대표로 뽑지 않으려 했으나 워낙 조선인 선수들의 기량이 뛰어났기에 어쩔 수 없이 뽑았다는 뉘앙스이다. 일제강점기에 한반도의 주민이 당한 차별과 수탈, 인권의 훼손에 대해서는 이미 많은 연구가 있었으므로 이 지면을 빌어 반복할 생각은 없다. 다만 짚어 두고 싶은 점은 일제강점기에 당한 피해라는 것이 평등한 대접을 받지 못했다는 선에서 얼버무려지는 경우가 적지 않다는 사실이다. 베를린올림픽에 갈 일본 대표를 선발하는 데 내지(일본 본토)와 반도 사이에 차별은 없지 않았을 것이다. 아마도 같은 값이면 내지의 선수를 뽑고자 했을 가능성도 없지는 않다. 그러나 이 문제는 제국주의 시대 일본의 문화 중심이 어디까지나 내지에 있었으며 경기단체와 올림픽위원회를 비롯한 선수 선발에 관한 권한 일체를 장악한 지역 역시 내지였으리라는 점을 충분히 염두에 두고 이해해야 한다. 반도 출신의 우수한 선수들이 당할 수밖에 없었던 차별은 이러한 강점기 제국주의 일본의 문화현상을 아울러 검토함으로써 더욱 명료하게 규명할 수 있을 것이다.

또 하나. 이성구를 비롯한 반도 출신의 선수 세 사람이 제국주의 일본 농구협회가 차별 정책을 포기하면서까지 선발해야 했을 만큼 절대적인 기량의 소유자였다면 이들이 모두 주전 선수로서 1936년 베를린올림픽에서 일본이 출전한 모든 경기에 주전으로 나갔어야 한다. 최근 국내 프로스포츠의 예에서 보듯 외국인 선수를 선발해 기용할 때는 특출한 기량을 높이 평가했기 때문이며 이들에게는 꾸준한 경기 출전 기회를 제공하되 일정 수준 이상의 경기력과 기록을 요구하게 마련이다. 반도 출신 선수를 차별했다면 내지와 반도를 구분하여 반도를 타자로 받아들이는 태도가 전제되었을 것이기 때문이다. 그런데 베를린올림픽에서 이성구는 일본이 출전한 세 경기 가운데 두 경기, 장이진은 한 경기에 출전했고 염은현은 출전한 기록이 보이지 않는다. 출전 기록에 이름을 올린 일본인 선수는 세 경기에 모두 나갔다.[49] 이성구는 8월 7일 중국과의 경기, 11일 멕시코와의 경기에 출전했다. 일본은 중국에 35-19로 이기고 멕시코에는 22-28로 졌다. 장이진은 8월 9일에 열린 폴란드와의 경기에 출전해 일본이 43-31로 이기는 데 기여했다.[50]

---

49) 이 기록이 차별의 산물인지는 판단하기 어렵다.
50) 베를린올림픽 공식기록집 2권, 1074~1083.

기린아 이성구

여러모로 보아 이 시기의 중요한 인물은 이성구임에 틀림이 없어 보인다. 이성구에 대한 가장 깊이 있는 언급은 서민교가 2010년 9월 2일자 『점프볼』에 기고한 '한국농구의 91년 역사 이성구'라는 기사에서 찾을 수 있다. 이 기사는 몇 가지 항목에 걸쳐 이성구의 인간적 측면과 농구인으로서의 역할, 우리 체육사에 미친 영향 등에 대해 폭넓게 살펴보고 있다. 요약하면 다음과 같다.

한국농구의 선구자이자 아버지로 불리는 故이성구 옹(1911~2002년)의 묘비에는 "비열한 승리보다 당당한 패배를……"이라고 적혔다. 연세체육의 모토이자 그의 농구 인생과 철학이 담겨 있는 이 짧은 글에는 한 평생 한국농구를 위해 헌신(獻身)한 그의 노고(勞苦)가 서려 있다. 그가 숨쉬며 걸어온 91년 인생은 고스란히 한국농구의 역사다. 한국농구 근대화의 기틀을 마련한 그는 한국농구 사상 처음으로 올림픽에 참가한 선수이자 지도자, 교육가, 외교가, 행정가였다.

이성구는 이화학당에서 한국여자농구가 최초로 시도되던 1911년 1월 1일 충남 천안에서 태어났다. 국민학교 시절 키는 작았지만, 힘은 장사였다. 뛰어난 운동소질로 운동이란 운동은 다 잘하는 만능 스포츠맨의 피를 타고났다. 하지만 어린 시절 그의 꿈은 농구가 아니었다. 국민학교 졸업 후 야구선수를 꿈꾸고 상경했다. 야구로 유명한 휘문고보에서 그의 삼촌이 야구선수로 활약하고 있었다. 그러나 야구부에서는 '체격이 너무 작아서 안 된다'는 이유로 그를 받아들이지 않았다. 그래서 야구부 다음으로 찾아간 곳이 농구부였다. 처음에는 체격이 작다는 이유로 거절당했다.

이성구는 포기하지 않았다. 수개월 동안 코치를 쫓아다니며 점프력이 좋다고 펄쩍펄쩍 뛰어보였다. 결국 코치의 마음을 움직인 그는 휘문고보에 입단했다. 1926년의 일이었다. 휘문고보는 1920년대 중반 절대강자로 군림하고 있었다. 1925년 YMCA 대표들이 주축이 된 조선바스켓볼협회가 주관한 제1회 전조선중등부농구선수권대회가 창설하면서 휘문고보도 명성을 떨치기 시작하였다. 전조선중등부농구선수권대회는 13년 동안 명맥을 이어가다 1938년 일제가 각종 체육단체를 강제 해체시키면서 사라졌다.

1928년 이성구가 정규멤버로 활약한 휘문고보는 제4회 전조선중등부선수권에서 강력한 우승후보로 꼽혔다. 하지만 한국인 두 명을 제외한 일본인으로 구성된 경성사범에게 패했다. 이 대회를 끝으로 그는 2년 뒤 연희전문학교(이하 연전)의 농구부 창단 멤버가 됐다. 1930년 당시 창단 멤버는 이성구를 비롯해 강신홍, 정상윤, 강인희, 이혜봉, 황필한, 황대걸, 이상락, 이순덕, 김용구 등 열

명이었다. 연전은 1928년 창단한 보성전문학교(이하 보전)와 라이벌 구도를 확립했다.

연전을 이끈 이성구의 포지션은 지금으로 말하면 포인트가드에 가까웠다. 170cm도 채 되지 않는 신장이었지만, 백보드를 양손으로 몇 번씩 칠 정도로 점프력은 대단했다. 그는 자랑삼아 "내가 한번 점프를 하면 차고 올라갔다가 차고 내려오는데 한참 걸려." 라고 말하곤 하였다. 연전 상과에 재학 중이던 그는 1932년 전조선선수권대회와 조선신궁경기대회를 우승으로 이끈 뒤 졸업했다.

이성구는 졸업 후 연전 연구원으로 있다가 1933년 연전 농구부에서 코치로 임명됐다. 당시에는 졸업자들이 자진해서 코치를 맡는 분위기였다. 그러나 연전에서의 코치직은 오래가지 않았다. 진명여고 교무주임 이세정이 연전을 찾아가 이성구에게 교사직을 제안했다. 그는 해방 직전까지 진명여고에서 교사와 코치직을 겸했고, 광복 후에도 시간강사로 일했다.

진명여고에서 교사를 맡고 있던 1936년 1월, 연전과 보전은 동경명치신궁외원구장에서 열린 제16회 전일본종합선수권대회에 함께 참가했다. 이성구는 '관계자'로 동행했다. 당시 연전 주장을 맡았던 이만걸이 보전과 서울 경기 이후 YMCA 지하실 목욕탕 폭행 사건에 연루돼 징계를 받았기 때문이다. 성격이 괄괄한 이만걸이 보전의 신입생 선수를 머리로 받아 종로경찰서까지 가서 진술서를 쓰는 일이 있었다. 베스트5 가운데 한 명이 빠진 연전에는 비상이 걸렸다. 그 당시 베스트5는 지금과 의미가 달랐다. 스타팅으로 출전하면 5반칙 퇴장을 당하기까지 교체를 하는 일이 없었다.

연전 부장을 맡고 있던 노동규는 급한 마음에 관전을 하러 온 이성구를 불렀다. "자네가 뛰어!" 그러나 이성구는 1933년 졸업 후 만 2년 간 농구를 하지 않았다. "선생님, 운동을 안 한지 오래 돼서 전 못합니다. 지더라도 그냥 하시죠." 소용이 없었다. 노 부장은 막무가내로 그를 출전 시켰다. 현지에서 갑자기 선수로 둔갑한 것이다. 당시 연전 신입생이었던 장이진은 그를 이렇게 기억했다. "불쌍해서 못 보겠더라. 숨은 차고 얼굴은 하얗게 돼서……. 백코트에서 드리블도 정말 천천히 쳤다. 숨을 고르기 위한 방법이었다." 장이진의 선발도 이성구의 체력 부담을 덜기 위한 방편이었다.

신입생이었기 때문에 대부분의 수비와 리바운드를 도맡았다. 연전 농구는 답답했다. 그런데 이런 뜻하지 않은 지연전술이 상대팀에 오히려 먹혀들었다. 상대는 초조한 마음에 실책을 연발했다. 연전이 뜻하지 않게 승승장구를 달린 것. 준결승전에서도 일본 최강이라 불리던 도쿄제대를 46-38로 꺾고 결승전에 진출하는 이변을 낳았다. 그때 일본으로 전보가 날아왔다. 이성구를 진명여고로 데려온 이세정이었다. 한글로 적힌 짧은 글이었다. '한 번만 더 이겨라.' 한 번만 더 이기면 우승이었다. 이성구도 작고 전까지 이 글귀를 두고두고 회고했다고 한다. 연전은 결국 결승전에서 교토 제대를 20점차로 완파하고 한국농구 사상 최초로 일본 농구를 평정했다.

이 대회 우승은 의미가 깊었다. 대회 이전인 1935년 일본 최강이었던 도쿄제대가 한국에서 3전 전승을 하고 가면서 일본농구협회는 1936년 베를린올림픽 농구대표단을 이 대회 우승팀을 주축으로 구성하겠다고 선포했다. 사실상 한국 선수들을 제외한다는 의미였다. 그러나 연전이 우승한 결과 일본 농구대표팀에 한국선수가 이성구, 염은현, 장이진 등 세 명 포함됐다. 베를린올림픽 참가한 조선인 선수는 마라톤의 손기정, 축구의 김용식을 일곱 명이었다. 농구는 가장 많은 조선인 선수가 포함된 종목이었다. 여기에는 당시 일본농구협회 전무이사를 맡고 있던 이상백 박사의 입김도 많이 작용했다.

1940년, 일본 권부가 전쟁(제2차 세계대전)을 준비하면서 도쿄 올림픽 유치권을 반납했다. 청년층의 반발을 우려해 일본기원 2600년 기념 동아경기대회가 개최됐다. 이 대회에는 일본을 비롯해 필리핀, 중국, 만주 등 4개국이 참가했다. 조선인 선수는 일본 대표팀의 절반인 여섯 명이 참가했다. 감독은 일본 농구이론의 대부로 불렸던 마키야마가 맡았고, 코치는 이성구였다. 중국과 만주는 상대가 되지 않았지만, 필리핀을 상대로는 고전했다. 스타팅은 일본선수만 다섯 명이었다. 전반은 8점차로 졌다. 후반에 급해지자 마키야마는 이성구에게 "조선인을 내보내자."고 했다. 이성구는 단호하게 말했다. "너희가 해서 지고 있으니까, 너희가 끝내!" 이성구는 후반 12분을 남기고 선수 전원을 조선인으로 교체해 존 프레스를 지시했다. 경기 결과는 13점 차 역전승. 마키야마가 고맙다고 하자 또 한 마디 했다. "내가 했냐? 선수가 했지." 이 말을 듣고 마키야마는 선수들에게 고개를 숙여 감사했다.

이성구는 광복 후인 1954년 제2회 마닐라 아시안게임 대표팀 감독을 맡았다. 성적은 4위에 그쳤다. 그는 한국에 돌아와 방송 인터뷰에서 "이번 성적은 전적으로 감독인 내가 계획을 잘못 세워 그렇다."고 책임을 자신에게 돌렸다.

이성구는 정상윤과 함께 이론가로서도 명성이 높았다. 한국농구 규칙서를 완성하는 데 이성구의 역할이 가장 컸다. 일본에서도 규칙서를 만들 때 급하면 이성구를 불렀을 정도였다. 1961년, 이성구는 한일고교농구대회 초대 대회 단장으로 일본을 방문했다. 일본농구협회에서 만든 규칙서가 마음에 들지 않았던 그는 일본농구협회 관계자들을 다 불러 모으게 했다. 이성구가 일본어로 한 첫 마디는 "내가 일본기원 2600년 동아대회 일본 대표팀 코치를 맡은 사람이다."였다. 10여 명의 일본농구협회 관계자들은 그 말을 듣자마자 고개를 숙였다. 이어진 그의 말에는 독기가 서렸다. "농구선배로서 한 마디 하겠다. 일본 농구 돼먹지 않았어!" 일본에서 이론가로서 추앙받던 마키야마도 인정한 그의 불호령에 일본농구협회가 들썩였다. 일본농구협회 관계자들은 그의 말에 따라 다시 뜯어고쳤다. 규칙서를 보지 않고도 줄줄 외울 정도인 이상구 앞에서 그들은 대꾸 한 번 못했다. 이상백 박사도 "이성구 같은 사람은 나오기 힘들 거야."라며 이성구의 말이라면 늘 웃으며 고개를 끄덕일 정도였다.

한국농구의 발자취를 더듬으면 이성구의 손길이 닿지 않은 곳이 없다. 선수와 지도자 생활을 마친 뒤 단장이나 임원으로 농구와 관련된 일이라면 마다하지 않았다. 1931년부터 조선농구협회를 최초 결성하자는 젊은 층의 움직임을 주도했고, 1945년 광복 후 11월 대한농구협회 창립과 함께 초대 이사에 취임해 협회 체제를 확립해 나갔다. 당시 협회 창립을 주도했던 정상윤은 체육회 정관을 직접 쓸 정도로 학구파였고, 이성구는 행동파에 가까웠다. 특히 행정가로서 능력이 뛰어났다. 광복 직후 미 군정청이 개입해

1948년 런던올림픽에 농구를 파견하지 않는다는 방침이 섰다. 주한미군부대 팀과의 연습경기에서도 패할 정도의 약체라는 것도 이유가 됐다. 그러나 농구협회는 당시 미군정사령관 하지 중장의 수석비서이자 통역을 맡았던 이묘묵 박사(전 연전 교수)를 협회장으로 추대해 농구파견 제외 방침을 철회시켰다. 이묘묵 박사의 뒤에 서서 조정한 사람이 이성구였다.

이성구는 또한 1958년 아시아농구연맹(ABC) 설립회의를 추진했다. 같은 해 도쿄 아시안게임 때부터 필리핀을 상대로 '너희가 최고'라고 평가해 호감을 샀고, 도쿄에서 우에다(일본), 칼보(필리핀), 존스(FIBA) 등과 회의를 통해 만장일치로 ABC를 결성했다. 이후 1960년에 제1회 아시아남자선수권대회가 필리핀 마닐라에서 개최됐다. 그는 3년 뒤인 1963년에 "남자도 있는데 여자도 만들자."고 제의하기 시작했다. 당시 한국 여자농구는 아시아에서 맹위를 떨치고 있었다. 2년 뒤인 1965년 제1회 아시아여자농구선수권대회가 서울 장충체육관에서 개최됐고, 박신자의 활약으로 한국이 우승했다. 여자농구로 눈을 돌린 이성구는 한·일 교류전을 적극 추진했다. 1959년 여자농구가 일본을 상대로 9전 전승을 거두자 일본을 이겼다는 데에 감격해 이승만 대통령이 눈물을 흘렸다.

이성구는 이상백 박사 이후 체육외교의 2인자라고 불린다. 그 이유 가운데 하나는 이성구가 꾸준히 선진농구를 받아들였다는 데 있다. 선진농구의 도입은 1931년부터 이뤄졌다. 한국인 2세로 미국 워싱턴대학 농구팀 센터 출신인 전봉운이 졸업 후 미국 광산회사에 취업해 함경도 지역의 현지조사차 국내에 들어오자 그를 설득해 연전 선수들을 대상으로 농구 강습을 하게 했다. 1개월로 예상했던 강습 기간은 3개월로 늘었고, 당시 보전에 밀려 3연패를 당했던 연전은 그의 지도 이후 2연승을 거두기도 했다. 이성구는 아시아재단 사무총장 조동재의 도움을 받아 존 번을 초청했고 내트 홀맨을 초정하는 데도 관련되었다. 이후 찰리 마콘과 제프 고스폴 등이 한국의 남자대표선수들을 지도하게 된 데도 당시 협회 전무이사였던 이성구의 노력이 더해졌다. 이성구는 1984년 한국 농구코치협회 창립회장, 1998년 여자농구연맹(WKBL) 초대 총재를 비롯해 대한체육회 이사, 연세체육회 부회장, KOC 상임위원 등을 역임했다. 체육행정가로서 스포츠발전에 기여한 공로로 1962년 문화포장, 1971년 국민훈장 목련장, 1982년 대한민국 체육상 공로상을 받기도 했다. 그가 세상을 떠난 해는 한국 남자농구대표팀이 부산아시안게임에서 중국을 누르고 우승해 1982년 뉴델리아시안게임 우승 이후 20년 만에 왕좌를 되찾은 2002년이었다. 결승전이 열린 10월 14일. 이성구는 91세를 일기로 타계했다.[51]

한편, 중앙일보에서 스포츠 기자로 활동했으며 인천일보 편집인을 역임한 저널리스트 임용진은 2013년 11월 『스포츠코리아』에 기고한 글에서 이성구에 대하여 다음과 같이 언급하였다.

충남 천안 태생인 그는 어릴 때부터 힘이 셌고 운동을 좋아했다. 야구를 꿈꿨으나 몸이 작다고 퇴짜 맞자 1926년(15세) 휘문고 농구부에 들었으며(이 점에서는 신동파와 매우 흡사하다; 편집자

---

51) http://news.jumpball.co.kr/news/view/cd/83/seq/850.html[accessed 30. June. 2014]

주) 1930년(19세) 연희전문 농구부 창단멤버가 된다. 포지션은 요즘으로 치면 포인트 가드였다. 다부진 체격으로 공 다툼에 능하고 점프가 높았다. 키 170cm도 안 되지만 한번 뜨면 백보드를 양손으로 여러 번 치고 내려왔다 한다. "내가 한 번 점프하면 차고 올라갔다가 차고 내려오는데 한참 걸려." 이성구는 가끔 주위에 이렇게 자랑했다.

…〈중략〉…

한국 근대농구 중심에 이 씨 세 명이 있다. 이상백-이성구-이해병. 서로 스승과 제자이기도 한 이 '쓰리 이'는 한국농구를 초석하고 발전시켰다. 이상백(1904~1966)은 일본농구의 아버지다. 와세다대 농구부 출신인 그는 마구 에너지를 뿜던 초창기 한국농구에 방향성과 시야를 줬다. 이성구(1911~2002)는 한국농구의 아버지다. 그는 이상백이 해외서 구상한 것을 국내에서 실현했다. 이해병(77)은 한국농구의 맏형 뻘쯤 된다. 그는 농구협회 심판위원장 등을 지내며 농구 규칙 등 각론을 구체적으로 파고들었다. 이들로 인해 한국농구는 일단 외연부터 확장한 뒤 내실을 다지는 식으로 급속히 성장했다. 그 한가운데 이성구가 있다. 이상백은 평소 "이성구 같은 이는 다시 나오기 힘들 거야."라고 말했다. 논쟁적인 순간에 그는 항상 제자의 의견에 고개를 끄덕였다. 이상백은 일제강점기 시절 일본체육회 전무를 지냈다. 이성구 역시 일본농구 국가대표 코치(1940년 동아경기대회)를 지냈다. 사제가 모두 체육에서나마 피식민지의 열등감을 풀었다는 점에서 공통된다. 일본과 중국에 전념하던 1930~40년대에도 이상백은 농구는 물론 정치 등 국내 사정을 훤히 꿰뚫고 있었다. 이는 모두 이성구가 수시로

편지로 보고한 결과였다.

이해병은 이성구의 연대 후배이다. 이성구는 자신보다 스물다섯 살 아래인 이 후배 손을 잡고 자신이 근무했던 진명여고로 가, 코치를 시킬 만큼 그를 신임했다. 이해병은 "(이성구) 선생의 면모는 네 가지다. 선수, 체육행정가, 체육외교관, 농구이론가며 교육자였다."고 말한다.

…(중략)…

체육행정가며 외교가로서 이성구의 수완은 정평 났다. 식민지하 조선농구협회 이사(1933년)를 시작으로 대한농구협회 재건 주도 회장직무대행 겸 이사장(1945년), 아시아농구연맹 창립 부회장(1958년), 한국농구코치협회 창립 회장(1984년), 한국여자농구연맹(WKBL) 총재(1998년) 등을 지냈다. 단순한 감투가 아니라 꼭 필요한 상황에서 그가 직접 동분서주하며 만든 단체들이다. 광복 직후 농구협회 재건을 위해 정치인 안재홍을 1년간 설득해 초대협회장에 취임시켰다. 가장 큰 업적은 1958년 말 아시아농구연맹(ABC) 창립이다. 그해 5월 도쿄아시안게임에서 필리핀을 '농구는 너희가 최고'라고 구워삶았고, 이후 각국 실력자인 우에다(일본), 칼보(필리핀), 존스(FIBA)를 각개 격파해 만장일치로 ABC를 결성했다. 3년 뒤인 1963년엔 "남자선수권도 있는데 여자선수권도 만들자"고 제의해 결국 한국을 1965년 제1회 아시아여자농구선수권(서울·장충체육관) 우승자로 만들었다. 물론 박신자 등의 활약으로 전성기에 오른 한국여자농구를 국제화시키기 위한 이성구의 계산된 결과였다. 이 같은 프로젝트엔 스승 이상백의 조언을 구했을 것이다. 이상백이 큰 틀에 씨앗을 뿌리면, 이성구는 세심한

부분까지 그것을 착상시켰다.

…(중략)…

이성구는 행동가이자 이론가였다. 특히 선진농구 이론과 기량 습득에 열성이었다. 미국 워싱턴대학 농구팀 센터출신인 한국인 2세 전봉운 초청(1931년), 미국 스프링필드대 코치 존 번 초청, 미국 세미프로출신 네트 홀맨 영입(이상 1950년대), 찰스 마콘 국가대표 코치 영입(1965) 등이 수십 년에 걸쳐 일관한 그의 노력 결과이다. 이로 인해 수비의 기본 풋 워크, 훅 숏, 원 핸드 숏, 선진 코칭 시스템 등이 국내 소개됐다. 1976년 제21회 몬트리올 올림픽 땐 한국 농구 국가대표가 참가하지 않았음에도 혼자 현지에서 관전, 미국 대표팀 수비형태를 한국에 전하기도 했다.

그는 한국농구 전반의 교사였다. 사랑과 열정 뿐 아니라 체육을 대하는 철학적 입장에서도 그랬다. 스승 이상백과 마찬가지로 이성구 역시 아마추어리즘을 신봉했다. "공부하지 않고 돈만 번다면 스포츠에 재앙이 될 것."이라고 경고했다. 연세대 체육부장 시절엔 "졸더라도 꼭 수업에 들어가야 한다."(전 연대 농구부 감독 김남기 회고)고 후배들을 가르쳤다. "고연전은 고려대학교와 연세대학교만의 것이 되어서는 안 된다."(고대신문, '고연전을 앞두고', 1968년 8월 26일)고 승부지상주의를 경계하기도 했다. 그는 방열, 신동파, 김인건 등 한국농구의 별들을 길렀다. 지금도 연대에선 우수지도자에게 '이성구 상'을 수여하고 있다.

마지막으로 조선 선수가 일본을 대표하는 올림픽 선수단에 선발되었다는 사실에 대한 당대의 인식이 어떠했는지에 대해서도 고찰

해 볼 필요가 있다. 이 문제는 선행 연구 사례가 없기 때문에 학문적으로 단정하기 어려운 면이 있다. 조광식의 저술을 참고하면, 조선인 선수가 일본 대표로 올림픽에 출전하는 문제에 대해서는 두 가지 상반된 태도가 대치했던 것 같다. 우선 일본의 농구 대표팀을 구성하는 과정에서 이상백이 조선인 선수가 많이 뽑힐 수 있도록 노력했다는 대목을 주목할 필요가 있다.[52] 이 언급은 우수한 조선인 선수들이 올림픽에 참가할 수 있는 유일한 방법인 일본 대표팀 선발 절차에 적극적으로든 궁여지책으로든 참여했다는 사실을 반증한다. 두 번째로는 민족지도자 여운형과 같이 조선 사람이 일장기를 달고 일본 사람으로 올림픽에 나갈 수 없다고 주장한 경우도 적지 않았음을 짐작할 수 있다. 세 번째로는 여운형이 나중에 입장을 바꾸어 "비록 일장기를 달고서라도 세계인의 체육제전에 나가 조선인의 강인함과 우수함을 알려야 한다."고 생각했듯이 강점기 한반도의 체육인 가운데 상당수가 올림픽을 긍정적으로 활용해야 한다는 인식을 공유했음도 확인할 수 있다.[53]

이와는 별도로, 일제강점기에 차별을 뚫고 올림픽 무대에까지 진출한 조선인, 즉 한국인의 업적을 언급하는 기사는 당연한 일이지만 반사적으로 '민족사학' 연희전문과 보성전문의 위업으로 이행하는 현상을 보인다. 그리고 두 학교에는 '현재의 연세대학교', '현재

---

52) 조광식, 2002: 119~120.
53) 위의 책, 122.

의 고려대학교'라는 설명이 붙는다. 두 사립학교가 우리 농구의 발전에 미친 영향은 누구도 부인할 수 없는 역사적 사실이다. 그렇기 때문에 주로 두 학교 출신의 미디어 종사자들이 모교의 역할을 강조하고 정보의 탑을 쌓아가는 데 대해 폄하할 이유는 없다. 다만 이러한 인식이 현재의 한국 농구계라는 현장에는 기득권으로 작동하고 있다는 현실과 아울러 일제강점기 스포츠(농구를 포함한)의 다양한 현상에 대한 인식과 연구에 이르는 과정을 모호하게 만드는 기제도 있음을 지적해 둔다.54) 두 학교의 독보적 역할을 부각하려는 노력에는 일제강점기 스포츠를 학원스포츠의 영역으로 제한함으로써 여전히 대중 참여 스포츠의 일부로 기능했었을 YMCA 등의 단체가 수행한 활동과 클럽 수준에서 수행된 성인 스포츠 활동이 지닌 의미와 그들의 역할을 우리 스포츠의 성과로서 집적하는 데 소극적이거나 인색한 일면이 있다.

---

54) 미국농구와 한국농구의 교류, 정확하게 말해 미국농구가 한국농구에 미친 영향에 대하여 조사하던 시절에 나는 김무현으로부터 다음과 같은 구술을 채록하였다. "당시에는 고대, 연대를 가지 않으면, 그렇게 선수생활을 오래 하는 사람이 없었어요. 왜냐하면 고대 연대를 가야, 국가대표라도 되고 하던 시기니까…… 확률이 많았고…… 대표선수 12명 뽑으면 10명은 연고대가 나눠 갖고 한두 명 정도 그러기 때문에 거의가 연고대를 안 가면 선수생활을 대학에서 하다가 그때는 팀이 많지 않았으니까…… 실업…… 그때는 농업은행, 산은, 그 다음에 한은, 그 외에는 뭐 없었죠. 네. 그니까 그렇게 운동선수 할 수가 없어요…… 거기서. 하다가 대표선수도 안 돼 뭣도 안 돼 그러니까 대학에서 선수생활 하다가 그저 3~4학년 때 다 그만두고 다른 길을 걸어갔죠. 유망한 선수들이 그렇게 해서 못간 선수들이 많아요."

바이런 반하트와 YMCA농구

광복 이후 한일농구의 교류에 긍정적 기여를 한 인물로 평가되는 이상백은 한국 농구사의 일단을 보여주는 바로미터와 같은 인물이다. 그는 1924년부터 1927년까지 일본 와세다대학교에 다녔다. 철학을 전공하였던 그는, 와세다대 농구부 선수로 활약하면서 1927년 와세다대 농구팀이 전일본농구선수권대회를 석권하는 데 크게 기여하였다.[55] 와세다대를 졸업한 뒤에는 같은 대학의 농구 코치로도 활약했다.[56] 이상백은 1933년 4월 서울YMCA 농구단을 일본으로 초청해 아홉 차례에 걸쳐 현지 팀과 경기를 주선하였고[57] 이듬해 4~5월에는 연희전문 농구단을 일본에 초청해 모두 여덟 차례의 경기를 주선하였다.[58] 한일 양국의 농구 발전과 교류에 기여한

---

55) 상백 이상백 평전 출간위원회, 1996: 9.
56) 위의 책, 10.
57) 같은 책, 254.
58) 같은 책, 255.

이상백의 업적을 기리기 위해 매년 교환경기인 '이상백배 한일대학농구대회'를 개최해오고 있다. 이상백의 업적에 대해 임용진은 2013년 9월 『스포츠코리아』에 기고한 글에서 다음과 같이 기록했다.

이상백을 인터뷰한 『경향신문』 1958년 6월 8일자 1면.

상백 이상백(想白 李相伯·1903~1966)은 보기 드문 전인적(全人的) 인물이다. 인문학자로 한국 사회학의 기초를 닦았으며 체육인이자 체육행정가로서 한국 근대 체육을 한 단계 도약시켰다. 일본 와세다대 농구부 주장, 일본체육협회 전무이사, 국제농구연맹(FIBA) 제1호 심판, 한국올림픽위원회(KOC) 위원장, 국제올림픽위원회(IOC) 위원이 그의 주된 체육이력이다. 또 학자로서 서울대 교수며 진단학회 위원장, 한국사회학회 초대회장이었다. 특히 체육인으로서 그는 1936년 베를린올림픽에서 농구가 올림픽 정식종목으로 채택되도록 주도했으며 광복 직후 혼란기 속에서 한국을 신속히 국제올림픽무대의 일원으로 올리는데 결정적 역할을 했다.

한 사람이 평생 집중해도 이루기 힘든 일가(一家)를 그는 두 분야에 걸쳐 해냈다. 그것도 남보다 짧은 예순넷 생애에서, 외견상 쉽사리 이뤘다. 전 IOC위원장 에이버리 브런디지는 1960년대 한 연설에서 "나는 학문과 스포츠가 앙상블 된 이(상백) 박사를 존경

한다."고 했다. 브런디지는 또 "이상백이 미국에서 태어났다면 IOC위원장은 내가 아니라 그였을 것"이라고도 했다. 이상백은 사회학자면서 국사편찬위원이었고 골동품 감정 전문가여서 국보 등의 지정에도 관여했다.

…(중략)…

이상백은 귀밑머리 새파란 30대 초반에 이미 일본체육계를 좌우했다. 운 좋거나 누구에게 잘 봬 그리된 게 아니다. 일본농구협회 창립 상무이사, 일본체육협회 이사와 상무이사 등 실력으로 단계를 밟아 일본체육협회 전무이사(1935~37)까지 올랐다. 요즘으로 치면 대한체육회 전무이사쯤 되겠지만 그가 피식민지 출신이란 점을 감안하면 이상백에 대한 신망은 양국 간 적대감이나 비하를 훨씬 넘어선 것이었다. 무대가 정치가 아니라 체육 분야여서 가능한 일이었겠으나 적어도 영향력 면에서 이상백은 당시 조선인(한국인)에게 그들이 허용한 최상의 수준이었다. 1966년 그가 비교적 일찍 타계했을 때 한·일 양국이 크게 아쉬워했다. 두 정부에서 모두 훈장을 추서했으며 한국은 물론, 내로라하는 일본 체육인들이 이상백의 제자 후배를 자처했다. 60년대면 한국과 일본 간에 아직 적대적 유감이 짙던 때다. 하지만 '농구의 아버지'를 잃은 아픔은 서로 같았다.

…(중략)…

광복 직후 열악한 환경에서 한국이 1946년 런던올림픽에 선수단을 60명이나 파견한 것도 이상백이 브런디지에게 부탁 → 브런디지가 태평양주둔연합군 사령관인 더글러스 맥아더 원수에게 부탁 → 맥아더가 미 군정청 장관 하지 중장에게 지시 → 미 군정청

재무부 고문의 '파견' 발표순으로 역순을 밟아 성사된 일이다. 광복 이후 최초의 올림픽에서 규모를 잃지 않은 신생 한국은 이후 국제 스포츠 무대에 신속하게 적응했다.

아마추어리즘과 대학스포츠, 페어플레이는 이상백이 평생 추구하던 이념이자 자부심이었다.(중략) 식민지하 조선청년에게 가해진 사회적 한계를 한 걸출한 개인이 탈출하는 데는 스포츠 이상의 분야가 없었을 것이다. 그것을 극단으로 표백시킨 것이 국경도 없고 이념도 사라진 상태의 스포츠 아마추어리즘이다. 그런 점에서 이상백은 조선 땅에서 스포츠에 한과 울분을 담던 손기정, 이길용 등 토종 체육인과는 분명 다르다. 그러나 이상백이 공허한 것만은 아니다. 그는 거인답게, 큰 옷자락으로 세계와 트고 지내며 조국 스포츠에 균형추를 제시했다.

…(중략)…

이상백은 1966년 4월 14일 심근경색증으로 타계했다. IOC위원으로 피선된 지 채 2년도 안 된 시점이었다. 더 큰 일을 할 겨를조차 없었다는 것이 그 개인으로나, 한국체육계로서는 안타까운 일이다. 김필동은 이상백의 생애를 이렇게 축약한다.

"상백의 삶은 매우 이중적이고 복합적인 것이었다. 그는 항상 두 가지 일을 동시에 수행했고, 거의 모든 점에서 양면적인 모습을 보여주었다. ……(그는) 일본을 위해 열심히 일하면서도, 동시에 한국(인)을 위해서 자신의 위치를 이용할 줄도 알았다. 그는 일본인들과 매우 밀착된 삶을 살면서도, 이른바 '창씨개명'을 하지 않고 일제 강점기를 넘겼다. 그리고 종국에는 한국의 독립을 달성하기 위한 비밀결사인 '건국동맹'에 참여하여, 정치적인 활동을 했다. ……이러한 그의 이중적인, 아니 다면적인 모습을 포괄적으로 이해하지 않는 한, 그에 대한 이해는 매우 불충분할 수밖에 없다."

고인이 된 이상백을 기려 아시안게임 최우수선수(MVP)에겐 상백배가 수여됐다(1974~94). 또 한일 양국은 1978년부터 이상백배 한일 대학선발농구대회를 36년째 매년 공동개최하고 있다. 특정인의 이름을 딴 대회는 그에 대한 최고의 찬사다.

그러나 어떤 경우에라도 한국농구의 역사에서 미국농구의 영향을 간과해서는 안 된다. 미국인에 의해 전파된 농구가 한국농구의 정체성을 구축하는 데 결정적으로 공헌한 것은 명백한 사실이기 때문이다. 필립 질레트가 처음 전파한 농구는 1916년 바이런 반하트라는 인물이 체육전문간사로 부임하기 전까지만 해도 겨우 명맥만 이어갔던 것으로 보인다. 근대 한국 사회에 농구를 보급한 인물임에도 불구하고 그는, 야구 부문에서는 전문가적 식견을 지녔으나 농구에 대해서는 잘 알지 못했다.[59] 105인 사건에 연루되었던 그가 1913년 국외로 추방되면서 지도자를 잃은 다음, YMCA농구가 겨우 명맥만 유지했다는 점도 감안할 필요가 있다. 기술적인 측면에서 한국농구가 궤도에 오르기 시작한 것은 반하트 부임 이후라고 보는 것이 타당하다.[60]

---

59) 윤태호, 같은 책, 49.
60) 김재우, 앞의 책, 94.

반하트는 미국에서 출생하여 1915년 시카고 대학을 졸업하고, 일리노이 주 페오리아의 YMCA 소년부 간사로 일하다가 1916년 3월 4일 소년부 및 체육부 지도자(간사)의 자격으로 부인을 대동하고 내한했다. 그는 1916년 5월 6일 신축한, YMCA 실내체육관이 개관될 당시부터 청소년 체육 사업을 권장하고, 실내 체육을 비롯한 야구, 축구, 육상 등을 발전시키는 주역의 한 사람이었다. 그는 1907년 질레트가 보급한 농구를 발전시키고자 YMCA농구부를 창설하기도 했다. 반하트는 YMCA농구팀 농구 코치로서 크게 지도력을 발휘하여, 체계적이고 수준 높은 훈련을 실시함으로써 경기력을 크게 향상시켰다.[61] 반하트가 지도하였던 시기인 1920년 3월 12일 YMCA회관에서 재경 미국인 팀과 YMCA팀이 경기를 했다는 기록이 남아 있으나 이후의 기록은 없는 것으로 보아 일회성 이벤트 성격이 강했던 것으로 보인다.

반하트와 YMCA는 1920년 3월 30일 도쿄YMCA의 초청으로 일본 원정에도 나섰다. 대한농구협회는 이 일을 우리나라 농구팀에 의한 해외원정의 효시로 간주한다. 대한농구협회는 『한국농구 80년』에서 "YMCA 원정팀의 통산 전적이 비록 2승 3패로서 좋은 성적은 못됐으나 이들이 일본원정에서 얻은 체험은 이 나라 농구발전에 크게 영향을 미치면서 참으로 귀중한 소득이 되었다."라고 평가하고 있다.[62] 서울YMCA는 1923년 1월, 두 번째로 도쿄로 원정

---

61) 윤태호, 앞의 책, 50.

해 9경기를 치르고 귀국했으며 1927년 4월 8경기, 1929년 4월 4경기, 1932년 4월 9경기를 하고 돌아오는 등 모두 5차례에 걸쳐 도쿄 원정 경기를 하였다.[63) 서울YMCA는 도쿄YMCA의 초청에 대한 답례로 1921년 도쿄YMCA 농구단을 초청해 2월 2일과 3일, 두 차례 경기를 했다. 이는 외국의 경기단체가 한국에서 경기한 최초의 경기로 기록되었다.[64) 이밖에도 서울YMCA는 1926년 1월 일본의 와세다 대학 농구단을 처음으로 초청해 친선경기를 했고 1932년에도 와세다대 농구팀을 초청하여 경기를 하였다.

이상의 기록과 사례를 통하여 알 수 있듯이, 식민지 시기의 한국 농구는 대부분 일본과의 교류가 주를 차지했다. 이는 식민지 조선과 내지 일본의 동등한 교류는 아니었다. 식민지의 판도 안에서 제국 일본의 내수적 차원에서 농구 교류가 이루어진 것이다. 당시 경성(서울)에 거주하는 외국인과의 경기 외에도 1932년 필리핀YMCA 농구단을 초청해 경기했고, 1939년에는 캐나다 팀이 서울에서 세 차례 경기를 한 것으로 기록되어 있으나[65) 이 같은 경기들은 대체로 일회적 행사에 그쳤으므로 교류라고 보기 어렵다. 따라서 농구는 미국으로부터 직접 전래됐음에도 불구하고(또는 미국인에 의해 전래되었음에도 불구하고) 미국농구가 일제강점기 한국농구에 미친 영향

---

62) 대한농구협회, 1989: 183.
63) 김재우, 앞의 책, 135~136.
64) 위의 책, 137.
65) 대한농구협회, 앞의 책, 194.

은 대체로 제한적인 편이었다. 미국 농구와는 본격적인 교류가 있었던 것이 아니었기 때문에 미국의 영향을 확인할 만한 사례도 많지는 않다.

YMCA가 주도하여 궤도에 오른 한국농구는 1930년대 이후부터는 학교 중심으로 발전했다. 1928년 보성전문이 농구부를 창단했고 이어서 1930년 연희전문이 농구부를 창단하면서 서로 경쟁하게 되었다.[66] 1931년 4월 11일에는 조선농구협회가 창립되면서 농구인들의 결속이 이루어졌다.[67] 1920년대 후반 이후 활성화된 농구부 창설은 이후 중학교 농구의 활성화로 이어졌다.[68] 농구 종목이 학교 체육의 장에 안착하면서 YMCA가 이끌던 독주의 시대는 학원 농구의 시대로 이행했다.

---

66) 윤태호, 같은 책, 61.
67) 위의 책, 65.
68) 대한농구협회, 같은 책, 190.

전봉운, 존 번, 내트 홀맨

미국과의 농구 교류 내지 접촉은 해방 이후부터 본격화되었다. 한국농구가 미국농구와 접촉하는 방식은 미국 팀 또는 국내에 주둔한 미군 농구팀과의 경기이거나 아니면 선교단체의 방한 경기 등이었다. 간헐적이기는 했으나 미국농구(내지는 미국인의 농구)와의 접촉은 꾸준하게 이루어졌다. 또한 미국의 몇몇 농구지도자가 내한하여 국내 선수들을 상대로 기술 지도를 하는 사례도 있었다. 1945년 9월 30일 서울에서는 조선농구협회 주최로 해외동포 구호를 위한 미군과의 교환농구경기가 열렸는데, 이는 서울선발군과 미군과의 첫 조우였다. 두 팀은 같은 해 10월 6일에도 한 번 더 경기를 가졌고 이듬해 1월 30일에도 경기를 하였다.[69] 한편 농구의 도입과 민간 보급에 크게 기여한 YMCA는 1946년 11월 한·미 간의 친선교류를 목적으로 한 한미교류 농구전을 개최하였는데, 한국 팀

---

69) 윤태호, 같은 책, 471~472.

은 당시 가장 경기력이 뛰어나다는 평가를 받은 백연(白燕)이었고, 미국 팀은 서울에 주둔한 미군 7사단 포병부대 장교들로 구성되었다.[70] 이 교류전은 1947년 2월 24~25일, 같은 해 12월 6일에도 열렸다.

한편 1953년 8월 25일에서 29일까지 미국의 빅토리농구단이 내한하여 서울, 부산, 대전, 대구에서 모두 9차례의 경기를 하고 돌아 갔다. 빅토리농구단은 1955년 6월 21~28일 두 번째로 내한해서 서울, 부산, 광주에서 8차례의 경기를 하고 돌아갔으며, 1958년 세 번째로 내한하여 육군체육관에서 6차례 경기를 가진 뒤 귀국했다. 빅토리 농구단은 1959년 6월 21~28일(10경기), 1963년 6월20일~7월 3일(12경기), 1964년 7월 27일~8월 3일(7경기), 1966년 7월 25일~7월 29일(6경기), 1968년 7월 1일~13일(15경기), 1970년 6월 23일~30일(10경기), 1972년 6월 30일~7월 6일(6경기) 등 한두 해를 걸러 한국을 지속적으로 방문하여 국내 팀과 경기를 가짐으로써 한국 선수들에게 미국농구를 경험할 기회를 제공했다. 기독교 선교를 목적으로 조직된 빅토리농구단은 1973년 이후에는 여자팀도 내한해 경기를 가졌다. 이밖에도 미극동 공군농구단 내한경기가 1955년 10월 30일~11월 6일, 워싱턴대농구팀 내한경기가 1965년 8월 28~30일, 브리검영대학교 농구단 내한경기가 1967년 7월 28~8월 5일, 미국 캘리포니아 주 고교선발팀 내한경기가 1973년 7월 9

---

70) 김재우, 같은 책, 225.

일~11일 열리는 등 미국농구의 한국 방문이 간헐적이었으나 꾸준하게 이루어졌다. 한편 1968년 1월30일~2월21일에는 한국농구대표단이 미국과 캐나다로 원정해 현지의 팀들과 경기를 하고 돌아왔다.[71] 미국 팀과의 경기는 장신 선수들에게 기술적으로 적응하는 효과가 있었다.

농구의 기술 발전은 국내에서 입수하기 어려운 농구관계서적이나 자료의 수입도 적지 않게 도움이 되었다. 하지만, 한해 걸러 다녀가는 미국 농구팀과의 경기보다 더 직접적으로 한국농구에 영향을 미칠 수 있었던 것은 미국 대학농구선수 출신 농구인들의 한국 선수들에 대한 지도였다. 최초의 미국대학농구 선수 출신 지도자는 한국인 2세로서 미국 워싱턴대학 농구팀의 센터였던 전봉운이다.[72] 그는 학교를 졸업한 뒤 미국 광산회사에 취직하여 함경도 지역의 지질을 조사하기 위해 내한했다. 그때, 그는 부친과 절친했던 이춘호 연희전문 교수의 사택에 머물렀는데, 이 사실을 안 연전 선수들이 그를 찾아가 지도를 청한 끝에 허락을 얻었다고 한다.[73] 전봉운의 지도 내용 가운데 특기할 내용은 맨투맨 수비와 스크린플레이

---

71) 윤태호, 같은 책, 477~504. 그러나 김인건은 2005년 6월『스포츠 온』에 기고한 글에서 캐나다 미국 서부지역과 하와이에서의 경기는 총 17경기였던 것으로 기억했다. 이에 대해서는 제프 고스폴에 대한 설명 부분에서 다시 검토하겠다.
72) 대한농구협회, 2008: 66.
73) 이보다 20년 전에 만들어진『한국농구80년』192~193쪽에는 다소 다른 기록이 보인다. 이 책에서는 "연전 농구부는 미국 워싱턴 대 농구선수로 활약한 바 있는 전봉운 씨가 모국을 방문하게 되자 이춘호 교수의 추천으로 우리나라 처음의 시스템 플레이라는 새로운 기술을 연전 선수들에게 전수함으로써 1930년대 한국 농구기술의 전환기를 만들게 했다'고 기록됐다.

를 처음으로 소개했다는 사실이다.74)

두 번째가 미국 스프링필드대 교수 겸 감독이었던 존 번(John Bunn)이다. 그는 광복 후 처음으로 한국을 방문해 선수들을 지도한 미국인 지도자인데, 조동재(작고, 전 ABC사무총장, 대한농구협회 부회장)가 근무하였던 아시아 재단 초청으로 1955년 8월 내한해 3개월 동안 대학생 선수들을 지도하였다.75) 이에 대해서는 조동재의 상세한 증언이 남아 있다.

동란 후 대학 팀으로서는 처음으로 미국의 오레곤 대학 팀이 내한하여 배재 중학 아웃 코트에서 원정전을 개최한 일이 있었죠. 이때 저 못지않게 농구에 관심이 많은 아세아재단 같은 직장동료인 미스터 로우라는 사람과 함께 시합을 보러 갔는데 입장권이 매진된바람에 그 근방 호텔방을 얻어 가지고 창 너머로 구경해야 하는 고역을 치르기도 했었죠.

그때 우리 팀이 오레곤대 팀에게 여지없이 몰리는 게임을 관전하면서 느낀 것은 어쩌면 우리 농구가 저렇게도 초라하고 구태의연한가, 뭔가 개선책이 강구돼야 하지 않겠느냐는 것이었는데 옆에서 같이 관전했던 미스터 로우도 역시 저와 같은 생각을 하고 있었더군요. 그럼 어떻게 했으면 좋겠느냐, 미국 코치를 데려오면 어떠냐, 그래 그것 좋은 착상이다 해서 샌프란시스코에 있는 아세아재단본부로 연락하여 유능한 코치알선 있기를 부탁했죠. 그래서

---

74) 위의 책, 66쪽.
75) 경향신문, 1955. 8. 6. 3면.

추천받은 사람이 바로 미스터 존 번이었어요.

지금 생각해도 그런 훌륭한 코치를 우리가 추천받았다는 것은 우리나라 농구계로서는 무척 다행스럽게 유익했던 일이었다고 봐요.[76]

존 번은 1921년 캔자스 대학을 졸업한 후 모교의 코치로 부임했으며 1930년에는 스탠포드 대학의 지휘봉을 잡은 뒤 1936년부터 1938년까지 퍼시픽 코스트 컨퍼런스 우승을 이끌었고 미국농구심판협회 회장을 맡는 등 화려한 경력의 소유자였다. 존 번은 유망한 학생들로 이뤄진 학생 군을 조직하여 농구의 팀 디펜스를 비롯한 기초적인 기술을 지도하였다. 당시 대표적인 학생군 선발선수로는 김영기(전 KBL총재), 백남정(전 KBL심판, 경기위원장) 등이 있다. 당시 선발된 대학 선수는 1차 30명, 최종 15명이었다.

1차 선발로는 연세대, 고려대, 국학대, 중앙대 등에서 30명을 선발했었죠. 이 30명의 선수가 번 선생으로부터 1차지도를 받은 다음 나중에 재선발을 해서 15명으로 구성을 했죠. 지금 생각하니 그때 선발되었던 대학선수들이 전후 4, 5년 간에 걸쳐 멜버른 올림픽까지 한국농구의 대를 이은 재목들이었음을 우리가 간과해서는 안 된다고 봅니다. [77]

---

76) 대한농구협회, 1989: 299.
77) 대한농구협회, 1989: 301.

훗날 한국남자농구의 슈퍼스타로 각광받는 김영기는 존 번 코치와의 만남에 큰 의미를 부여하였는데, 특히 기술적인 면에서 선수의 자율적인 훈련과 새로운 동작에 대한 호기심을 고양하는 코칭 기법에 깊은 인상을 받은 것으로 보인다. 김영기는 『동아일보』와의 인터뷰에서 "미국인 존 번 코치 밑에서 4개월 동안 연습한 게 오늘의 밑거름이 되었죠."라고 술회하기도 하였다.78) 뿐만 아니라 노년에 이르러서도 자주 존 번의 지도를 받았던 시절의 기억을 떠올리고 의미를 부여하였다.

> 내가 드리블을 잘한다는 말을 들었지만 원래부터 잘했던 건 아니에요. 그때만 해도 선수가 드리블을 하면 선생님한테 혼이 났어. 패스를 해야지, 드리블을 하면 팀플레이가 안 된다면서. 그런데 존 번 코치는 그걸 하게 하더라고 '해 봐라' 말이지. 그때 내가 드리블이 많이 늘었어. 그래서 미국 코치가 뭔가 다르다는 걸 알게 됐지. 그게 나한테는 아주 큰 계기가 된 거야.79)

당시 우수학생으로 선발된 30명에 포함되어 존 번의 지도를 받은 염철호는 매우 상세히 지도 내용을 기억하였다. 염철호에 의하면 번은 주전 선수 몇 명에 의존하는 경기 방식을 버리고 한 팀 12명을 고루 기용하는 '토털 바스켓볼(Total Basketball)'의 필요성을 역

---

78) 동아일보, 1964. 12. 19. 7면.
79) 김영기 면담, 2010. 3. 5.

설하였으며, 경기의 중심은 수비에 두되 시종일관 상대 선수를 따라붙어 강하게 압박하는 '올 코트 프레스(All Court Press)'를 구사하도록 하였다. 이러한 농구는 강한 체력을 요구했기 때문에 기초체력 훈련에 많은 노력을 기울였다고 한다.

> 존 번 선생님의 나이가 그때 57세였는데, 트레이닝복을 입고 직접 시범을 보이면서 지도했어요. 이성구 선배님과 정상윤 선배님이 진행을 돕고 존 번 선생님의 말씀이 "한국 사람들은 체격이 작기 때문에 정상적인 농구를 해서는 장신 선수들과 상대가 안 된다."는 거예요. 당시 아시아에서는 대만, 필리핀, 일본이 강했는데 대만은 신장이 크고 필리핀은 빨랐어요. 한국은 일본한테도 안 되고…. 번 선생님은 토털 농구를 하기 위해서 체력 훈련을 엄청나게 시켰어요. 한 선수가 20분 동안 줄기차게 상대 선수를 압박하려면 체력이 필요하니까. 수비도 팀 디펜스를 많이 요구했고 이런 걸 집중적으로 했지요. 수비할 때 상대를 바꾸는 스위치 기술도 익히고 그때까지 배운 기계적인 일본식 농구 대신 미국식 농구를 한 거지. 난 그때 존 번 선생님한테서 배운 걸로 평생을 써먹었는걸.[80]

당시 존 번의 통역을 맡은 사람은 조동재와 남경흥이었다. 이 중 조동재는 1960년대 한국농구의 발전에 중요한 공헌을 한 인물로 주목할 필요가 있다. 1921년 서울에서 태어난 조동재는 1944년 경

---

80) 염철호 전화 면담. 2010. 4. 29.

성제국대학 법문학부를 중퇴할 때 까지 농구와는 무관한 인물이었다. 영어 실력이 뛰어난 그는 광복 뒤 정부의 국외홍보업무를 담당했고 1954년 아시아재단 한국지부가 창설될 때 초대총무를 맡아 각 분야의 후원 사업을 전개했다. 1955년 여름 아시아재단은 미국 매사추세츠 스프링필드대학교의 농구 감독 존 번과 캘리포니아 프레스노대학

조동재

교의 육상 코치 플린트 해나(Flint Hanna)를 한국에 초빙하여 한국 농구와 육상 국가대표팀을 재건하는데 기여하였다. 조동재는 이 과정에서 실무를 맡았고, 재단의 체육 분야 사업은 조동재가 국내외 스포츠계에서 활약하는 계기가 되었다. 특히 존 번 초청을 계기로 농구협회 이사로 취임하여 국제 업무를 담당했으며 1968년부터 1984년까지 아시아 농구연맹 사무총장을 역임하면서 한국 농구 발전에 크게 이바지한 인물로 평가된다.

미스터 존 번의 내한지도에 따른 통역은 저와 남경홍 씨가 번갈아 맡아야 했기에 비교적 존 번과의 접촉을 많이 가졌었는데 역시 기술적인 것은 잘 모르겠더군요 그러나 그 분이 그 당시 우리나라에선 별로 쓰인 일이 없는 많은 현대농구 용어라 할까, 말

하자면 어택이니 뭐니 하는 말을 풀 코트 프레스라는 용어를 사용함으로써 아예 어택은 풀 코트 프레스로 모두가 사용하게 되었죠.[81]

1933년에 발행된 내트 홀맨의 수집용 카드

세 번째는 1959년 11월 아시아 재단의 후원으로 한국을 방문한 내트 홀맨(Nat Holman)이다. 내트 홀맨은 '미스터 바스켓볼(Mr. Basketball)'이라 불린 인물로서, 1964년 미국 농구 명예의 전당에 헌액된 초창기 프로농구의 대표적인 인물이었다.[82] 1920년대 오리지널 셀틱스에서 선수와 지도자로 활동했고, 현역시절에는 패스와 드리블 능력에 있어 혁신을 가져온 인물 중 하나였다. 홀맨은 3주일에 걸쳐 고등학교 및 대학 선수들에게 농구의 기본기와 속공 등의 기술을 지도했다. 그 당시 선수들로는 1969년 아시아남자농구선수권대회와 1970년 아시안게임 우승의 주역이 된 김영일, 이인표, 신동파, 김인건 등이 있다. 그러나 홀맨이 한국 선수들을 가르친 기간은 매우 짧았으므로 그가 한국 농구에 미친 영향은 비교적 제한적이었다고 보아도 무방하다. 다만 나중에 일부

---

81) 대한농구협회, 1989: 300.
82) Bronx Science-CCNY, 2005: 4.

팀에서 실제 경기에 적용한 점프 패스 등 기술의 일단만이 남게 되었다.[83]

---

83) 대한농구협회, 2008: 111.

미8군 장교 찰리 마콘과 제프 고스폴

주목해 보아야 할 미국인 농구 지도자로는 1966년 남자대표팀의 코치를 맡게 된 미8군의 찰리 마콘(Charlie Marcon)[84]과 1967년 마콘의 후임을 맡은 제프 고스폴(Jeff Gausepohl)이 있다. 서울에 주둔한 미군 소속 장교가 한국의 대표선수들을 지도한 사례는 매우 특이한 경우로 기록할 수 있다. 마콘과 고스폴이 한국 선수를 지도하게 된 데는 한국 농구와 미8군의 협조 및 유대 관계가 기초가 되었다. 농구는 미군의 여가 스포츠 활동의 주요 종목이었고, 다른 분야에서는 흔치 않은 한국 민간인과의 교류 수단으로서 활용되었다. 그러나 미군 진주 초기의 농구 교류는 어쩌다 미군 측에서 교섭해오

---

84) 그의 이름은 『한국농구 100년』 151쪽에 '찰스 마콘'으로 표기되어 있으나 마콘의 대학 재학 시절 활동을 기록한 신문 기사, 현재 미국에서 발행되는 신문 및 인터넷 매체에서 대부분 '찰리 마콘'으로 표기하고 있다. 그뿐 아니라 마콘 역시 이메일에 자신의 이름을 '찰리 마콘'으로 표기하고 있다. 따라서 이 책에서는 그의 이름을 '찰리 마콘'으로 채택하였다.

면 친선경기에 응하는 정도의 소극적인 형태로서 비정기적이었고 따라서 체계적인 교류로 보기는 어렵다.[85] 이에 비해 마콘과 고스폴은 미국식 훈련과 경기 스타일을 한국 선수에게 전수해 한국 농구가 기술적으로 발전하는 데 크게 공헌한 인물이었다. 한국농구는 이들에게서 미국식 훈련 방식과 기본기, 공격과 수비 기술을 본격적으로 배웠다고 평가할 수 있다. 이들의 지도를 받은 대표 선수들의 기량이 크게 향상되면서 한국 남자농구는 아시아의 정상으로 도약하는 계기를 마련하였다. 1969년 태국의 방콕에서 열린 아시아남자농구선수권대회와 1970년 역시 방콕에서 열린 제6회 아시아경기대회에서 우승하는 주역들은 고스폴의 지도를 받은 선수들이었다. 대표적인 선수들로는 김영일, 하의건, 이인표, 김인건, 신동파, 최종규, 박한, 김철갑, 이병국, 김무현, 신현수, 이병구 등이 있다.[86] 이들은 한국인 지도자들과는 매우 다른 스타일의 지도 방식과 새로운 기술을 습득한 경우였다. 이들이 새로운 지도방식과 기술을 습득하면서 한국농구는 급격한 기량 향상을 이루게 되었다. 마콘과 고스폴에 대해서는 뒤에 다시 설명하겠다.

한국농구의 역사에서 미국농구 지식의 전파는 상당 기간, 그리고 상당 부분 선수 출신의 지도자들에 의해 이루어졌다고 해도 과언이 아니다. 특히 미국에서 간행된 영문판 농구서적을 입수해 탐독

---

85) 대한농구협회, 1989: 204.
86) 김인건 면담, 2010. 1. 11.

하는 농구인이 차츰 생겨났다. 해외에서 지도자 생활을 했던 방열, 김동광 등이 그러한 사례이다. 이들은 단편적으로나마 미국 농구지식을 익히거나 자료를 도입하는 데 주도적인 역할을 수행한 농구 지도자들이었다. 그 중에서도 방열은 적극적으로 미국농구의 지식을 습득한 첫 번째 지도자로 꼽아도 손색없는 인물이었다. 방열은 경복고와 연세대를 졸업하고 1970~1980년대에는 현대농구단과 기아자동차 농구단 감독으로 활동한 농구인이었다. 그는 1987년 인도 뉴델리에서 열린 아시아남자농구선수권대회에서 한국을 우승으로 이끌었으며 1988년 서울올림픽에서 국가대표 감독을 역임하고 이후에는 대학 강단(경원대학교)에서 사회체육 지도자를 양성하는 교육자로 변신하여 후진을 양성했다. 방열은 미국프로농구(NBA)의 톱스타 출신인 밥 쿠지(Bob Cousy)가 쓴 『Basketball concepts and techniques』, 미국 UCLA(University of California, Los Angeles) 농구팀 감독 존 우든(John Robert Wooden)이 저술한 『Practical modern basketball』 등 다양한 미국 농구 전문서를 한국농구의 현장에 기술적으로 적용하고 접목시키는 데 앞장섰다. 그의 첫 번째 농구 기술서인 『실전현대농구』 또한 우든의 저서를 번역한 것이었다. 나는 방열에게서 책을 자주 빌려다 보았다. 다음은 그 시절을 기억하며 『중앙일보』 자매지인 『중앙선데이』에 실은 칼럼의 일부다.

1992년 봄. 요즘처럼 개나리와 진달래가 피는 계절이었다. 기자는 경원대 교양학부 교수로 재직 중이던 방열 전 기아농구단 감독을 만나러 성남시까지 달려갔다. 버스를 타고 가는 길은 제법 멀었다. 방 교수가 가진 농구전문서적들은 기자에게 매우 중요한 교과서들이었다. 그날 존 우든의 『실전현대농구(Practical Modern Basketball)』를 다 읽고 밥 쿠지의 『농구의 컨셉트와 테크닉 (Basketball Concepts and Techniques)』을 빌렸다. 놀라운 책이었다. 코치에게 이 책 한 권만 있으면 1년을 가르치고도 남겠다 싶었다. 정보 욕심이 많은 방 교수였지만 기자가 청하면 두말없이 책을 빌려주었다. 경쟁자인 코치가 아니었기 때문일 것이다.

　그날 방 교수의 연구실에서 『FIBA Basketball』이라는 잡지를 발견했다. 말하자면 국제농구연맹(FIBA)의 기관지였다. 거기서 미국 농구대표팀의 사진을 보았다. 매직 존슨·마이클 조던·찰스 바클리·래리 버드 같은 슈퍼스타를 망라한 '원조 드림팀'이다. 합성이었을 것이다. 그 사진에 나온 선수 모두를 불러 모아 촬영했을 것 같지는 않다. 몇몇은 나중에 바뀌었다.

　정보에 굶주린 시절이었다. 사진을 빌려다가 기사를 썼다. 그 무렵엔 미국프로농구(NBA)의 인기가 폭발적이었다. 기사는 거의 특종 대접을 받았다. 요즘 같으면 어림없는 일이다. 당시에는 남이 가지지 않은 사진 한 장, 기록 한 줄의 가치가 엄청났다. 그래서 자료가 있는 곳이라면 어디든 갔다. 김포에 사는 한창도 SBS 해설위원이 가진 NBA 기록집을 얻으러 한밤에도 48번 국도를 달렸다.

　NBA 선수들의 프로필이나 기록, 역사적인 사실을 확인하기 위해 필요한 연감이나 가이드북은 시즌이 한참 지난 뒤에야 손에 들어왔다. NBA나 FIBA로부터 비교적 이른 시기에 자료가 도착한 것은 몇 가지 시험을 보고 교육을 받아 자격증을 취득한 뒤의 일이다. 요즘은 이런 수고를 하지 않아도 된다. 인터넷을 뒤지면 미국은 물론 세계 어느 곳의 농구 기록이든 검색이 가능하다.

한동안 스포츠 관련 책자가 쏟아졌다. 특히 2002년 월드컵 전후로 그랬다. 마니아가 되면, 더 깊은 내면의 세계로 들어가고 싶어진다. 그런 사람들에게 단비와도 같은 책들이었다. 이제는 그런 책도 나오지 않는다. 본전도 건지기가 어렵다.[87]

1980년대 이후 한국농구는 실업팀이 각축하는 현장에서 기술 도입이 절실하게 요구되는 상황에 직면했다. 삼성과 현대를 중심으로 실업농구 경쟁이 치열해지면서 미국 전문가들의 기술적인 도움을 받는 사례가 생겨났다. 특히 삼성농구단은 미국 UCLA와 밀접하게 교류하였는데 1992년 4월(2주간), 1993년 4월(2주간) UCLA로 선수단을 파견해 현지 선수들과 훈련하도록 하였다. 또한 로렌조 로마(1994년 5월), 스티브 래빈(1992년 5월, 1993년 5월, 1994년 5월) 등 UCLA 코치들을 초청해 소속 선수들의 강화훈련을 의뢰하였고, 현역에서 은퇴한 김현준을 UCLA에 파견(1995년 10월~1996년 3월)하여 코치 트레이닝을 받게 하였다. 뿐만 아니라 삼성농구단은 1999년 9월(2주간)과 2000년 9월(2주간) 미국농구아카데미(United State Basketball Academy)로 선수단을 보내 미국식 훈련을 수행토록 하는 등 미국농

---

87) 중앙선데이. 2010. 4. 18.

구와의 교류에 상당한 적극성을 보였다. 당시 구단의 실무자였으며, 2014년 6월까지 삼성 프로농구단의 단장을 역임하고 2014년 7월 현재 한국농구연맹(KBL)의 경기이사를 맡고 있는 이성훈은 전지훈련을 포함한 UCLA와의 인적 물적 교류를 높이 평가한 바 있다.[88]

---

88) "UCLA와의 교류를 통해 삼성 코치들은 훈련 스케줄의 작성이나 장비의 효율적인 사용 등을 포함한 선진농구의 훈련 기법을 접할 수 있었다. 미국 농구팀의 보편적인 코치진 구성 형태에 따라 코칭스태프가 공격과 수비 등으로 분업화된 지도 기법을 습득할 수 있었으며 이때의 경험이 감독 1명, 코치 1명만으로 유지하던 코칭스태프 구성 방식을 훗날 복수화 된 코치진으로 개편토록 하는 계기로 작용하였다고 본다. 훈련 실무에 있어서도 감독이 주도하던 형태에서 전문 코치가 부문별로 주도하는 형태로 변화하였다고 판단한다. 삼성은 이전까지 일본이나 대만, 필리핀 등 동남아로 전지훈련을 떠나 연습경기 위주로 훈련했으나 UCLA와의 교류 과정에서는 기본 전술과 수비를 비롯한 개인기, 코치들의 지도법 등을 체험하고 익히는 데 효과를 얻었다. 뿐만 아니라 미국 내에 인적 네트워크를 형성하는 목적도 있었는데, 당시 긴밀한 관계를 유지했던 UCLA 코칭스태프 중 스티브 래빈은 나중에 UCLA 감독을 역임한 뒤 2010년 현재 미국의 스포츠 전문 케이블 방송인 ESPN의 대학농구 해설가로 활동 중이며 로렌조 로마는 워싱턴 대학 감독이 되었다." 이성훈, 2010년 1월 12일, 수원 삼성 트레이닝센터에서 구술 녹취.

NBA가 안방에 들어왔다

한국농구에 대한 미국의 영향이 본격화되어 현재에 이르게 된 시기는 1990년대 이후이다. 1980년~1981년 KBS, 그 이듬해 MBC가 미국프로농구(NBA; National Basketball Association) 경기를 일주일에 한 번 꼴로 중계하면서 미군 방송인 AFKN으로나 접할 수 있었던 미국농구가 한국어에 실려 한국 가정의 안방까지 들어왔다. MBC의 중계 이후 끊어졌던 NBA 중계는 1991년12월 9일 개국한 SBS가 1993년 1월부터 매주 한 차례씩 중계하면서 폭발적인 반응을 불러온다. 이 시기는 국내 농구가 인기를 모으면서 젊은 농구 선수들이 스타로 성장하는 시기로서 NBA 중계방송은 국내 농구 붐의 확대에 결정적인 촉매로 작용하였다.

젊은이들 사이에 NBA(미국프로농구) 열풍이 불고 있다. 마이클 조던 · 샤킬 오닐 · 데이비드 로빈슨 · 케빈 존슨 · 찰스 버클리 · 패

트릭 뉴잉. 기성세대에게는 이름조차 생소한 NBA 슈퍼스타들이
지만 요즘 젊은이들 사이에는 이들의 플레이가 자주 입에 오르내
릴 정도로 NBA팬들이 급속히 늘어나고 있다.[89]

신문 기사에 NBA 경기 결과나 선수 이야기가 등장하는 횟수도
크게 늘었다. 종합 일간지로서 스포츠 기사 보도에 매우 적극적이
었던 것으로 평가되는 『중앙일보』를 예로 들어 보면,[90] 1965년 9
월 22일 창간 때부터 1992년까지 NBA를 다루거나 NBA와 관련이
있는 기사는 112건이었다. 그러나 1993년 한해 NBA 관련기사 보
도 건수는 41건이었고 1994년에는 111건, 1995년에는 246건으로
가파른 상승세를 보이며 1996년에는 무려 325건으로 거의 매일 지
면에 NBA 기사가 실리는 엄청난 빈도를 기록했다. NBA 관련기사
보도 건수는 이후로도 1997년 281건, 1998년 118건, 1999년 172
건, 2000년 127건, 2001년 151건, 2002년 138건, 2003년 146건,
2004년 94건, 2005년 118건, 2006년 88건, 2007년 97건, 2008년
113건, 2009년 95건 등으로 적지 않은 수준을 유지했다. 아테네 올
림픽이 열린 2004년 이후 빈도가 다소 감소하는 추세로 돌아선 것

---

89) 중앙일보. 1993. 4. 14. 32면.
90) 중앙일보는 1965년 9월 22일에 창간되었는데, 한 해 전인 1964년 12년 7일 개국한
동양방송(TBC)이 프로그램의 일부로 스포츠 중계를 자주 하면서 자연스럽게 스포
츠 보도에 적극성을 띠게 되었다. 중앙일보 체육부 출신 기자들은 많은 수가 나중
에 타 매체에서 데스크로 활약하거나 중계 해설자가 되었으며 경기단체 등에서 실
무가로 활약한 사람도 많다. 이 신문은 1994년 9월 1일 종합문화스포츠의 세 섹션
체제로 전환하는 섹션신문으로 발전하는데, 이 시기에 스포츠 취재 부서를 확대하
고 보도 지면도 하루 평균 3면 이상으로 크게 늘렸다.

은 NBA 자체의 인기 하락 보다는 케이블 텔레비전이나 위성 채널이 확대되고 스포츠를 전문으로 중계하는 채널이 늘면서 NBA 경기 중계가 지속적으로 이루어짐에 따라 신문을 통한 NBA 정보 입수의 소구가 상대적으로 감소한 데서 원인을 찾는 것이 타당할 것이다.

미국농구에 대한 관심에 덧붙여 국내 농구도 아마추어인 실업농구 리그 '농구대잔치' 말기로부터 국내에 프로농구가 출범하는 1997년에 이르기까지 폭발적인 인기를 구가하면서 국내와 미국의 농구에 대한 관심은 큰 상승 곡선을 그린다. 특히 이 시기에 한국의 농구 지도자들이 활발히 미국 대학 또는 프로팀으로 연수 또는 유학을 떠나면서(안준호, 임정명, 박종천, 박수교 등) 미국 농구의 영향이 본격화된다. 이 과정에서 미국농구는 한국농구의 이상향 또는 이데아로 인식되면서 한국농구가 도달해야 할 지향점으로 변한다. 이데아로서의 미국농구는 NBA라고 하는 미국의 국내리그로 집약된다. 한국 선수들은 농구에서의 최대 성공을 NBA 진출로 받아들이기 시작했고, 방성윤–하승진–최진수처럼 미국 농구 무대에 진출하는 선수들이 출현하게 되었다.

NBA에 진출해 경기에 출전한 한국인 선수는 2014년 현재까지 하승진이 유일하다. 키가 2m23cm 되는 하승진은 19세이던 2004년 6월 25일(한국시간) 뉴욕 매디슨 스퀘어가든에서 열린 NBA의 신인선수 드래프트에서 2라운드 17번(전체 46번)으로 포틀랜드 트레일블레이저스에 지명되었다. 그는 곧바로 NBA 코트를 밟지는 못했지만 하부리그(ABA)인 포틀랜드 메인에서 실력을 쌓은 다음 같은 해 12월 27일 트레일블레이저스와 3년 계약을 체결함으로써 한국인 농구선수로는 처음 NBA 유니폼을 입고 경기에 나서게 되었다. 그러나 그는 2007년 NBA에서의 선수 생활을 단념하고 국내무대로 돌아와 프로농구 KCC 이지스에 입단했다.[91]

방성윤은 2004년과 2006년, 그리고 2008년 세 차례나 미국으로 건너가 NBA의 하부리그인 육성리그(NBDL; National Basketball Development League) 팀에 드래프트를 통해 입단했으나 목표로 삼았던 NBA로의 승격은 이루지 못하고 국내 리그로 돌아왔다. 그는 2004년 11월 6일 드래프트에서는 전체 20순위로 로어노크 대즐에 뽑혔고[92] 2006년 9월 드래프트에서는 5라운드 19순위로 애너하임 아스날에 지명됐다.[93] 또한 2008년 11월 8일 NBDL 드래프트에서 3라운드 전체 42순위로 신생팀 리노 빅혼스에 지명됐다. 방성윤도 2008년 12월 10일 빅혼스에서의 선수생활을 끝내고 국내프로팀인 SK 나이츠로 돌아왔다.

최진수는 장차 NBA 선수가 될 것을 목표로 농구부가 있는 미국 고등학교에 입학한 특별한 사례의 선수이다. 그는 수원 삼일중을 졸업한 뒤 2003년 9월 미국에 건너가 미국 캘리포니아주 몬트클레

---

91) 중앙일보. 2004. 12. 28. 21면.
92) 중앙일보. 2004. 11. 20. 21면.
93) 중앙SUNDAY. 2008. 9. 7. 17면.

어고등학교로 진학했다.[94] 몬트클레어고에서 1학년을 마친 뒤 사우스켄트고로 전학한 최진수는 2008년 5월 22일 미국 메릴랜드대학으로부터 입학승인을 받아 미국대학농구 선수가 되었다.[95] 그러나 그는 2010년 1월 5일 메릴랜드대의 엄격한 학사규정 때문에 몇몇 과목에서 과락해 상당 기간 경기나 훈련에 참여할 수 없게 되자 미국 생활을 포기하고 한국 복귀를 선언했다. 그러나 이 때 그는 한국 대학 편입보다 프로 진출을 원했다.[96]

하승진, 방성윤, 최진수의 공통점은 국내에서 최고의 기량 또는 가능성을 인정받는 선수들이었다. 이들은 일찌감치 농구계와 미디어의 주목을 받았다는 점, 아주 NBA 경기가 국내에 본격적으로 중계되기 시작한 뒤에 농구를 시작한 선수라는 점, 그리고 어떤 방식으로든 미국 무대를 노크하고 직접 부딪혀보는 경험을 했다는 공통점을 가지고 있다. 이들은 미국, 특히 NBA를 꿈의 무대이자 궁극적으로 도달해야 할 목표로 삼고 정진한 선수들이다. 이미 미국 농구 특히 NBA는 농구로 성공하려는 한국 청소년들에게 최종적인 (비록 현실적으로 어렵더라도) 목표로 각인되었고, 국내 농구조차도 NBA의 프레임에 맞추어 이해하려는 심리가 작동할 수 있음을 확인할 수 있다. 예를 들어 휘문고와 고려대를 거쳐 KBL 리그의 SK 나이츠, LG 세이커스 등에서 뛴 현주엽은 고등학생 시절부터 미디

---

94) 중앙일보. 2005. 7. 7. 19면.
95) 문화일보. 2008. 5. 26. 25면.
96) 일간스포츠, 2010. 1. 6. 6면.

어에 '한국의 찰스 바클리'로 표현됐다. 경복고와 고려대를 거쳐 프로농구 동양 오리온스, SK 나이츠 등에서 뛴 전희철은 '에어 희철'이라는 별명으로 통했는데, 이것은 NBA의 스타 마이클 조던의 별명 '에어 조던'에서 빌려 온 것이다. 중앙대를 졸업하고 모비스 피버스에서 뛴 함지훈은 '함 던컨', 또는 '미스터 펀더멘탈'로 불렸는데, 이는 NBA 샌안토니오 스퍼스에서 뛴 스타플레이어 팀 던컨의 이름과 별명을 그대로 가져다 사용한 것이다.

한국농구의 미국농구에 대한 추종은 프로리그인 한국농구연맹(KBL)의 시스템과 활동 방식 및 방향이 미국 NBA의 그것을 충실히 모사하고 있는 데서 분명히 확인할 수 있다. KBL은 NBA와 마찬가지로 대학 출신 선수들을 드래프트를 통해 회원구단에게 공급하며, 연봉총액상한제[97]를 실시할 뿐만 아니라 자유계약선수(Free Agent), 플레이오프에 의한 시즌 선수권 결정, 시즌 중 올스타 경기 등 근간이 되는 제도를 모두 NBA의 그것들로부터 도입했다. KBL의 우두머리(총재)도 NBA와 마찬가지로 커미셔너(commissioner)라는 영문 명칭을 사용한다. KBL은 1997년 출범 당시 국제농구연맹(FIBA)과 NBA의 경기규칙 및 규정을 절충해 한국적인 현실에 맞게 조정했다. 그러나 근본적으로는 흥행을 위주로 하는 NBA에 가깝게 규정됐다.[98] NBA와 유사한 경기규칙과 규정을 두었다고 해서

---

97) 한 팀 선수들의 연봉 총액이 일정액을 넘지 못하도록 제한하는 제도. 영어로는 샐러리 캡(Salary Cap)이다. 팀에 소속된 전체선수의 연봉 총액 상한선에 대한 규정으로, NBA에서 처음 시작되었다. 네이버 백과사전.

경기품질이 NBA 수준으로 향상되지는 않았다. 오히려 아마추어 규정과의 괴리가 커지면서 아마추어 규정대로 열리는 국제대회에서 부진한 결과를 낳기도 했다. 한국 남자농구는 1996년 애틀랜타 올림픽과 1998년 세계선수권대회 이후에는 2013년까지 메이저 국제대회의 본선 무대조차 밟지 못했다.[99] 2006년 카타르 도하 아시안게임에서는 5위에 그치며 1958년 도쿄 대회 이후 48년 만에 노메달의 수모를 당했다.[100] 2009년 8월 중국 톈진에서 열린 아시아

---

98) 출범 당시 KBL의 규칙 및 규정 중 아마추어와 다른 점은 다음과 같다. ‣ 심판 : 주심, 제1심, 제2부심이 진행하는 3심제가 채택됐다. ‣ 경기시간 : 10분씩 4쿼터로 정했다. 1,2쿼터와 3,4쿼터 사이에는 3분의 휴식시간을 주고 하프타임은 15분이다. 연장전은 5분, 연장이 거듭될 경우 연장 사이엔 3분의 휴식시간을 준다. ‣ 팀파울 : 쿼터 당 4개로 정했다. 한 팀이 4개의 파울을 범하면 그때부터 상대팀에 자유투를 준다. 아마추어에서는 전·후반 각각 7개로 정해져 있다. ‣ 경기시작: 경기와 연장전의 시작은 점프볼로, 쿼터의 시작은 교대로 엔드라인에서 인 바운드 패스로 한다. ‣ 배번: 선수의 배번은 4~15번 사이에서 정하고 그 이외의 번호는 22, 33, 44, 55 또는 00번을 쓴다. ‣ 공격 제한시간: 아마추어의 30초에서 24초로 단축됐다. ‣ 시간관리: 아마추어에서 필드골이 성공된 후에도 시간을 흘러보내는 것과 달리 종료 2분전부터 필드골이 성공되면 실점한 팀이 첫 패스를 넣을 때까지 시간을 정지했다. ‣ 지역방어금지: 프런트 코트에서는 지역압박을 가할 수 있지만 백코트로 돌아와서는 대인방어만 허용했다. ‣ 타임아웃: 전후반 2개, 연장전 1개를 쓸 수 있다. 마지막 쿼터와 연장전에서는 공격팀 선수도 타임아웃을 요청할 수 있다. 『중앙일보』, 1997년 1월 16일자, 40면.

99) 한국은 2013년 8월 1~11일 필리핀에서 열린 아시아남자농구선수권대회에서 3위를 차지해 2014년 8월 30일~9월 14일 스페인에서 열리는 농구 월드컵(2014 FIBA Basketball World Cup) 진출 자격을 얻었다. 그러나 아시아 정상의 경기력과는 거리가 멀었다. 한국은 이란과 필리핀에 패하여 결승에 진출하지 못했고 3~4위전에서 대만에 이겨 가까스로 티켓을 확보했다. 따라서 이 성적에 큰 의미를 부여하기는 어렵다.

100) 이 책의 교정을 보고 있을 때, 대한민국 남자농구 대표팀은 2014년 10월 3일 오후 인천삼산체육관에서 열린 인천아시안게임 결승에서 이란을 79-77로 누르고 1970년 방콕, 1982년 뉴델리, 2002년 부산 대회에 이어 통산 네 번째 우승을 달성하였다. 감독은 유재학, 코치는 이훈재·이상범, 선수는 양동근·김선형·김태술·박찬희·조성민·양희종·허일영·문태종·김주성·김종규·이종현·오세근 등이

선수권대회에서는 7위에 그쳤다. 1960년 1회 대회 이후 한국 남자 농구가 4강에 오르지 못한 것은 이때가 처음이었다.

이 같은 결과는 KBL 경기규정과 아마추어 규정 사이의 괴리로 인해 평소 KBL 리그에서 경기하던 국가대표 선수들이 제 기량을 발휘하지 못했다는 점뿐만 아니라, 상업적 성공으로 풍부한 재정을 보유한 KBL이 아마추어 부문에서 한국을 대표하는 대한농구협회 (KBA)와 행정적으로 갈등을 빚고 대표팀의 경기력을 효율적으로 관리하지 못했다는 지적을 낳았다. 겨울철 종목이 된 프로농구는 시즌이 아닌 시기에 열리는 국제대회에 정예멤버를 파견하기 어려워졌다. 또한, 외국인 선수를 수입해 주로 골밑에서 경기하도록 함에 따라 장신의 국내 선수들이 도태되고, 청소년 부문의 유망한 장신 선수들이 농구를 포기하고 다른 종목으로 전환하는 등의 사례가 없지 않았다. 따라서 자국 국적을 가진 선수만 출전시킬 수 있는 국제대회에서 우수한 자국의 골밑 선수를 보유하지 못한 한국의 고전은 당연한 일에 속했다.[101]

국제대회에서의 실패는 농구팬들의 실망을 불렀고 국내 리그에 대한 기대치는 그만큼 낮아졌다. 실제로 아시안게임 참패의 충격이 남아 있던 2006년 12월 27일 KBL이 집계한 바에 따르면 2006~

었다.

[101] 이와 관련해 뉴스에이전시인 『연합뉴스』는 2009년 8월 15일자로 송고한 기사에서 "한국농구의 현주소는 아시아 중위권이며 체계적인 대표팀의 관리가 절실하고 행정적 도움이 따라야 할 뿐 아니라 아마추어 규정에 대한 숙지 역시 시급하다"고 지적했다.

2007시즌의 125경기를 치른 가운데 프로농구의 총 관중은 44만 3339명, 평균 관중 3547명으로 2005~2006시즌의 총 관중 46만 5224명, 평균 관중 3722명에 미치지 못했다. 연합뉴스는 흥행 부진의 주요 원인 가운데 하나로 농구대표팀의 도하 아시안게임 성적 부진을 꼽기도 하였다.[102]

　하지만 이 같은 지적은 프로농구 출범 첫해인 1997년 방열에 의해 일찌감치 제기됐으며, 2002년에는 프로농구 출범에 산파 역할을 한 김영기 역시 문제로 지적한 사례가 있다. 방열은 외국인 선수에 의한 국내 코트 잠식이 국내 선수의 입지를 축소한다는 점을 문제로 삼았고[103], 김영기는 2002년 11월 21일 『중앙일보』와의 인터뷰에서 "KBL은 NBA 제도를 본떠 출발했기 때문에 국내 현실에 맞지 않는 선수 선발이나 경기 운영 방식이 아직 남아 있다"고 고백하였다.[104] NBA의 제도를 도입했다는 KBL이지만 2010년 1월 11일에는 7전 5선승제의 챔피언결정전 가운데 5~7차전을 결정전 진출 팀의 연고지가 어디든 상관없이 서울의 잠실체육관에서 열기로 함으로써 홈 앤드 어웨이라는 연고지 중심의 리그 경기 운영 원칙을 스스로 포기하는 결정을 하였다. 이 결정은 지방에 연고지를 둔 팀의 경기장이 협소하고 관중석 규모가 작아 흥행에 불리하며 서울에서 경기가 열려야 전국적인 관심이 고조되고 미디어의 접근

---

102) 연합뉴스. 2006. 12. 28.
103) 중앙일보. 1997. 3. 25. 35면.
104) 중앙일보. 2002. 11. 21. 스포츠섹션 2면.

도 용이하다는 점을 근거로 내세웠으나 '홈 앤드 어웨이'의 원칙을 훼손했으며 지방 팀 팬들의 권리와 서울에 연고를 둔 삼성과 SK 구단의 권리를 침해하였다는 비난에 직면하였다.[105]

한국 프로농구 리그는 외국인 선수(주로 미국 출신)들의 주요한 취업 무대로 기능하는 일면이 있다. 특히 프로농구 원년인 1997년 시즌을 7위로 마친 현대는 두 번째 시즌이었던 1997~1998시즌 우승을 차지했는데 현대의 우승은 외국인 선수 조니 맥도웰의 맹활약에 힘입은 것으로 각 구단에 외국인 선수 영입의 중요성을 새삼 일깨웠다. 맥도웰의 사례에서 보듯 외국인 선수의 기량이 팀 경기력에 절대적인 영향을 미치게 되자 각 구단은 우수한 외국인 선수를 영입하는 데 과열 경쟁을 하기도 하였다. 그 결과 각 구단이 외국인 선수 수입에 많은 예산을 집행해야 했고, 경우에 따라서는 윤리적으로 문제가 있는 선수를 무비판적으로 수입하는 사례도 생겨났다. 2005년에는 전자랜드 구단이 마약 거래와 총기 불법 소지 혐의로 실형을 받은 리 벤슨을 수입한 사례가 있다. 벤슨은 1993년 4월 불법 무기소지와 살인미수, 마약매매 혐의로 25년형을 선고받고 2001년까지 8년간 복역한 '전과자'였다.[106] 미디어와 농구팬들의 비판이 있었으나 KBL은 전자랜드의 계약을 문제 삼지 않았다.[107]

---

105) 문화일보. 2010. 1. 12. 20면.
106) 연합뉴스, 2005. 10. 19.
107) 당시 전자랜드의 박형식 사무국장은 KBL에 "벤슨과 계약해도 괜찮으냐"고 문의, "문제없다"는 답변을 듣고서야 계약을 했다. 중앙일보. 2005. 8. 25. 19면.

외국인 선수 수입이 가져온 또 하나의 문제는 신장이 크고 힘이 강해야 우수한 기량을 발휘할 수 있는 골밑 선수가 주로 수입되면서 같은 포지션에서 경기하는 국내 선수의 입지가 축소되고, 국내 유망 선수들이 골밑 선수되기를 기피하면서 기형적인 선수 개발과 육성이 이뤄지는가하면 한국 농구 전체의 골밑이 약해지고 따라서 국제대회에서의 경쟁력도 지속적으로 저하되는 결과를 낳았다는 점이다.

세계적인 흐름을 볼 때 남자 농구는 미국과 소련이 양분하던 시대에서 다극화 시대로 흘러가고 있다. 미국농구의 경기력이 압도적이기는 하지만 미국을 제외한 국가들의 미국농구에 대한 적응력이 향상되면서 올림픽과 세계선수권대회 등 주요 국제대회에서 미국 팀을 상대로 미디어에 의해 '이변'으로 기록되는 승리를 거두는 사례가 잦아졌다. 미국 남자농구 대표팀은 2004년 아테네올림픽에서 동메달을 기록하는 기대 밖의 성적을 거두기도 했고, 특히 세계선수권대회에서는 쉽게 우승을 차지하지 못하고 있다. 1990년부터 2009년까지 살펴보면 우승은 1994년 한 차례 뿐이고, 세 차례 동메달(1990년, 1998년, 2006년)을 기록했으며 심지어 2002년에는 6위에 그쳐 메달 권에도 들지 못하는 사례까지 있었다.[108] 미국농구에 대한 적응은 세계 각국(특히 유럽) 선수들이 미국의 고도로 상업화된 국내 리그인 NBA에 진출하여 활약하는 동안 체득하게 된 결과로

---

108) 미국은 2010년과 2014년 잇따라 우승해 명예를 회복했다.

보인다. 유럽의 선수들은 미국 선수들과 경쟁할 수 있는 신체조건을 구비했고, 따라서 적응은 스타일과 세부적인 기술의 문제로 한정할 수 있는 여지가 있다. 그러나 한국 선수들의 경우 신체 조건에서 서구 선수들에 비해 경쟁력이 떨어지며 신체 조건에 관한 한 상당 기간 미국이나 유럽 선수들을 따라잡기 어려운 차이를 보이고 있다고 보아도 무방하다.109)

이런 근본적인 이유 때문에, 세계 농구의 절대 강자이자 최대의 시장을 가지고 있으며 농구 선수 최대 수출국인 미국에 비해 한국 농구는 내수 수준에서 안주하고 있으며 세계 수준에서의 경쟁력은 전무한 상황이다. 미국 출신 선수가 국내 리그에서 대부분의 개인 기록 1위를 독점하는 등 국내 리그조차 미국의 영향력으로부터 자유로울 수 없고, NBA 경기가 위성을 통해 실시간으로 중계되면서 농구 경기의 소비자(시청자, 관중, 팬)들의 기호 또한 미국화하는 양상을 드러낸다. 이 같은 현실은 상당기간 변화시키기 어려울 것으로 판단된다.

---

109) 2006년 8월 11일~15일 서울에서 열린 '2006월드바스켓볼챌린지' 대회에서 미국 팀의 평균 신장은 2m였다. 그러나 터키와 리투아니아가 2m 1cm로서 미국보다 평균 신장은 더 컸다. 그러나 이때 미국 팀은 주요한 골밑 전문 선수들이 빠져 있었다. 한국 대표팀의 평균 신장은 1m 96cm로, 이는 역대 최고 수준이었다.

제3공화국

이 책의 주된 배경이 되는 시대, 그러므로 신동파가 찰리 마콘과 제프 고스폴의 지도를 받아 미국 대학농구 최고 수준의 훈련을 소화해내는 시기는 박정희의 통치 기간(1961~1979년)과 겹친다. 정치적으로는 제3공화국(1963~1972년)의 시대이며, 민관식이 대한체육회장을 역임한 시기(1964~1971년)와도 겹친다. 이 시기는 우리 스포츠-체육 정책사에서 매우 중요한 의미가 있다. 1960년대 한국 스포츠-체육계의 분위기는 1961년 5월 16일 쿠데타로 집권한 군사정권에 의한 드라이브 정책의 영향으로 각종 스포츠 부문에 대한 관심이 고조된 상황이었다. 국가적인 차원에서 스포츠-체육 정책이 추진된 시기로 제3공화국 시대와 제5공화국 시대가 꼽히는데, 절대적인 권력의 힘을 바탕으로 어느 정권보다도 스포츠-체육 정책에 많은 관심을 기울인 시기였다.

그러므로 제3공화국 시기는 우리 근대 스포츠-체육의 역사적 기원의 하나라고 해도 무리는 아니다. 1988년 서울 올림픽과 2002년 한·일 월드컵 개최를 통해 국제 사회에서 드높인 한국 스포츠-체육의 위상은 제3공화국 스포츠-체육의 인적 물적 인프라의 구축에 연원을 둔다. 그러므로 한국 스포츠-체육 정책의 기원과 체육의 역할, 이를 주도한 국가의 스포츠-체육 정책을 검토하려면 자연히 이 시기를 주목해야 한다. 제3공화국은 정부의 직, 간접적인 주도하에 엘리트 위주의 스포츠-체육 정책을 폈다. 그럼으로써 국위 선양 및 국가 이미지 제고, 체제의 우월성 증명이라는 정권적·전략적 목표를 실현하고자 했다. 이전 정권과는 양적으로나 질적으로 확연히 다르게 스포츠를 지원했다.

또 제3공화국 정권은 국제경기대회 참가가 민간차원의 외교로 기능하고, 여기서 거두는 우수한 성과가 국위 선양으로 직결된다고 보았다. 그래서 국가대표 선수들의 국제대회 참가에 적극성을 보였다. 박정희 정권은 많은 국제대회를 창설하거나 유치하였다. 가장 먼저 창설된 국제대회는 1963년, 일본과 대만 등이 참가한 '박정희 장군배 쟁탈 동남아여자농구대회'였다. 1971년에는 통상 '박스컵'으로 불린 '국제축구대회'(Park's Cup International Football Tournament)가 창설되었다. 박정희 정권이 국내에 유치한 최초의 국제대회는 1978년 열린 제42회 서울 세계사격선수권대회였다. 박정희는 이 대회의 유치 가능성을 알아보기 위해 1973년 언론인 신용석과 외교관 김운용을 국제올림픽위원회(IOC)에 파견했다.[110]

대표선수들의 의욕을 고취하기 위해서 우수한 선수에 대한 보상 제도도 만들어나갔다. 이 과정에서 스포츠 인프라의 확장과 스포츠 과학화에 일정 부분 성공했거나 최소한 가능성을 보였다. 이러한 시대 상황 속에서 스포츠에 부과된 역할은 자명해진다. 운동선수들은 곧 국가가 요구하는 역할을 충실히 수행함으로써 '국가를 빛내는 전사(戰士)', '대한민국의 자랑스러운 전사'가 되었다.[111] 이러한 시대의 흐름과 정치적 요구에 대하여 각각의 스포츠 종목이 유리될 수는 없다. 시대의 흐름과 정치적 요구라는 측면에서 프로인가 아마추어인가, 남성인가 여성인가 하는 문제는 중요하지 않았다. 중학교 수준이든 대학교 또는 국가대표 수준이든 문제가 되지 않았다. 개인이 국제무대에서 거두는 모든 분야의 성취는 '한국이 낳은'이라는 빛나는 수식어와 함께 불멸(immortality)의 지위를 누릴 수 있었다. 차범근을 떠올려보라.[112] 농구도 예외일 수는 없었다. 그런 면에서 신동파는 신화이다.

농구 역시 이러한 시대의 자장(磁場)으로부터 자유롭지 못하였고, 특히 미국인 코치의 영입을 고려하던 시기는 한국농구가 1964년

---

110) 중앙일보. 2008. 10. 20. 28면.
111) 허진석, 2010: 93~94.
112) 차범근의 업적은 눈부시다. 두 번이나 유럽축구연맹(UEFA)컵을 들어올렸다. 1980년 프랑크푸르트 소속으로, 1988년 바이엘 레버쿠젠 소속으로. 프랑크푸르트에서 뛴 1981년엔 독일컵에서 우승했다. 분데스리가 308경기에서 98골, 독일컵 16경기에서 8골, UEFA컵 17경기에서 4골을 넣었다. 국가대표로는 127경기에서 55골을 기록했다. 한국이 월드컵에 참가할 엄두도 내지 못하던 시기에 이미 두 차례 월드컵을 제패한 세계축구의 중심 무대에서 차범근이 이룩한 업적의 의미는 개인적인 성취의 차원을 뛰어넘었다.

10월에 일본에서 열린 도쿄올림픽에서 16개 팀 가운데 최하위를 기록하면서 경험한 세계 농구와의 현격한 수준차를 극복해야 한다는 절박감에 사로잡힌 시기이기도 했다. 스포츠 선진국의 지도자에 대한 필요성은 이 당시 단지 농구만의 문제는 아니었으며, 대한체육회는 우수선수 육성을 위한 장기계획의 일환으로 외국인 코치 초빙계획을 세웠으나 여러 가지 이유로 인해 실현하지 못하는 상황이었다. 미군 부대에 근무하는 농구 선수 출신의 장교를 코치로 활용하는 일은 당시로 보아서는 가장 현실적인 방안이었던 것으로 보인다.

신동파는 1974년 2월 5일 은퇴를 선언할 때까지 한 번도 국가대표팀 명단에서 탈락하는 일 없이 주전 선수 자리를 지켰다.[113) 그러므로 신동파의 주된 농구 경력은 연세대학교 진학 이후 국가대표로서 쌓은 경험이나 업적과 일치한다고 보아도 과언이 아니다. 신동파가 국가대표 선수로 활동하던 시기와 겹치는 1966년부터 1968년까지 대한농구협회는 미국인 코치를 기용하여 국가대표팀의 경기력을 향상시키기로 하고 미국 대학농구 선수 출신인 주한미군 장교 찰리 마콘과 제프 고스폴을 발탁하였다. 마콘이 국가대표팀 코치로 부임할 무렵 한국 남자 농구의 경기력 수준은 아시아에서 3~4위권이었으며 필리핀과 일본, 대만이 정상을 다투고 있었다. 필리핀은 1960년 1월에 자국의 수도인 마닐라에서 열린 제 1회 아

---

113) 동아일보. 1974. 2. 5. 8면.

시아남자농구선수권대회에서 우승한 뒤 1963년 12월 대만의 타이베이에서 열린 2회 대회에서도 우승하였다. 일본은 1965년 12월 말레이시아의 쿠알라룸푸르에서 열린 제 3회 대회에서 필리핀을 누르고 우승해 아시아를 제패하였다. 대만은 1, 2회 대회에서 모두 준우승을 기록하였고, 3회 대회에서 5위로 밀려났다. 반면 한국은 1회 대회 4위, 2회 대회 3위, 3회 대회 3위를 기록하는 등 정상과는 거리가 있었다.

　　내가 국가대표팀 선수로 처음 12번째로 선발돼 갈 때는 한국 농구의 현주소가 아시아에서 3위 내지 4위였기 때문에, 필리핀 대만 일본 한국 순서였기 때문에…… 우리가 들어가면서 일본, 대만, 필리핀 제치고 1위를 한 거거든…… 한국이 아시아에서도 3, 4위이기 때문에 절박감에 놓여 공감할 분위기는 돼 있어. 그걸 누가 어떻게 행동으로 접목해 데려오느냐가 문제인데 실천하는 사람이 없어 말로만 하다가 아까 얘기한 그런 분들, 존 번 같은 분들이 강습회 식으로 며칠 하고 가고…… 그런데 그건 그냥 스쳐 지나가는 거고, 여기서 선수들이랑 같이 뛰고 합숙하고 국제대회 나가서 지도한 분들이 이 분들이 처음이야. 그 맥락이라. 그게 젤 처음이야. 겪어 보니까 훈련 받아 보면서도……114)

　　더구나 한국 남자농구의 간판 역할을 한 김영기가 1966년 은퇴

---

114) 신동파 면담, 2010. 2. 25.

를 한 뒤로는 대표팀을 재편할 필요도 있었다. 김영기는 경기를 조율하는 포인트 가드이자 주된 득점 선수였으므로 그의 역할을 대신할 선수들의 성장이 필요했다. 김영기가 물러난 대표팀에서 경기 조율의 책임은 김인건과 김무현, 유희형 등이 맡고 득점 전문 선수로는 후일 '아시아의 득점 기계'로 명성을 떨치는 신동파가 두각을 나타냈다. 신동파는 제4회 아시아남자농구선수권대회 취재단이 선정하는 베스트5 선정 투표에서 총 31명의 투표 가운데 29표를 얻어 최우수선수로 뽑히면서 한국남자농구 부동의 에이스로 자리를 굳혔다.[115) 신동파는 미국인 코치들에게도 뛰어난 선수로 인정받아 주요한 전술과 작전을 수립하는 데 있어서 중심적인 임무를 담당하게 되었다. 마콘은 신동파에 대하여 "당시 한국 팀의 경우에는 신동파가 스타였다."라고 기억하였고[116) 고스폴은 "매우 뛰어난 볼 플레이어였다."라고 증언하였다.[117)

115) 경향신문, 1967. 10. 2. 6면.
116) 마콘 이메일 인터뷰, 2010. 5. 6.
117) 고스폴 면담, 2010. 3. 20.

면도날 같은 사나이, 마콘

마콘은 1943년 5월 3일 미국의 펜실베이니아에서 태어나 1965
년 데이비슨대학교를 졸업하였으며 학군 장교로서 1967년까지 한
국에서 근무하였다. 고등학교 시절인 1961년 펜실베이니아 주 올
스타(Pennsylvania All-State in 1961)에 선발된 유망한 청소년 농구 선수
였으며 데이비슨대학교 재학시절에는 1965년 남부 콘퍼런스의 아
카데믹 올스타 선수(All Southern Conference All-Academic in 1965)로 선발
되었다. 아카데믹 올스타는 대학농구 선수 가운데 학점이 우수한
선수들로 구성되는 '학업우수선수 올스타'라고 할 수 있다. 그는
이메일에 "나는 데이비슨대학교의 전설적인 선수는 아니었다. 전미
올스타로 선발된 두 명의 선수, 즉 프레드 헤첼(Fred Hetzel)과 딕 스
나이더(Dick Snyder)를 지원하는 역할을 했다. 데이비슨대학교는 매
우 강한 팀이었다."라고 기술하였다.[118] 그러나 마콘은 데이비슨대

---

118) 찰리 마콘 이메일 인터뷰, 2010. 5. 6.

학교가 미국대학체육위원회(NCAA)의 토너먼트에 진출할 무렵 주전 선수로서 활약하였다. 1963년 1월 11일 발행된 『더 데이비드스니언(The Davidsonian)』이라는 신문의 3면은 데이비슨대학교 농구팀 선수들의 개인기록을 게재하였는데, 마콘은 열한 경기를 뛰면서 평균

5.0득점과 1.5리바운드를 기록한 것으로 보도했다. 데이비슨대학교가 치른 열한 경기를 모두 뛴 선수는 마콘을 포함해 네 명 뿐이었으며, 마콘의 평균득점은 팀 내에서 6위에 해당하였다. 이 기록으로 미루어 볼 때 마

리하이 밸리 고등학교 농구 명예의 전당에 헌액된 찰리 마콘(오른쪽). 출처: lehighvalleylive.com.

콘은 데이비슨대학교에 없어서는 안 될 중요한 선수였음에 틀림없다.119) 또한 최근에도 지역 언론은 NCAA 토너먼트(일명 March Madness)가 열리는 시기에 데이비슨대학교의 전성기를 장식한 선수들을 인터뷰할 때 마콘을 등장시키기도 하였다. 마콘은 2008년 3월 6일 리하이 밸리 지역 미디어인 『더 모닝콜(The Morning call)』을 상대로 인터뷰를 남겼는데, 이 사례는 마콘이 지니는 데이비슨대학교 농구역사상의 가치를 반영한다고 볼 수도 있다.120) 특히 마콘은

---

119) The Davidsonian, 1963. 1. 11.

펜실베이니아 출신의 농구 인으로서 2011년 리하이 밸리 고등학교 농구 명예의 전당(Lehigh Valley High School Basketball Hall of Fame)에 헌액됨으로써 결정적인 위상을 확보하게 되었다.[121]

신동파는 마콘을 통하여 동시대의 대표선수들과 함께 이전까지 경험해보지 못한 미국식 훈련을 수행하는 경험을 하였다. 당시만 해도 한국 남자농구 선수들의 훈련은 질(質)보다 양(量)에 호소하는 편으로서, 하루 7시간에 달하는 긴 훈련시간과 반복 훈련, 정신교육이 주된 내용을 이루고 있었다. 이와 같은 사실은 한국 남자농구 대표팀이 1964년 도쿄 올림픽을 앞두고 실시한 강화훈련의 내용을 보아도 확인할 수 있다. 신동파는 훗날 이 시기의 훈련 내용을 술회하면서 집으로 돌아가고 싶은 고된 시간이었고, 싫증이 났다고 심정을 설명하였다.[122] 다음은 당시의 훈련 일정이다.

① 아침 훈련 2시간 = 오전 6시 기상, 3㎞ 로드워크, 계단 10
　　차례 오르내리기, 줄넘기, 기초훈련, 숙소까지 로드워크
② 오전 훈련 2시간 = 오전 10시~12시. 슈팅을 위주로 한 공
　　격 훈련. 500개 슈팅.
③ 오후 훈련 3시간 = 본격적인 공수패턴 익히기, 작전 학습.

마콘은 매일 같은 방식으로 선수들을 훈련시키던 이전의 한국인

---

120) The Morning Call, 2008. 3. 28.
121) The Morning Call, 2011. 3. 13.
122) 일간스포츠 1974. 1. 19. 3면.

지도자들과 달리 스케줄에 맞추어 순차적으로 선수들을 지도하였다. 그는 경쟁 시스템을 도입하고 가드의 공격적인 기능을 요구하는가 하면 당시로서는 첨단의 팀 기술인 매치 업 존(Match Up Zone; 복합수비)을 도입하는 등 체계적으로 경기력의 향상을 꾀하였다. 그의 지도 방식은 당시의 한국인 선수들에게 깊은 인상을 주었다. 남자농구 대표팀의 주전 선수로 활약한 뒤 훗날 지도자로 경력을 쌓게 되는 인물들은 그 내용에 대해 다수의 의미 있는 증언을 남겼다. 예를 들어 당시 남자농구 대표팀의 공격 부문에서 신동파와 더불어 주축 선수로 활약한 이인표(李仁杓)는 "국내 지도자들이랑 다른 게, '스케줄'이란 게 나오니까……. 두 시간이면 두 시간, 뭐는 몇 분 식으로 100퍼센트 여기 맞춰서 해라 하고…. 과거 분들은 네 시간도 좋고 다섯 시간도 좋고… (중략) … 우리가 정식 스케줄이라는 걸 미국 코치한테서 처음 받아본 건데, 이런 식으로 하니까 자기가 훈련 시간만큼은 힘을 풀로 발휘할 수 있고, 그런 게 달랐지요."라고 증언하였다.[123]

신동파와 같은 시대에 국가대표로 활약하면서 포인트 가드로서 김인건과 자주 짝을 이루어 뛴 김무현은 다음과 같은 증언을 남겼는데, 이 내용을 통하여 미국인 코치들이 추구한 농구의 일단을 엿볼 수 있다. 대표선수 가운데 개인기술이 우수하고 창의적인 선수를 선호했으리라는 유추가 가능하다.

---

123) 이인표 면담, 2010. 2. 24.

그 당시에는 우리가 개인기에 대한 문제보다 가드, 하면 역할이 딱 있었어요. 공격을 한다, 이거보다는 그저 어떻게 어시스트를 하는 게 첫번째이고, 포워드는 공격을 해야 되는 거고…… 신동파나 이런 사람들은 공격, 김인건이나 나는 어시스트를 해야 한다, 지금은 그런 게 없는 데 그때는 치고 들어가는, 드라이브 인을 잘했던 거예요. 가다가 딱 부딪히면 (수비 선수) 둘을 딱 붙여서 아웃넘버를 만들어 준다. 그게 제일 잘하는 거였어요. 그런데 마콘은 가드가 공격을 해줘야 한다는 거예요. 가드가 공격을 해줘야 모든 것이 넓어지고 안에 찬스도 나는 거지…… 그래서 우리는 먼 데서 롱슛 이런 거는 가드는 해서는 안될 때인데, 포워드는 해도 되고…… 근데 그 사람은 가드도 찬스가 나오면 던지라는 거예요. 우리가 막 패스하고 도는 게 찬스를 내자고 하는 거 아니냐. 근데 찬스가 나는데 안 던지면 그게 무슨 선수냐, 그러던 기억이 나요. 그래서 그때부터 우리가 인제 공격을 하기 시작했죠.

(중략)

옛날 농구는 치고 넘어오면서 하나 둘, 산토끼… 이런 걸 많이 했어요. 작전 하나 하면 어떻게 어떻게 돌다가 누가 슛을 쏘고 안 되면 이렇게 돌리다가 센터가 슛을 하고…… (작전을) 열 몇 개를 갖고 있었어요, 그런데 그걸 나도 하다가 잊어버려요. 이 사람들은 그런 거를 암튼 프리로 하도록 했죠. 농구는 다섯 명이 하는 단체경기지만 개인기가 우선돼야 한다. 그래 가지고 정말 그런 거 (작전 농구)는 몇 개 없었어요. 아웃 옵 바운스, 점프 볼, 우리가 크다 작다 그런 거 외에는 거의 다 프리랜스로 했다고 1분이 남았는데, 20초가 남았는데 우리가 한 골 이기고 있다거나 그런 때

하는 작전 그런 거 외에는 거의 개인기로 해라 그랬죠. 그래서 말하자면 일대일에서 그 거 하나를 제쳐서 못하는 거는 대표선수가 아니다라는 거죠. 그 전까지는 그런 걸 하면 더 많이 얘기(비판)를 들었죠. 5대5농구니까 그땐 다 작전으로 했다고 고민을 많이 했죠. 전엔 일대일로 하면 개인플레이한다고 간주를 했지, 오도를 하고 그랬지…… (마콘 때) 대표선수들은 일대일 농구에 눈을 떴지요. 백 드리블도 하고 치고 가다가 이렇게 해서 넣는 거… 한국 감독 같으면 '미친 놈'이라고 그랬을 거야. '쟤는 점프 좋으니까' 미국 코치는 그렇게 하라고 그랬어요. 여기서 (한국 코치가 보는 데서) 했다면 무슨 선수냐 그랬겠지…… 개인기량을 그 사람들은 강조했고, 우리는 단체로 포메이션, 체력, 정신력…… 찬스 났다고 그냥 던졌다가는 큰일 나는 거로 알았다고[124)]

전혀 다른 훈련 내용에 깊은 인상을 받기는 신동파도 예외는 아니었고, 일종의 문화충격도 없지 않았던 것으로 보인다.

절대로 훈련 시간은 길지가 않아요. 한번 훈련하는 데 두 시간 이상 안 끌어…… 그런 걸 우리가 느꼈어…… 세 시간, 네 시간도 했는데, 안 끌어. 대신에 강하게, 거기 아주 몰입하지 않으면 나가라 이거니, 체육관에서 넌 자격이 없다고 몰아붙이니까 안할 수가 있어? 그러니 두 시간 이상 하면 효과가(선수들이 지쳐서 훈련효과가 오히려 반감되겠지) 아 그런 게…… 똑같은 게 우리 그 태

---

124) 김무현 면담, 2010. 5. 13.

릉선수촌에서…… 내가 (연세대) 일학년으로 ABC 갈 때는 동숭동에 선수촌이 있었어. 거기는 식당하고 숙소만 있었지. 운동장은 없었어요. 그러니까 합숙소에요. 앞으로 450일, 이렇게 달력 식으로 만들어 하나씩 떼는 거야…….

태릉 들어가니까 월화수목금토하고는 일요일 아침에 내보냈다 저녁에 들어오라는 거야. 그니까 선수들이 시간이 얼마나 소중해… … 그러니 아침 안 먹고 나가는 거지, 시간 활용하려고 나가서는 그냥(술 마시는 동작)……. 들어와야 하니까. 그러던 게 점점 자율적으로, 하여간 금요일만 되면 기분이 좋은 거야. 그때는 훈련을 많게 준비해서 시켜왔어요. 아, 이게 미국식 훈련 방법이구나……. 두 시간 동안은 한눈 못 팔아 절대. 몰입하게 만드는 거야. 지키지 않으면 (코치가) 인정을 안 해, 그런 것들이 달라지기 시작한 거야.

(중략)

그때는 스트레칭 같은 거 몰랐어. 미군 부대 들어가면 흑인 선수들이 테이핑을 하는 거 보면서 신기하다고 그랬어. 그런 테이프 없었지. 홍콩 가면 영제(英製) 아대가 있었는데, 그걸 사다가 해질 때까지 신었으니까. 그거 하나지 왜 테이핑을 하는지 모르겠다고 그랬어요. 미국은 1960년대부터 그렇게 한 거야. 부상 안 당하게, 당해도 적게 당하게……. 군인인데 말이지. 물론 미국서 농구했던 애들이지. 아무튼 시각이 벌써 달랐으니까. 그런 차이점이 마콘이 있어서 생긴 거고, 거기서 우리가 그런 거 하나 보는 것도 시각적인 면에서 처음 봤던 거고…….[125]

125) 신동파 면담, 2010. 2. 25.

그러나 신동파는 특히 기술적인 부분에서 새로운 경험을 했다는 사실에 깊은 인상을 받은 흔적이 있다. 이를 통하여 마콘과 고스폴의 역량을 인정하고 새로운 기술을 흡수하는 데 열중하게 된 것이다.

그 전에는 국내 코치 선생들에게 교육을 받아왔기 때문에 예를 들어서 리바운드를 하기 위한 예비동작, 박스아웃이라든가 그 자세라든가 타이밍이라든가 국내 선생이랑 생소한 게 나타나더라니까. 이게 능숙하지 못하니, 동작이 새롭게 스텝이라든가 자세라든가 할 때 우리가 사용하지 않았던 거를 하기 때문에 처음에 될 리가 없잖아. 이게 모르는 사람 처음 만나 낯설어 주춤거리듯이 훈련을 하는 과정에서도 생소하기 때문에, 마콘 코치가 지적을 하고 소리 지르고 호통 치는 건데 자기는 이해할 수가 없다는 거지. '오마이 갓' 하면서 이게 도대체 왜 이때까지 늬들이 배웠냐, 표정이 막 이러니까, 우리는 또 어? 아닌데? 이게 우리 중학교 때부터 하던 건데, 이렇게 상충되는 동작이 나오니까 우리가 당황하기도 하고 그랬다. 하나 기억나는 건 마콘 코치가 고스폴이나 이런 분들이 우리랑 나이 차이가 얼마 안 났어……. 그러니까 많은 차이가 아닌데 이건 선수 입장이고 미국인이고 코치고 하니까 훈련하는 분위기는 아주 진지하게 받아들이고…… 시간이 거듭될수록 아니 이게 선진농구구나. 반복 훈련하다 보니 익숙해지니까 달라지는 걸 느끼는 때가 오더라고…. 몇 달이라고 해야 하나? 예를 들어서 '동파스 플레이'. 마콘 때는 지원지투 없었어. 마콘 때는 동파스라고 내가 이게(슛) 정확하니까 그 사람이 이거 하나 만들었어. 그러니까 나는 미국인 코치가 내 슛 정확도를 믿어주는구나 하니까 그러니까 얼마나 기분이 좋아. (다이어그램을 그리려다가) 심플하게 나오는 게 아니니까 스크린 한 번 아니고 두 번 가지고 연결되는 거야. 대회 나가서 성공적으로 이용했기 때문에 나중에 나오는 지투라는 그건 안 잊어버리지.[126]

그렇다면 훈련의 내용은 완전히 달랐던 걸까? 한국의 남자농구 대표선수들이 그 동안 배워왔던 농구를 모두 버리고 다시 시작해야 할 정도는 아니었던 것 같다. 오히려 요즘도 각급 농구 단체에서 활발하게 전개하는 '클리닉(Clinic)'처럼 점검과 새 기술의 접목에 중점을 두었던 것으로 보인다. 신동파는 내용은 대동소이(大同小異)했으나 방법에 차이가 있었음을 지적하였다.

물론 속공 그건 안할 수 없고, 3-2 2-1 아웃넘버라든가 수비를 붙이는 방법, 코트 바란스 맞추는 것, 서는 포지션 같은 걸 당연히 했고, 그다음에 수비에서도 2-2에서 공격 두 사람을 수비하는 사람이 맨투맨에서 발생하는 스크린에 대한 대비와 빠져나갈 수 있는 거라든지 스위치, 슬라이드 하는 것처럼 맨투맨의 기초적인 것들을 아주 강하게 했죠. 그전에 우리 코치들한테도 배웠지만 방법에 차이가 있어요. 장이진, 이상훈 선생님 같은 분들. 하루 웬종일 수비연습 시켜. 이상훈 선생님. 훈련은 재미나게 가르쳐야 선수들이 시간 가는 줄 모르고 땀 흘리는 양도 더 많을 수 있어. 근데

---

126) 신동파 면담, 2010. 2. 25.

맨날 푸트워크. 농구에서 가장 하기 싫어하는 게 수비거든. 공격은 다 하려고 그래요. 슛은 다 쏘려고 하죠. 하기 싫어하는 걸 해야 한다는 거지. 근데 지루하고……. 부분적인 전술의 기초는 미국인이 가르치는 거나 대동소이한데 방법의 차이는 있는 거야. 상황에 따라 어떻게 적용하느냐, 그런 차이점은 우리 코치하고 미국 코치하고 다른 점은 있어요. 우리같으면 놓치면 안되지만 미국은 뒤에 이미터 되는 선수가 또 있잖어. 그런데 우리는 뭐, 내가 젤 컸는데 뭐. 영일이형하고 내가 비슷했어요. 방법의 차이가 있는 거죠. 127)

농구 자체를 유희형은 다음과 같이 회고하였다.

처음으로 현대식 농구를 한 거지. 옛날 지도자들은 정말 거짓말이 아니라 훈련하기 전에 러닝만 한 시간씩 시키고, 시간이 정해진 게 없었어요. 그 노인네들은 운동장 100바퀴 뛰는 훈련을 그렇게 시켜요. 정신력, 지구력 훈련을 해야 40분 동안 지치지 않는다고 생각한 거지. 수비도 헬프(help; 도움수비)란 전혀 없었고 조금 나오는 게 마콘 고스폴이 하면서고, 스리 라인 속공이라든지 지역방어도 2-3, 3-2, 1-2-2 지역방어를 정확히 공부했어요. 그 사람들(마콘과 고스폴)은 월화수목금요일 훈련하고 토일요일은 무조건 쉬었어요. 훈련 시간은 두 시간을 안 넘어. 두 시간 동안 열심히 하게 만들고 끝내는 거지.128)

---

127) 신동파 면담, 2010. 2. 25.
128) 유희형 면담, 2010. 3. 4.

1966년 방콕아시안게임에 출전한 한국 남자농구 대표팀.
뒷줄 가운데 신동파(7번)와 이인표(14번) 사이에 안경 낀 인물이 찰리 마콘이다.

마콘은 신동파를 통하여 한국 남자농구 대표팀의 경기력(특히 공격 부문에서)을 향상시키고자 노력했던 것 같다. 당대 최고의 득점기계를 중심으로 공격 전술을 정비하겠다는 생각은 당연하다고 볼 수 있는데, 이런 사고가 좀 더 정교하고 계획된 훈련을 통하여 형상화되었다는 점이 그전과 달랐다. 특히 득점력이 높은 신동파의 숏 기술을 최대한 활용하기 위하여 '동파스 플레이(Dongpa's play)'라는 공격 작전을 개발해 내기도 하였다. 이에 대해서는 뒤에 자세히 설명하겠다.

나는 줄곧 기본기와 팀워크를 강조하였다. 농구는 대체로 스타 선수와 핵심적인 역할을 맡은 선수들이 운영해 나가는 운동 경기다. 좋은 성적을 내는 팀에서는 매우 뛰어난 능력을 가진 특정 선수를 각자 위치에서 핵심적인 역할을 수행하는 선수들이 잘 뒷받침한다. 당시 한국 팀의 경우에는 신동파가 스타였다. 동료 선수들은 각자의 위치에서 맡은 역할을 다함으로써 신동파가 최고의 경기력을 발휘할 수 있도록 지원하였다.[129]

마콘은 코치로 일하는 동안 한국 남자농구 대표팀을 아시아 정상으로 끌어올리는 성과를 거두지는 못하였다. 한국 남자농구가 아시아 정상으로 도약하는 시기는 1969년 아시아남자농구선수권대회, 1970년 아시아경기대회에서 잇따라 우승하던 때였다. 그러나 마콘은 이러한 눈부신 성과를 수확하는 데 필요한 밑거름이 되는 역할을 하였다고 평가할 수 있다. 마콘은 1966년 태국의 방콕에서 열린 아시아경기대회에서 한국이 오랫동안 이기기 어려운 상대였던 필리핀과 일본에 승리하는 전과를 거두었다. 그러나 이 대회에서 한국 남자농구 대표팀은 주최국인 태국과의 경기에서 벌어진 난투극 때문에 몰수패를 당하고 동메달을 획득하는 데 만족했다.

---

129) 찰리 마콘 이메일 인터뷰, 2010. 5. 6.

마콘, 한국을 떠나며 고스폴을 소개했다

　마콘의 후임자로 부임한 제프 고스폴에 대해서도 인상적인 증언이 많이 남아 있다. 1966년부터 1968년까지 남자농구대표팀에서 선수로 활약한 인물들의 증언을 종합하면, 고스폴의 지도 내용은 전임자인 마콘의 연장선상에 놓인다. 마콘은 1966년 현재 미국의 대학농구 무대에서 유행하던 훈련 방식과 경기 방식을 한국 남자농구 대표팀에 이식했다고 해도 과언이 아니다. 마콘이 선수로서 활동하던 시절에 데이비슨대학교 농구팀(Davidson Wildcats)은 역사상 첫 번째 전성기를 누리고 있었다. 마콘이 졸업한 직후인 1966년 전미대학농구대회(NCAA 토너먼트) 16강(Sweet Sixteen)에 진출했고, 1968년과 1969년에는 잇따라 8강(Elite Eight)에 진출했을 정도로 미국대학농구 1부 리그에서도 뛰어난 경기력을 보유한 팀이었다. 마콘은 데이비슨대학교 농구팀의 주축 선수였으므로 한국 남자농구 대표팀이 마콘에게서 배운 농구의 수준은 미국 대학농구 최고 수준이었을 것으로 판단할 수 있다. 같은 시대에 농구를 한 고스폴의 지도 내용이 마콘과 크게 다르지 않았다는 사실은 당연한 일이었을 수도 있다.

한국 남자농구가 미국인 코치의 영입을 고려하던 시기는 1964년 10월에 일본에서 개최된 도쿄올림픽에서 최하위를 기록하면서 세계 농구와의 현격한 수준차를 절감한 시기이기도 했다. 이 때 발탁된 인물이 마콘이었다. 대한농구협회는 마콘을 발탁하게 된 과정을 "한국 남자농구가 아시아권에서의 정상 도전과 국제적인 수준을 지향하기 위하여 한발 앞선 미국농구의 기술과 전술을 습득할 필요성이 절대적이라는 농구계의 여론에 따라 아시아재단 한국지부 책임자인 조동재(농구협회 국제이사)가 미8군과 접촉한 끝에" 추천받았다고 기록하고 있다.[130] 또한 고스폴은 마콘이 자신에게 한국 남자농구팀 코치 자리가 비었으니 후임을 맡으라고 권했다고 술회하였다.

> 그(마콘)는 말하기를, 그들(대한농구협회)은 새 코치가 필요하다. 내가 자네를 추천해도 되겠냐고 물었다. 나는 괜찮은 제안이라고 생각하고 좋다고 했다. 찰리(마콘)는 나를 추천하였다.[131]

이 같은 사실은 당시의 신문 보도를 통해서도 확인할 수 있다.

---

130) 대한농구협회, 2008: 151.
131) 제프 고스폴 면담, 2010. 3. 20.

예를 들어 『경향신문』은 1967년 1월 9일자 8면에 "마콘 중위가 군대복무를 마치고 귀국함에 따라 그 후임으로 고스폴 소위를 한국 대표팀 코치로 지목하였다. 고스폴씨는 주한미군 제2사단 팀의 코치인데 웨스트포인트 출신으로 마콘 중위의 적극적인 추천에 의한 것이었다."라고 보도했다. 그러나 고스폴이 웨스트포인트 출신이라는 보도는 사실과 다르다. 고스폴의 지도를 받은 한국 선수들 가운데 몇몇은 그가 학군단(ROTC) 출신이었다고 기억하고 있다. 그러나 고스폴은 한국을 방문하여 연구자와 면담하는 과정에서 자신의 커리어를 담은 일련의 문서를 제공하였는데 이 문서에 의하면 고스폴은 버지니아 밀리터리 인스티튜트(Virginia Military Institute; VMI) 출신이다. 또한 VMI가 발행한 2009~2010년 시즌 판 농구팀 미디어 가이드(Christian, Branner, Salois, 2010)에도 고스폴이 등장한다. 그런 면에서 고스폴에 대한 조광식의 기술이 정확하다고 볼 수 있다. 그는 "고스폴은 …(중략)… VMI(Virginia Military Institute)란 사관 양성 기관을 나와 장교로 임관하면서 한국 근무를 하게 된 사람이었다."라고 기록하였다.[132]

마콘은 이메일을 통해 연구자와 면담하는 과정에서 고스폴에 대해서도 언급하였는데, 여기에서도 고스폴의 출신을 정확하게 확인할 수가 있다. 마콘은 "고스폴이 버지니아 밀리터리 인스티튜트에서 선수생활을 할 때 그와 경기를 한 적이 있다. 고스폴이 속한 농

---

132) 조광식, 2002. 274.

구팀은 1964년 미국대학농구 토너먼트에서 데이비슨대학교를 이길 만큼 좋은 팀이기는 했으나 대단할 정도는 아니었다."라고 진술하였다.[133] 그러나 고스폴은 VMI에서 없어서는 안 될 주전 선수였으며 당시 지도를 받았던 한국 선수들이 지닌 이미지와는 달리 우수한 기록을 남긴 엘리트 선수 출신이었다. VMI가 발행한 2009~2010시즌 미디어가이드(Media Guide)에 따르면, 고스폴은 1963~1964시즌 VMI가 치른 24차례 경기 가운데 23경기에 출전하여 경기당 10.1득점과 7.5리바운드를 기록한 주전 포워드였다. 고스폴의 득점은 팀 내 4위, 리바운드는 3위에 해당한다. 이 시즌에 고스폴은 54.6%의 필드골 성공률로 팀 내 2위를, 76.8%의 자유투 성공률로 팀 내 1위를 기록하였다. 특히 고스폴의 높은 필드골 성공률은 VMI의 통산 기록에서도 상위에 속하는 것으로서 그가 1962년부터 1965년까지 기록한 55.2%의 필드골 성공률은 역대 2위에 올라 있고, 같은 기간 동안 팀 내 1위를 고수하였다.[134] 기록에 비춰볼 때 고스폴은 매우 견실한 플레이를 하는 포워드로서 부동의 주전선수였으며 팀플레이에 익숙한 유형의 선수였을 것으로 판단할 수 있다. 이러한 성향은 지도 방식에도 나타났을 것으로 유추할 수 있다.

고스폴의 활동과 관련하여 대한농구협회의 기록 외에 참고할 만한 단행본으로는 스포츠 기자 출신인 조광식의 『세계를 향한 도전

133) 찰리 마론 이메일 면담, 2010. 5. 14.
134) Christian, Branner, Salois, 2010: 64~72.

과 창의』가 있다. 월간 농구전문잡지인 『점프볼』이 2007년 1월호에 농구도입 100주년 기념 특집으로 게재한 '한국농구 100년 빛낸 얼굴 100인'라는 제목의 기사도 있다. 그러나 이러한 책자와 기사들에서는 오류내지는 기록의 불일치가 상당수 발견되는데, 예컨대 조광식은 『세계를 향한 도전과 창의』에서 마콘이나 고스폴에 앞서 단기 초빙되어 한국 선수를 지도한 내트 홀맨(Nat Holman)의 입국 시기를 1960년 11월로 기록하고 있는데 1959년 11월로 기록한 『한국농구 100년』의 기록과 맞지 않는다. 또한 고스폴의 영문 이름 역시 모르고 있거나 잘못 기록하고 있다. 고스폴의 이름은 '코스폴', '거스풀' 등으로 혼란스럽게 표기되었는데, 『한국농구 80년』에는 '코스폴'로, 『한국농구 100년』에는 '거스풀'로 표기됐다. 『경향신문』 1967년 1월 9일자 8면에 실린 기사에서는 '고스콜'로 표기되기도 하였고, 그의 이름을 영문으로 표기한 기록은 신문이나 책자, 잡지를 통틀어서도 찾아볼 수 없다. 고스폴의 지도에 가장 큰 영향을 받은 사람들은 물론 당시의 대표선수들이었지만, 이들은 매일 매일의 훈련을 선수로서 수행했을 뿐 지도자의 시각에서 관찰하고 흡수하는 수준에까지는 이르지 못하였던 것으로 판단된다. 왜냐하면 이들 선수들은 1970년대에 들어와 차례로 은퇴하면서 대부분이 지도자의 길을 걷게 되었는데 선수 시절에 기록해둔 메모나 기록보다는 개인적으로 경험한 신체적인 기억에 의존해서 선수들을 지도하였기 때문이다. 대부분의 기록은 이들의 구술을 전해들은 비경기인들에 의해 작성된 기록으로 남아 있고 그나마 연대나 정확한 역사적인 사실의 확인이라는 면에서 볼 때 적지 않은 오류의 가능성을 내포하고 있다.

나는 약간의 행운과 유희형, 김인건 등 농구계 인사들의 적극적인 도움에 힘입어 고스폴을 직접 인터뷰할 수 있었다. 고스폴은 2010년 3월 19일부터 22일까지 한국을 방문하였다. 그는 아내인 비키 고스폴(Vicky Gausepohl)을 동반하고 중국 상하이를 방문하는 길에 한국에 들러 서울시 서초구 반포동 19-3번지에 있는 JW매리어트 호텔에 투숙하였다. 이들 부부는 서울에 체류하는 기간 동안 김인건 · 이인표 · 신동파 · 박한 · 유희형 등 그가 남자농구대표팀 코치로 일할 당시 선수생활을 한 한국의 농구인들을 만났다. 고스폴과의 인터뷰는 2010년 3월 20일 JW매리어트 호텔의 30층 이그제큐티브 라운지에서 이루어졌으며 이 자리에는 고스폴의 아내 비키와 한국 농구인 유희형이 동석하였다. 인터뷰는 영어로 진행되었고, 고스폴의 동의를 얻어 전 과정을 MP3와 WAV 파일을 이용해 복수로 녹음하였다. 고스폴은 인터뷰 장소에서 CD롬으로 손수 제작한 코치 재직 당시의 기록과 사진, 자신의 약력 등을 연구용으로 제공하였다. 고스폴의 구술은 영문 텍스트로 정리되었다. 인터뷰를 통하여 고스폴이 선수들에게 지도한 내용을 확인할 수 있었으며 한국에 남아 있는 기록에는 분명히 나타나지 않았던 마콘과 고스폴의 관계, 대한농구협회와의 협력과 갈등 양상, 당시 유력한 농구

계 임원들과의 관계, 당대 농구선수들에 대한 평가의 일단을 확보
할 수 있게 되었다.135)

고스폴과 필자

고스폴은 마콘에 의해 대한농구협회에 소개된 뒤 바로 코치로 임명된 것이 아니라 일정한 검증 과정을 거친 것으로 판단된다. 왜냐하면 고스폴은 자신이 대한농구협회로부터 "한 달 동안 우리와 함께 일해 보는 것이 어떠냐."는 제안을 들었으며 이에 따라 한국인 코치 신봉호를 도와 코치로 일했다고 회고하였다. 그의 자필 이력서에는 이 기간이 두 달이었다고 기록됐다.

그래서 나는 대한농구협회(KABA; 나중에 KBA로 바뀜)에 소개
되었다. 좋다, 한 달 동안 와서 우리와 함께 일해 보는 게 어떻겠
느냐? 그래서 나는 한 달 동안 코치를 했다. 그렇게 해서 나는 신
봉호라는 연상이며 아주 점잖고 훌륭한 코치와 함께 일하게 되었
다.136)

대한농구협회가 고스폴을 기용하기 전에 검증 과정을 거친 이유

135) 이 내용은 2013년에 출간된 졸저 『아메리칸 바스켓볼』에 소상하게 실렸다.
136) 제프 고스폴 면담, 2010. 3. 20.

는 마콘을 기용했을 때 초기에 발생한 마찰과 관계가 있는 것으로 판단된다. 마콘은 부임 초기에 지나치게 맨투맨 디펜스를 강조하여 존 디펜스에 익숙한 국내 선수나 코치, 농구계 인사나 언론과 불편한 관계를 빚은 일이 있다. 예를 들어 『중앙일보』는 방콕아시아경기대회 전망 기사에서 "존으로 일관해 왔던 우리나라 농구가 이 대회부터 맨투맨으로 전환, 발전적인 계기를 얻었으나 이에는 파울이 많아지고 스태미나가 쉽게 소모된다는 결점이 필연적으로 뒤따르게 마련이다"라고 우려하고 있다.137) 조광식도 그의 저서에서 마콘이 대표선수를 '초심자' 취급했다고 썼다. 마콘이 한국 대표팀에 적용해 큰 성공을 거두고 훗날까지 영향을 남긴 매치 업 존도 이성구의 설득으로 생각을 바꾸어 지역방어의 필요성을 깨달은 결과 나왔다는 취지로 기술했다. 하지만 이는 최종규의 증언과 완전히 다르다.

마콘이 연세대학교 오비(OB)가 필리핀과 대만으로 원정을 가는데 따라가요. 그때 대표선수 절반이 연세대 출신이었으니까, 필리핀이나 대만 전력도 분석하고 그러려고 간 거지. 필리핀에서 일정을 다 마쳤는데 마콘이 우리 대표선수들을 자기 방으로 부르더라고 그래서 갔더니 자기 방 세면대에 얼음을 채우고 산 미겔 맥주를 재워 놓았더라고 우리가 다 모이자 맥주를 한 병씩 주면서 자기가 생각을 해보니 우리가 수비할 때 매치업 존을 해야 되겠다

---

137) 중앙일보, 1966. 11. 22.

이거야. 우리는 키가 작으니까, 골밑에서 밀리는 걸 보완하려면 매치업 존을 써야겠다는 거지. 이 매치업 존이란 건 우리로서는 처음 듣는 작전이었어요. 마콘이 처음으로 우리에게 가르친 건데, 그걸 우리는 은퇴해서 지도자가 된 다음에도 써먹었고, 지금도 실제 경기에서 사용되고 있지.[138]

여러 가지 정황에 비추어 볼 때 마콘은 부임 초기부터 한국 농구계 관계자들과 협회, 언론과 관계가 원만하지 않았던 듯하다. 뿐만 아니라 마콘의 개인적이고 사무적인 태도 역시 한국 선수들에게 부담스럽게 느껴졌던 것으로 보인다. 마콘은 공사를 분명히 구분했을 뿐 아니라 훈련이 끝나면 선수들과 특별한 커뮤니케이션을 취하지 않았던 것으로 보인다. 또한 미국 유수의 대학농구팀 출신으로 개인적인 능력이 출중했던 마콘의 입장에서 한국 남자대표팀 선수들의 기량이 흡족하지 않았을 수 있다. 이런 판단에 기초한 지도는 겉으로는 드러나지 않더라도 내면적으로 마찰의 소지가 다분하다. 마콘이 한국 대표팀의 코치를 그만두고 미국으로 돌아간 이래 현재까지 당시 한국 선수들과 이렇다 할 교류가 없고, 그의 연락처조차 아는 사람이 적다는 사실은 이 같은 점을 암시한다. 그의 후임자인 고스폴은 마콘에 의해 미국 농구의 맛을 본 한국의 엘리트 선수들을 지도해 경기력의 향상과 국제대회에서의 상위 입상이라는 목표를 실현해야 하는 사명을 안고 한국 대표팀의 코치로 부

---

138) 최종규 면담, 2012. 3. 21.

임하게 되었던 것이다.

두 달 동안의 적응기를 거
친 고스폴은 대한농구협회로
부터 1967년 8월 25일부터 9
월 5일까지 일본의 도쿄에서
열린 유니버시아드 대회에 감
독으로 출전하라는 지시를 받
았다. 아마도 대한농구협회는
두 달 동안 관찰한 결과 고스
폴을 신뢰할 수 있는 코치로
인정했다고 판단된다. 한국은

1967년 도쿄 유니버시아드에서 준우승한
한국 대표팀 선수들이 제프 고스폴을
헹가래치고 있다.

이 대회에서 일본·필리핀·벨기에·태국·홍콩·브라질에 승리하
고 미국에 져 은메달을 획득하였는데 우승후보였던 브라질에 거둔
승리는 의외의 결과였고, 고스폴도 이 승리에 큰 의미를 두었다.

유니버시아드에서 우리는 준우승을 함으로써 모두를 놀라게 했
다. 우리는 브라질을 꺾었는데, 모두가 놀랐다.[139)

또한 이 승리는 대한농구협회로 하여금 고스폴을 신임하게 만든
계기가 된 것으로 보인다. 왜냐하면 고스폴은 이 대회에 이어 같은

---

139) 제프 고스폴 면담, 2010. 3. 20.

해 9월 21일 서울의 장충체육관에서 개막한 아시아남자농구선수권대회에 코치로 참가하였는데, 이후 한국남자농구대표팀의 캐나다 및 미국 원정을 코치로서 인솔하고 1968년 멕시코올림픽을 끝으로 제대하여 미국으로 돌아갈 때까지 대표팀의 코치 자리를 계속해서 유지하였기 때문이다. 고스폴은 성격상 마콘과 상반된 인물이었던 것 같다.

마콘이란 사람이 고스폴하곤 성격이 다른게, 세밀하고 내성적이면서 정확성을 요구했어요. 고스폴은 달라요. 외향적이고 기술적인 면에서 정확도는 마콘보다는 낮았죠. 마콘은 하나하나 하면서 시키는 대로 안 했을 경우에 지적을 열 번이면 열 번 다 했죠. 근데 고스폴은 7~8개 정도는 하는데 두세 개는 넘어가는 그런 성격적인 면이 달랐어요. 마콘은 우리가 훈련하며 조심스럽고 선수 입장에서, 가르치는 사람이니까 받아들이는 입장에서 무서워하고 두려워하고 신경 써서 훈련한 건 마콘 때에요. 마콘은 뭘 시작하면 몸에 배게 될 때까지 시키는 거예요. 자기가 원하는 대로 안 가면 뭐 때리고 이러는 게 아니라 호되게 지적을 하고 다시 하라, 하라, 될 때까지 세밀하게… (아주 엄한 코치였군요?) 그래요.140)

내가 코치를 하면서 선수 가르칠 때 마콘, 고스폴한테 받은 훈련 스타일이 많이 참고가 됐어요. 코치가 원하는 걸 받아들이는 입장에서 대충하고 지나가는 건 안 되거든. 내가 느낀 대로 지도

---

140) 신동파 면담, 2010. 2. 25.

하는 데 도움이 됐어요. 그런 맥락에서 두 사람은 다른 거야. 내가 기업은행 코치를 하다 태평양으로 간 거거든. 나도 대충하는 선수 싫어했어요. 정확하게 끝까지…… 그렇게 하는 걸 좋아해. 내가 미국 코치를 통해 받았던 그거를…… 내가 대충하면 마콘한테 들키잖아…… 많은 도움이 됐네요. (마콘이 고스폴보다 인상적인가요?) 마콘이 더 섬세해. 요구하는 것도 그렇고. 마음은 고스폴이 훨씬 곱죠. 끝나고 피엑스에서 사가지고 와서 자기 집에서 아이스크림을 대접하고 마콘은 한 번도 그런 일 없었고, 깐깐했고요, 성격적으로……141)

고스폴의 지도를 받아본 선수들은 언제나 그를 코치이기 이전에 동료로서 받아들인 듯한 인상을 준다. 나는 우리 농구와 미국 농구의 교류 내지 접촉에 대해 조사하기 시작하면서 농구 인들로부터 고스폴의 이름을 자주 듣게 되었다. 노인이 다 된 농구인 들의 기억 속에 남아 있는 고스폴은 매우 유쾌한 사람이었다. 한국인인 내가 이름을 들었을 때 제프라는 발음은 찰리에 비해 강한 인상을 주기 쉬웠지만 농구 인들은 고스폴에 대해 말할 때 마치 친구에 대해 설명하는 것 같은 인상을 주었던 것이다. 마콘의 후임자인 고스폴은 농구 기술과 전술의 지도 못지않게 대표선수들은 물론 국내 농구인 들과의 인간관계에 주목하였던 것으로 보인다. 고스폴은 미국식 농구가 몸에 밴 코치였음에는 틀림없었지만 미국 농구 스타일

---

141) 신동파 면담, 2010. 2. 25.

을 한국 선수에게 적용하는 데 있어서는 상당한 융통성을 발휘하였다. 고스폴은 훈련 시간이 끝나면 선수들을 미 8군 장교식당으로 초청해 맥주도 마시고 식사도 함께 하였다.

고스폴은 훈련이 끝나면 체육관 가까운 데 있는 자신의 숙소로 우리를 불러서는 피자며 콜라 아이스크림을 자주 내놓았지요. 그 더운 여름에 훈련을 하고 나서 먹는 콜라니 아이스크림이 얼마나 맛있었겠어요? 고스폴이 그런 걸 잘했어요. 지금 생각하면 고스폴은 선진국에서 온 코치고, 우리는 못 사는 나라의 선수들이었던 거지요. 하지만 어떻게 생각을 하던 고스폴은 마음씨가 좋은 사람이었어요.

(중략)

우리가 고스폴의 지도를 받을 무렵 고스폴은 여자 친구인 비키와 연애 중이었어요. 비키는 자주 훈련장에 와서 우리가 훈련하는 모습을 보곤 했는데, 가방 같은 데 자주 먹을 것을 담아가지고 와서 우리에게 나누어주었죠. 우리는 훈련을 하다가 비키가 오면 오늘은 또 무엇을 가지고 왔을까 하고 기대했어요. 비키가 빈손으로 오는 날에는 "왜 오늘은 아무것도 안 가져왔지?"하고 의아하게 생각했어요. 142)

---

142) 조승연 면담, 2010. 8. 27.

한국농구 미국을 누비다

고스폴은 마콘이 파종(播種)한 농구 훈련 방식을 충실하게 계승하여 능률을 극대화하였고, 한국의 선수들과 좋은 인간관계를 맺어 대표팀의 결속력을 최고의 수준으로 고양(高揚)하였다. 특히 그가 주선해 캐나다-미국 서부-하와이를 거치며 수행한 전지훈련은 한국 남자농구 역사상 매우 큰 의미를 지닌다고 평가할 수 있다. 고스폴은 이 전지훈련을 통하여 한국의 농구 선수들이 일찍이 체험하지 못한 특별한 경험의 촉매가 되었던 것이다. 고스폴은 미군 당국의 협조를 구하여 이인표·신동파·김무현·김인건·유희형·박한·최종규·신현수·곽현채·김정훈 등 남자농구 대표선수 10명과 함께 캐나다와 미국 서부지역, 그리고 하와이를 원정하며 현지 팀들과 친선경기를 벌인 것이다.[143] 신동파는 이 원정에 대하여 비교적 자세한 기록을 남겼다. 그는 1974년 1~2월에 『일간스포츠』에 '농

---

[143] 동아일보, 1968. 2. 28. 4면.

구에 묻혀 15년'이라는 제목으로 회고록을 연재하였다. 이 가운데 21편과 22편에서 캐나다-미국 원정에 대하여 적었다. 다음은 신동파의 수기를 요약한 내용이다.

역사적인 미국원정에 나선 한국대표팀

1968년 4월 1일. 선수단은 새벽 여섯 시 쯤 김포공항에 도착하였다. 고스폴은 이때부터 미국행 군용기가 없는지 백방으로 알아보았다. 그러나 미국으로 가는 군용기는 없다고 했다. 미국에 다녀온다며 가족 친지와 작별하고 나온 선수들은 이러지도 저러지도 못하는 입장이 됐다. 선수들은 어떻게 해서든 미국에 가기로 했다. 낙담한 고스폴을 "일단 일본까지라도 가자."라며 설득하였다. 그러자 고스폴은 정신이 번쩍 들었는지 일본행 군용기를 수소문하기 시작하였다. 고스폴의 생각은 이랬다.

"일본까지만 가면 월남(베트남) 등지에서 오는 비행기를 타고 미국에 갈 수 있다."

선수들은 일본으로 가는 비행기에 몸을 싣기까지 열 시간이나 기다렸다. 간신히 비행기를 얻어 타고 도착한 곳은 도쿄 근교의 다치카와 공항. 선수들은 여기서 미국으로 가는 비행기를 얻어 타지 못하면 다시 서울로 돌아갈 작정이었다. 예상한 일이지만 미국으로 가는 비행기를 구하기는 쉽지 않았다. 고스폴이 이리 뛰고 저리 뛰는 동안 하루가 다 갔다. 선수들은 다치카와 공항 대기실에서 코트를 뒤집어쓰고 잠을 청했다. 고스폴이 새우잠을 자던 선수들을 흔들어 깨운 시간은 오전 두 시. 그는 "미국에 가는 비행기가 있다."라며 좋아했다. 고스폴의 설명에 의하면, "월남에서 온 수송기가 한 대 있는데, 네 명은 탈 수 있다."라는 것이었다. 선수단은 누군가 먼저 미국에 도착하면 나머지 사람들도 늦게나마 미국에 갈 수 있으리라는 데 의견이 일치했다. 그래서 먼저 출발한 사람은 조동재·김무현·곽현채·유희형 등이었다. 그들은 "미국에서 만나자."라며 먼저 떠났다. 나머지 선수들은 코트를 뒤집어쓰고 다시 새우잠을 청했다.

이튿날 아침까지도 미국행 비행기는 없었다. 선수들은 일본 비자가 없었기 때문에 밖에 나가지도 못하고 세수도 못한 채 공항 내 매점에서 빵을 사다 끼니를 때웠다. 오전 열한 시가 돼서야 미국으로 출발하는 비행기가 나왔다. 월남에서 본국으로 휴가를 가는 미군이 탄 비행기였다. 이번에는 다행히도 모두 탑승할 수 있었다. 비행기는 하와이를 거쳐 이튿날 오전 샌프란시스코에 선수들을 내려놓았다. 먼저 떠난 사람들이 반갑게 맞으리라 기대했던 선수들은 당황했다. 미군이 들끓는 그곳에서 동료를 발견하지 못한 것이다. 고스폴도 당황해서 수소문을 시작했다. 그 결과 놀랍게도 네 사람은 시애틀에 있다고 했다. 이틀 동안 세수도 못하고 잠도 설친 선수들은 거지꼴이 다 되어 기약도 없는 시애틀행 비행기를 기다렸다. 간신히 시애틀에서 재회한 선수단이 감격했음은 물론이다. 그들은 "다시는 헤어지지 말자."라며 부둥켜안고 기쁨을 나누었다.

선수단은 행색을 돌아볼 새도 없이 버스를 이용해 밴쿠버로 향했다. 만 3일이 걸린 길고도 괴로운 여정이었다. 선수들은 버스 안에서 곯아떨어졌다. 밴쿠버에 도착한 시간은 오후 세 시. 마중 나온 캐나다 농구협회의 임원들은 "왜 이렇게 늦었느냐."라고 물은 뒤 기가 막힌 이야기를 했다. 두 시간 뒤인 오후 다섯 시에 경기가 예정되어 있으며 이미 선전이 되어 있고 스케줄이 정해져 변경할 수도 없다는 것이었다. 신동파는 "체육관에 도착하니 관중이 꽉 차 있었다. 유니폼을 갈아입고 코트에 들어서니 귓속에서는 아직도 비행기 소음이 요란하고, 백보드가 빙빙 돌며 림이 두 개로 보였다. 경기를 하면서도 얼른 끝내고 잠을 자고 싶다는 생각뿐이었다."라고 적었다. 한국 남자농구의 역사적인 미국 원정은 이렇게 첫 걸음을 내디딘 것이다.

원정은 미국 서해안을 따라 남하하는 여정을 따랐다. 예산도 없이 원정에 나선 선수단의 고생은 이루 말할 수 없는 수준이었다.[144] 하루하루 먹고 잠자는 일을 걱정해야 할 판이었다. 대학과

---

144) 지금의 기준으로 보면 고행으로 점철된 여로였다. 미군의 군용기를 이용하겠다는 발상도 놀랍지만 예산도 없이 여로에 올랐던 것 같다. 신동파는 나에게 "무지 고생을 했지. (대한농구)협회에서 천 불 줬다는 거 아냐."라고 말한 적이 있다.

경기를 하면 그 대학 기숙사나 교수의 집에서 잤다. 그렇지 않으면 그곳 동포들의 집으로 흩어졌다.[145] 군 팀과 경기를 하면 영내 막사가 숙소로 제공되었다. 처음에는 낯선 미국 땅에서 뿔뿔이 흩어져 잠자리를 정하는 것이 무서웠다고 한다. 선수들은 대학 기숙사를 매우 불편하게 생각했다. 학생 여러 명이 사용하는 방에 빈 침대가 있으면 그곳에서 잠을 잤다. 현지 학생들은 낯선 한국 선수들을 만나면 호기심이 발동하여 이것저것 묻곤 하였다. 선수들은 이럴 때 곤란함을 느꼈다고 한다.

(신동파는 2013년 6월 12일에 나를 만났을 때 이 당시의 기억을 더듬어 몇 가지 에피소드를 더 설명해 주었다. 그는 "당시 대학교 교수의 집에서 묵을 때 '지게다리'가 A라는 것만이라도 아는 친구는(영어를 조금 하는 친구는) 한 명만 보내고 그렇지 못한 경우에는 두 명을 한 조로 짜서 보냈다. 한번은 나와 신현수가 같은 동네에 사는 두 교수 집에 나눠 묵었다. 내가 묵은 집 교수는 식구들을 모두 불러 일일이 소개하고, 앨범도 꺼내 설명하는 등 친절하게 굴었다. 하지만 나로서는 고역이었기 때문에 '피곤하다.'고 양해를 구했다. 나는 방에 들어가자마자 문을 걸어 잠그고 가슴을 쓸어내렸다. 누가 또 들어와서 이것저것 묻고 얘기를 하자고

---

145) 나는 이와 관련하여 유희형으로부터 씁쓸한 증언을 들은 적이 있다. 당시 대표팀은 대부분 연세대나 고려대 출신으로 이루어졌는데, 유희형은 고등학교를 졸업하고 대학에 진학하는 대신 실업팀으로 직행한 재능으로 충만한 유망선수였다. 로스앤젤레스에서 경기를 마친 선수들은 연세대와 고려대 동문들의 뜨거운 환영을 받았다. 만찬 모임이 끝난 뒤 동포들은 저마다 동문 선수를 집으로 초대했는데, 유희형은 아무도 초청하지 않았다. 그는 이때의 기억을 아프게 기억하는 듯했다. 유희형은 나중에 단국대를 졸업하고 한국체육대 대학원에 진학하여 석사와 박사학위를 받았다. 그의 박사논문 제목은 '21세기 한국인의 삶의 질 제고를 위한 생활체육정책의 발전 방향'이다. 남자 대표팀이 미국에 원정할 무렵 활동한 국가대표 선수 가운데 유희형과 방열이 나중에 박사학위를 받았다.

그럴까봐 두려웠던 것이다. 이튿날 아침 일찍 신현수와 만나 팀에 합류하기로 했으므로 그가 묵은 집 앞에서 기다렸다. 그러나 신현수는 집에 없었고, 나중에 그 집 뒤에 있는 작은 동산에서 걸어 내려왔다. 그는 그 집 안에 머무르는 시간이 어찌나 부담스러웠는지 보지 않는 틈에 집에서 나와 뒷산에 올라가 시간을 보냈다고 했다.")

인솔자인 고스폴은 한국 팀의 경기 결과에는 그다지 신경을 쓰는 것 같지 않았다. 그는 관중 수에 더 신경을 썼는데, 관중석이 만원이면 휘파람을 불며 좋아했다. 입장 수입이 늘면 선수단이 받는 개런티도 많아지기 때문이었다. 이럴 때 고스폴은 "좋아, 좋아. 사람 많아, 돈 많아."라며 서툰 한국말로 선수들을 웃기곤 하였다. 그러나 관중이 적으면 풀이 죽어 혼자 신경질을 냈다. 그는 이번에도 한국말로 "어떻게 해. 사람 적어 돈 적어."라며 불평했다.[146]

신동파의 꼼꼼한 기록과 같이, 대한농구협회가 발간한 『한국농구 100년』은 원정 선수단이 "미군 측에서 제공한 군용기를 이용하였고 미국 대학 기숙사 등에서 묵으며 캐나다와 미국 서해안에 있는 대학팀들과 12차례의 친선경기를 하고 하와이를 거쳐 귀국하였다."라고 기록하고 있다.[147] 미국 민간외교사절협회인 '피플 투 피플'의 서부지구 책임자 프랭크 월시가 스케줄을 작성했다고 기록한

---

146) 고스폴이 이토록 관중 수에 민감했던 이유는 개런티에 따라 선수단의 식단이 달라질 만큼 예산이 빠듯했기 때문이다. 신동파에 의하면 수입이 좋을 때는 식당에 가서 제대로 밥을 먹었지만 돈이 부족하면 햄버거로 끼니를 때우기도 했다는 것이다. 하루 두 끼만 먹은 적도 있다고 한다.
147) 대한농구협회, 2008: 152.

이 책은 한국 대표팀의 전적을 4승8패라고 기록하였다. 그러나 이 기록은 그 정확성을 신뢰하기 어려운 면이 없지 않다. 기본적으로 당시 원정에 참여했던 인사들의 기억이나 미국에서 발행된 간행물, 특히 고스폴의 기록과 일치하지 않는다.148) 예를 들어 김인건은 당시 전적을 5승 11패로 기억하였다.149) 고스폴이 2010년 3월 20일에 나에게 제공한 문서에 따르면 한국의

포트 루이스 아미 올스타(Ft. Lewis Army All Star)와 경기하는 한국 대표팀. 왼쪽에서 두 번째, 7번을 단 선수가 신동파다.

원정팀은 총 7승 9패를 기록하였다. 또한 미국 캘리포니아 샌디에이고 대학의 기록은 한국의 원정팀이 캐나다-미국 본토-하와이를 거치며 모두 스물두 경기를 하기로 계획되어 있다고 기록하였다.150) 샌디에이고 대학의 기록은 그 형식으로 미루어 볼 때 미리 입수한 문서 정보를 그대로 전달한 것으로 판단할 수 있다.

내가 조사한 바에 따르면, 이 원정에서 한국 남자농구 대표팀은

---

148) 심지어 유희형은 2008년 9월 22일 『점프볼』에 실린 인터뷰에서 "11경기 중 단 2경기만 이기고 9패를 기록하고 돌아왔지."라고 술회하였다.
149) 김인건 면담, 2010. 7. 2.
150) The History of UC SanDiego, 1968. 2. 16.

현지 팀과 열여섯 차례 이상 친선경기를 하였는데, 구체적인 횟수와 성적은 확정하기 어렵다. 당시 원정에 참가한 선수들의 기억이 모두 일치하지 않는 가운데 오직 인솔자인 고스폴만 '피플 투 피플 투어(people to people tour)'라고 기억하는 이 원정의 전적을 기록하여 남기고 있다.[151] 하지만 그 내용 가운데에도 정확한 점수 기록이 빠진 사례가 적지 않다. 또한 신동파는 김인건이나 고스폴의 기억과 달리 "우리는 미국에서 모두 열일곱 차례 경기를 가져 6승11패를 기록했다."라고 기억했다. 이런 점 비추어 볼 때 한국 원정팀이 수행한 친선경기의 횟수는 김인건의 기억과 고스폴의 기록이 일치하는 바와 같이 열여섯 경기였을 가능성이 크다.[152] 그러나 경기의 결과는 김인건이 기억하는 5승11패와 고스폴의 기록에 적시된 7승9패 가운데 어느 쪽이 더 정확한지 선뜻 판단하기 어렵다. 왜냐하면 고스폴도 몇몇 경기에 대해서는 정확하게 스코어를 기재하고 있지만 몇몇 경기는 단지 '이겼다' 또는 '졌다' 식으로 기록하는 데 머무르고 있기 때문이다.[153] 그러나 한국 팀의 코치이자 여행 일정과 세세한 환영행사에 대해서도 꼼꼼히 기록한 점을 고려할 때 대

---

151) 대한농구협회, 2008: 152.
152) 그렇다고는 해도 신동파가 기억하는 6승 11패라는 기록도 남겨 두어야 함은 물론이다. 한국 팀의 경기 가운데 상당수가 비공식 경기였고, 경기 기록을 협회에 보고하지 않아 국내에는 보도되지 않았다. 미국에 남아 있는 기록은 검색 결과 샌디에이고 대학신문에 보관된 한 경기 내용이 유일하다. 경기에 참가한 선수들도 대부분 자세히 기억하지 못했다.
153) 한국 원정팀이 상대했다는 미국 현지 팀의 명칭도 정식 팀이라고 보기 어려울 정도로 급조된 느낌을 주는 경우가 있다.

체로 고스폴의 기록과 기억이 정확할 것으로 유추해볼 수는 있다. 고스폴이 기록한 한국 원정팀의 전적은 다음과 같다.

Simon Fraser University (85-101 패, 83-85 패)

British Columbia University (84-92 패)

Western Washington State (패)

Eastern Washington State (패)

Central Washington State (패)

Ft. Lewis Army All Star Team (승)

St. Martin's College (패)

All Army Team (패)

Industrial league Asian All Star Team (2경기, 모두 승)

California Western (109-90 승)

University of California (97-86 승)

Pasadena College (77-83 패)

US Army All Star Team (2경기, 모두 승, 첫 경기 117-114 승)

한국 대표팀의 원정이 갖는 의미는 세 가지로 요약할 수 있다. 첫째, 한국의 남자농구팀이 미주 지역에서 현지 팀들과 본격적인 경기를 해본 최초의 경험이었다. 둘째, 이 경기들을 통하여 한국의 남자농구 선수들은 키가 큰 서양 팀을 상대로 어떻게 경기를 운영해야 하는지를 깨닫고 몸에 익힐 수 있는 계기를 얻게 되었다. 셋째, 농구의 본고장 문화를 체험함으로써 선진 농구 도입의 필요성을 절감하였고 국내 농구 발전의 방향과 질적 기준을 수립하는 계기가 되었다. 당시 고스폴의 지도를 받은 선수들은 이 원정의 추억을 또렷하게 간직하고 있으며 매우 중요한 의미를 부여하고 있기도 하다. 일례로 당시 원정에 참여한 유희형은 "우리 농구가 근본적으로 달라졌다. 단언하건대 이때의 경험이 훗날 아시아를 제패하는 데 밑거름이 되었다."고 회고하였다.154) 또한 연세대와 한국은행을 거쳐 프로농구 대우 제우스와 삼보 엑서스의 감독을 역임한 최종규(2010년 현재 미국 거주)는 다음과 같이 증언하였다.

확 달라졌지. 전혀 다른 종류의 농구에 눈을 떴다고나 할까? 미국 아이들이 팔다리가 길고 키가 원체 크잖우. 처음에는 우리 농구가 안 되는 거야. 안전하다고 생각을 하고 패스를 해도 다 걸리니까. 몇 번 커트를 당하고 골 먹고 그러다 보니까 자신감도 떨어지고 할 줄 아는 것도 못 하는 거야. 그러나 자꾸 경기를 하면서 느낌이 오고, 미국 아이들의 타이밍이 어떻다는 걸 알겠더라고 나중에는 우리도 좋은 경기를 했어요. 키 큰 선수들이라고 해서 약점이 없지는 않구나. 이런 걸 많이 하면 쟤들도 어려워하는구나. 이런 걸 알게 되었지. 한마디로 우물 안을 벗어나서 (농구를 보고 느끼는)눈이 뜨인 셈이에요.155)

신동파도 이들과 크게 다르지 않다. 그는 "우리는 이 동안 장신

---

154) 유희형 면담, 2010. 3. 4.
155) 최종규 면담, 2010. 11. 29.

에 대한 대비책을 익혔다. 특히 장신의 리바운드 독점을 저지하기 위한 박스·아웃(Box Out) 전법과 장신을 뚫는 공격법을 익혔는데 이 뒤에 맞는 멕시코시티 올림픽, 1970년 유고 세계농구선수권대회 등에서 우리가 장신과 어깨를 겨루고 싸울 수 있는 실력은 이때 갖추어진 것이라고 해도 과언이 아니다."라고 강조하였다.156)

---

156) 신동파 면담, 2012. 5. 11.

신동파의, 신동파를 위한,
신동파에 의한 농구

신동파 찾기

신동파가 경기하는 모습을 구체적으로 기억하는 사람이라면 1960년대에 농구 경기 관전을 즐긴 드문 팬일 것이다. 앞서 언급한 바와 같이 당시는 라디오의 시대였고, 텔레비전에서는 농구 중계를 해주던 시절이 아니었다. 농구 경기장에 가지 않고도 신동파를 비롯한 선수들의 경기를 보았다면 필시 극장에서였을 것이다. 그 시절 극장에 가면 객석에 불이 꺼진 다음 제일 먼저 조악한 사진과 글귀로 화면을 채운 슬라이드를 이용해 광고를 보여줬다. 대개 동네 양복점이나 목욕탕, 개소주를 내리거나 보약을 짓는 한의원 같은 곳이 등장했다. 본격적인 영화 감상은 모두가 자리에서 일어나 애국가를 듣는 엄숙한 절차를 거친 다음에야 시작됐다. 황지우 시인이 쓴 시 '새들도 세상을 뜨는구나'는 이때의 이야기를 한다.

영화가 시작하기 전에 우리는
일제히 일어나 애국가를 경청한다
삼천리 화려 강산의
을숙도에서 일정한 군(群)을 이루며
갈대 숲을 이룩하는 흰 새떼들이
자기들끼리 끼룩거리면서
자기들끼리 낄낄대면서
일렬 이열 삼렬 횡대로 자기들의 세상을
이 세상에서 떼어 메고
이 세상 밖 어디론가 날아간다.
우리도 우리들끼리
낄낄대면서
깔쭉대면서
우리의 대열을 이루며
한 세상 떼어 메고
이 세상 밖 어디론가 날아갔으면
하는데 대한 사람 대한으로
길이 보전하세로
각각 자기 자리에 앉는다
주저 앉는다

을숙도에서 새떼가 날아오르는 장관과 더불어 애국가의 선율이 절정을 이루었다 잦아든 다음 우리는 나라가 어떻게 돌아가는지, 나라 밖에 무슨 일이 있었는지, 대통령 각하께서 국가를 위해 얼마나 헌신적으로 일하고 있는지 확인할 기회를 제공받았다. 흑백의 화면 속에서 때로는 아득한 그리움으로, 때로는 뭔지 모를 두려움으로 정수리를 타고 내리던 '대한뉴스'다. 경기장에 가서 농구 경기를 보지 않은 사람이 신동파의 현역 시절 모습을 기억한다면 십상팔구 흑백일 것이며, 비가 내리듯 흰 줄이 위 아래로 죽죽 쳐진 바로 그 『대한뉴스』를 통해서 머릿속에 새긴 그림이었을 것이다. 어쩌면 나도 한 번쯤은 새서울극장이나 면목극장 같은 곳에서 신동파가 뛰는 모습을 보았을지 모른다. 다만 기억의 스크린에 남아 있지 않아 떠올릴 수 없을 뿐. 연구자가 되어 가까운 과거의 우리 스포츠와 체육을 연구하게 된 지금, 그리고 신동파에 대해 책을 쓰고 있는 지금에 와서 생각하노라니 비가 죽죽 내리는 그 흑백 화면이라도 좀 더 많았으면 싶다. 정말이지 신동파에 대해 알 수 있는 동영상 자료는 귀한 것이다. 신동파를 실제적이고도 구체적으로 연구하기 위하여 사용할 수 있는 분석 방법은 동영상과 사진 등을 활용한 분석, 동영상 및 언론 보도, 책자와 증언을 통해 정리해 낼 수 있는 경기 내용 분석 등으로 나눌 수 있다. 이 중 개인 기술을 분석하는 데 있어서는 동영상에 나타나는 신동파의 동작을 분석하여 그 특징과 장점을 추출해 내는 방법이 가장 유용할 것이다. 그가 전성기를 구가할 때의 경기 기술과 내용을 추출해 내는 일은 빠뜨릴 수 없는 과정이다. 또한 실제 경기에서 나타나는 신동파의 전술적인 활동은 동영상은 물론 당시의 신문 보도, 신동파 자신과 당대에 함께 활약했던 농구인들의 기억 등을 종합하여 기록과 기억 사이의 심연을 메워가는 조소(塑造) 작업이 긴요하다. 다만 이를 위해 다양한 표본 군을 추출할 수 있는 다수의 동영상이 확보되어야 한다는 전제가 따른다.

신동파가 존재가치를 드러내고 확인하는 한편, 슈터 중심의 경기 운영이라는 전통을 확립하게 만든 특출한 슛 능력에 대한 분석과 확인 없이는 신동파에 대한 어떠한 연구나 조사도 그 결과가 얕은 수준의 기술(記述)에 머무를 수밖에 없다. 하지만 불행히도 자료의 질과 양은 매우 열악한 수준이며, 이와 같은 사정은 국내·국외를 막론하고 비슷한 상황이라고 판단된다. 국내에는 정부기록물인 '대한뉴스'를 제외하면 사실상 공식 동영상 자료가 없다고 볼 수 있다. 국외에는 일본이나 대만, 필리핀 등지에 1960~1970년대 남자농구 경기 자료가 잔존할 것으로 기대할 수 있으나 그 존재 유무는 2014년 6월 현재까지 확인되지 않고 있다. 따라서 신동파가 출전한 경기의 전 시간을 분석할 수 있는 동영상 자료는 대단히 희박하다. 다행히 신동파 본인의 소장 자료 가운데 1980년대 KBS를 통하여 방영된 것으로 보이는 약 5분 분량의 경기 동영상이 있다. 이 동영상은 1971년 아시아남자농구선수권대회에서 한국 팀이 대만과 벌인 결승리그 경기 장면으로서 신동파의 다양한 슛 기술이 다채롭게 드러난 귀중한 자료이나 그 출처나 입수처는 KBS에서도 확인하지 못하고 있다. 이와 함께 1969년 12월 6일자로 보도된 '축구, 농구 아시아의 패권'이라는 제목의 『대한뉴스』 보도 화면에서 신동파의 정면 점프슛 동작을 볼 수 있다. 또한 2013년에 내가 일본의 지인들을 통하여 운 좋게 입수한 동영상 자료가 한 점 있다.[157] 그런데 이러한 동영상 자료를 분석하는 데는 몇 가지 제한점과 한계가 있다. 첫째, 짧은 동영상 자료를 다각도로 분석한 결과를 근거로 수치화하였으므로 표본수가 부족하며, 따라서 표본수가 충분할 경우에 비해 오차범위가 넓을 수 있다. 둘째, 동영상 자료가 신동파의 전형적인 슛 자세를 모두 반영하고 있다고 보기 어려우며 과학적인 유추에 의존해야 할 필요가 있다. 그럼에도 불구하고 신동파의 현역 시절 경기 모습에 대한 운동역학적 접근은 그가 남긴 탁월한 기록과 본인 또는 주변 인물의 기억을 재구성한 문헌과 일련의 구술을 통하여 의미 있는 수준에서 검토와 분석이 가능하다. 따라서 제한적인 범위를 뛰어넘는 의미 부여는 가능할 것으로 본다.

분석 자료로 채택할 수 있는 동영상은 세 개(현실적으로는 두 개)다. 각각의 동영상을 '동영상 A', '동영상 B' 및 '동영상 C'라고 명명하겠다. '동영상 A'는 1980년대 후반 한국방송(KBS)을 통하여 방영된 것으로 추정되는 약 5분 분량의 경기 동영상이며 '동영상 B'는 1969년 12월 6일자로 보도된 '축구, 농구 아시아의 패권'이라는 제목의 『대한뉴스』이다. 두 동영상 모두 신동파가 개인적으로 소장하

---

157) 그러나 이 동영상은 이 책을 쓰는 시점까지 검토와 확인이 끝나지 않아 내용을 세세히 설명하기 어렵다.

고 있으며 소재지는 서울시 방이동에 있는 신동파의 자택이다. KBS에서 방송한 동영상은 1971년 일본의 도쿄 시내에 있는 요요기경기장에서 열린 제 7회 ABC에서 한국 남자농구대표팀이 중국(대만)을 상대로 한 결승리그 경기의 일부분이다. 이 경기는 두 차례 연장전까지 가는 접전이었으며, 한국은 93-84로 승리하였다. 동영상 자료는 연장 경기 내용을 담고 있다. 신동파는 경기가 끝날 때까지 코트를 지키며 32득점을 기록하였다. 이 동영상은 점프 슛과 레이업슛 등 신동파의 다양한 슛 기술이 드러난 귀중한 자료임에도 불구하고 KBS에서도 2013년 3월 현재까지 출처나 입수 경로가 확인되지 않았다. 신동파 역시 이 동영상의 존재를 몰랐거나 잊고 있다가 2012년 5월 11일 연구자와 함께 자택에 소장한 해묵은 자료를 모두 꺼내어 검토하는 과정에서 발견하게 되었다. 동영상은 120분 길이의 가정용 비디오테이프에 녹화되었고, 손으로 쓴 식별지가 붙어 있다. 식별지에는 '아빠의 선수 시절(중국과의 시합)'이라고 씌어 있다. 신동파의 아내나 자녀 중 한 사람이 녹화하였을 가능성이 크다. '동영상 B'는 극장용 필름으로 제작된『대한뉴스』의 보도 화면이다. '동영상 B' 역시 신동파가 소장했으나 국가기록원에서도 열람할 수 있는 자료이다. 동영상은 30분 길이의 가정용 비디오테이프에 녹화되어 있으며 손으로 쓴 식별지가 붙어 있다. 식별지에는 '신동파 감독 자료 1969. 5회 ABC대회 對(약자) 비율빈(대한뉴스)'이라고 씌어 있다. '동영상 B'는 1969년 태국의 방콕에서 열린 아시아남자농구선수권대회에서 한국 팀이 필리핀 팀과 경기하는 장면의 일부를 담고 있으나 뉴스를 위해 촬영된 동영상이어서 경기의 내용을 상세하게 알기는 어렵다. 그러나 자유투 선상 부근에서 이루어진 신동파의 정면 점프슛 동작을 매우 명확하게 보여주고 있어 분석 자료로서 가치를 지녔다고 본다. '동영상 C'는 현재로서는 유일하게 신동파가 포함된 한국 남자농구 대표팀의 한 경기 내용을 온전히 담고 있다.

연속사진으로 포착한 신동파의 슛동작. 맨 오른쪽은 사진

점프 슛의 결과를 결정하는 중요 요인은 점프동작과 공을 투사하는 기술이다. 점프동작은 점프 슛을 위한 준비동작으로 공을 투사하기 위한 추진력을 얻는 동작이다. 점프동작은 신체 무게중심의 위치 변화와 공중에서의 신체 균형 등과 같은 변인에 의해 공의 투사가 결정된다고 할 수 있다.[158] 공을 투사하는 기술은 공의 궤적

---

158) 김형수 · 박제영, 1999: 465.

으로 결정하는 초기위치, 투사속도, 투사각도, 투사시기 등의 요소에 의해 결정된다. 브란카소니(Brancazoni, 1984)는 공을 날려 보내는 릴리즈 때의 각도는 45~50도 사이가 좋다고 분석하였다. 투사시기에 대하여 브란카소니, 매컬리(Macauley, 1971), 마틴(Martin, 1981), 셔먼(Sharman, 1965), 쿠지(Cousy, 1970) 등은 점프가 정점에 이르렀을 때 슛하는 것이 좋다고 주장하였다. 하틀리(Hartley, 1971)는 몇몇 선수들은 점프할 때 파워를 얻기 위해 점프의 정점에 도달하기 직전에 슛을 하기도 한다고 보고하였다[159]. 나는 이와 같은 기술요소를 전제로 신동파의 슛 동작을 검토하는 한편, 동영상 자료에 나타난 신동파의 슛 동작을 복수로 녹화하여 프로와 아마추어 각 부문에서 지도자로 활동하는 전문가들에게 분석을 의뢰하였다. 또한 이들의 검토 결과 뿐 아니라 신동파와 동시대에 활동한 농구인들의 기억 및 증언을 집약하였다. 동영상 자료는 맥락의 이해를 돕기 위하여 슛 동작만으로 분절하지 않고 경기 흐름 속에서 관찰할 수 있도록 하였다. 이 작업에 직·간접으로 협조한 현장 지도자는 유재학·추일승·김동광·이문규·허재·강동희·이민현·최명룡 등이며, 신동파와 동시대에 활동한 인물은 김영기·김인건·하의건·최종규·이인표·방열·김무현 등이다. 특히 '동영상A'에 주목하여 신동파의 슛 기술과 경기력을 분석한 내용은 다음과 같다. 첫째, 신동파는 가장 높은 지점에서 공을 릴리즈하는 점프 슛의 장점을 극

---

159) 김형수, 2001: 331.

대화하였다. 둘째, 일관된 동작 수행이 가능한 안정적인 점프 기술을 구사하였다. 셋째, 현재 사용되는 슛 기술과 근본적으로 차이가 없다. <그림>의 연속사진은 '동영상A'에서 분리한 것으로, 공을 받아 점프하는 과정을 보여준다. 맨 오른쪽 사진은 점프의 정점에서 막 공을 날려 보내기 직전의 모습이다. 넷째, 현재 활동 중인 선수들과 비교해도 작지 않은 키를 이용하여 골밑 득점도 가능할 정도로 다채로운 기술을 개발해 활용하였다. 골밑 득점이나 드리블을 위한 발놀림과 회전 동작은 비교적 낮은 중심에서 이루어졌으며, 그 결과 수비 선수의 방해를 적게 받고 실수할 가능성을 줄일 수 있었을 것이다.

동파스 플레이와 G1, G2

신동파가 활약하던 시대의 지도자들은 그의 탁월한 슛 기술을 팀의 제 1 득점 수단으로 간주하고 팀의 경기력을 신동파 위주로 집약하기 위해 노력하였다. 이 같은 노력은 특히 국가대표팀 수준에서 높은 완성도를 보였고, 이 과정에서 이룩된 한국 남자농구의 성취는 국내 농구계에 강하고도 지속적인 영향을 미쳐 '슈터 위주의 공격 전술' 운용이라는 전통의 수립을 유도하였다. 이러한 전통은 골밑 선수(센터나 파워포워드)를 활용하여 공격에 따른 성공의 확률이 높은 골밑 공격을 기본으로 삼는 현대 농구의 일반적인 흐름을 벗어나는 독특한 경우로 간주할 수 있다. 이러한 경기 방식은 특히 자유중국(대만)이 아시아 무대에서 물러나고 1974년 중국이 등장하여 큰 키를 이용한 골밑 농구로 아시아를 평정하던 시기에 한국 농구가 중국과 정상을 다툴 수 있는 유일한 대항마로 기능할 수 있게 했다는 평가도 가능하다. 그러한 근거는 한국이 중국이 등장한 이후 열린 ABC에서 한 차례(1997년), 아시아경기대회에서 두 차례(1982년, 2002년) 등 중국을 제외하고는 가장 자주 우승한 팀이라는 기록에서도 찾아볼 수 있다.

신동파를 중심으로 한 공격 전술의 수립에 있어 확인 가능한 근거는 마콘과 고스폴 등 미국인 코치의 진술과, 같은 시대에 대표선수로 활약한 농구인들의 증언을 들 수 있다. 특히 마콘은 득점력이 높은 신동파의 슛 기술을 최대한 활용하기 위하여 '동파스 플레이(Dongpa's play)'라는 공격 작전을 개발해 냈다. 마콘은 "신동파를 활용하는 것이 공격에서는 최선의 옵션이었다."라고 회고하였다.160) 마콘의 '동파스 플레이'는 'G1' 또는 'G2'라는 부분전술로 집약된다. 신동파에게 안전하고 보다 완전한 슛 기회를 제공하기 위하여 동료 선수들이 상대 팀의 수비를 기만하고 스크린 등의 기술을 이용하여 정당하게 진로를 막는 내용이었다. 신동파는 "많은 선수가 (수비 선수를 가로막는) 스크린을 해서 나로 하여금 슛을 던지게 하는 작전이었다. 나의 능력을 알아준다는 점에서 고맙게 느꼈다."라고 회고했다.161) 최종규는 "신동파에게 슛 기회를 만들어 주기 위해 나머지 네 명의 선수가 모두 희생했다. 그렇지만 그 공격 방법이 성공확률이 매우 높았기 때문에 타당하다고 생각하였고 불만을 표현하는 선수는 없었다."라고 술회하였다.162) 이 전술은 마콘

160) 찰리 마콘 이메일 인터뷰, 2010. 5. 6.
161) 신동파 면담, 2010. 2. 25.
162) 최종규 면담, 2012. 3. 21.

과 고스폴이 임무를 마치고 미국으로 돌아간 뒤에도 한국 남자농구 대표팀에서 즐겨 사용되었고, 한국 남자농구가 아시아 정상에 오르는 데 주요한 무기로 활용되었다. 신동파는 'G1'이 특히 1969년 필리핀과 우승을 다툰 제5회 ABC에서 집중적으로 사용되었으며, 매우 효과적이었다고 구술하였다. 이 해 11월 18일부터 29일까지 방콕에서 열린 대회에서 한국은 필리핀을 꺾고 처음으로 이 대회에서 우승을 차지하였다.

우리는 이 게임에서 G1이라는 공격전법을 처음 시도했는데 이 작전은 꽤 주효하여 후반에 우리가 승세를 굳히는 원동력이 되었다. G1이라는 것은 특별한 의미가 있는 것이 아니고 우리가 사용하는 암호에 불과한 것이다. 이 작전은 스타플레이어를 위주로 득점하는 작전이다. 우리는 공격할 때 패스와 스크린을 거쳐 상대방의 수비를 교란시킨 다음 내가 후리·스로·에어리어에 들어가면 최종적으로 이인표(李仁杓) 선배가 나에게 패스, 내가 점프·슛을 쏘았다. 그런데 이 작전은 원숙한 패스와 센스가 필요하기 때문에 어느 팀이나 할 수 있는 것은 아니다. 당시 주전인 김영일(金永一), 이인표, 김인건(金仁健) 선배 등은 훌륭한 개인기와 폭넓은 게임 시야로 이 작전을 성공시킨 주역들이다. 나의 득점은 모두 이들 선배의 어시스트에 의한 것이었다는 것을 분명히 해둔다.

이 작전을 처음 시도했을 때는 후반 7분께였는데 이때 우리는 61-59로 리드당하고 있었다. 나는 이인표 선배의 패스를 받아 첫 골을 성공시켜 61-61 타이를 만들었다. 이 뒤 우리는 이 작전을 계속 써서 나는 연속 9골을 성공시켜 전세는 완전히 역전되었다. 우리가 후반 10분께 5골을 리드한 것이다. 이렇게 되어 필리핀의 기세는 완전히 꺾였다. 163)

<그림>은 신동파가 회고록에서 진술한 G1의 다이어그램이다. 먼저, 공격형 가드 유희형 또는 김무현이 포워드 (주로 이인표)에게 패스할 때 톱 가드(김인건)는 공격형 가드와 함께 더블 컷을 한다. 중요한 점은 김인건이 먼저 컷하고 이

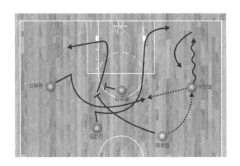

신동파가 그린 G1(또는 G2)

어서 유희형 또는 김무현이 컷하는데, 이 때 포스트에 있는 센터(김영일 또는 박한·최종규)는 유희형이나 김무현과 함께 왼쪽 사이드에 있는 신동파를 위해 겹 스크린을 한다. 신동파는 이를 이용해 자유투 라인 부근으로 진출한 다음 이인표로부터 공을 받아 점프슛하거나 골밑으로 파고들어 레이업슛 등으로 마무리한다. 두 가드의 컷은 상대 팀 수비수들을 교란하기 위한 움직임이고, 최종 목적은 신동파에게 득점 기회를 제공하는 데 있다. 그런데 신동파가 회고한 내용은 2012년 12월 21일 서울 올림픽파크텔에서 구술 녹음에

---

163) 일간스포츠. 1974. 2. 2. 3면.

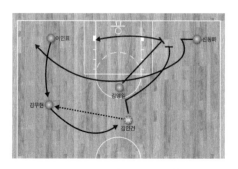

최종규가 그린 '동파스 플레이'

응한 그가 "G1은 생각이 나지 않고 G2만 기억한다."라며 그린 다이어그램과 대부분의 내용이 일치한다. 이 부분은 회고록 작성 당시의 기억이 선명할 것으로 유추할 수 있다. 따라서 2012년에 그린 신동파의 G2다이어그램은 G1의 착각일 것으로 보인다. 그렇다면 G2는 무엇인가에 대한 의문이 발생한다. 사실 두 전술은 형태상 변주(變奏)임을 추측할 수 있을 뿐 근본적인 차이는 없다고 본다. 다양한 스크린을 통하여 신동파가 안전하게 슛을 던질 수 있도록 하는 것이 목적이라는 점에서 근본적으로 같은 전술이었다고 볼 수도 있다. <그림>은 최종규가 그린 마콘의 전형적인 '동파스 플레이(Dongpa's play)' 다이어그램인데, 최종규는 이 다이어그램을 G1 또는 G2라고 정확하게 지칭하지는 않고 "G1, G2라는 게 결국 이런 움직임이다."라며 그림을 곁들여 설명하였다. 이렇듯이 G1과 G2에 대한 설명은 오랜 시간이 지났기 때문인지 증언자마다 다소 차이가 있다. '동파스 플레이'를 마콘이 개발한 것은 확실하지만, 이 전술이 G1, G2와 어떤 관계가 있는지, '동파스 플레이'가 G1이나 G2 중에 하나인지, 아니면 '동파스 플레이'에서 G1, G2로 변형됐는지 단언하기 어렵다. G1, G2가 '동파스 플레이'와는 완전히 다른 전술이라면 이를 개발한 인물이 누구인지에 대해 정설을 확인하기도 어렵다. 당대에 활약한 주요 대표선수들도 정확하게 기억하지 못하고 있기 때문이다. 다만 신동파를 활용하여 공격의 성공률을 극대화해야 한다는 인식에는 찰리 마콘이나 제프 고스폴, 훗날 대표팀의 코치를 맡는 김영기도 이론이 없었던 듯하다. 나중에 김영기는 2008년 10월 15일 월간 『점프볼』과 인터뷰를 하면서 "공격에서는 'G2'라고 내가 만든 전법인데, 지금도 농구를 보다 보면 자주 나오더라고 'G2'는 예전에 첩보 TV 연속극 제목이었는데, 갖다 붙인 거지. 시대가 지나도 변화가 없이 일반화되어 있더라고"라고 말함으로써 이 공격 방법을 자신이 개발했다는 취지의 발언을 하였다. 어찌됐든 '동파스 플레이'와 G1, G2내용은 근본적으로 같은 주제를 가지고 있는데, 전술적인 움직임과 스크린에 의한 신동파의 득점 기회 창출이다.

한국 남자농구, 최초로 아시아를 제패하다!

　1969년, 한국 남자농구는 역사적인 순간을 맞는다. 당시 아시아 제일의 테크닉을 구사하던 필리핀이 지배하던 판도를 허물고 처음으로 정상에 오른 것이다. 한국은 1969년 아시아남자농구선수권대회 마지막 경기에서 신동파가 50득점을 기록하는 눈부신 활약을 하면서 필리핀을 제압하고 광복 후 처음으로 아시아를 제패했다. 이때의 놀라운 활약으로 필리핀에서는 신격화와 다름없는 숭배의 대상으로 각인되었다. 이듬해 방콕 아시안게임에서 다시 우승해 한국은 비로소 아시아 남자농구의 강호로 자리 굳힌다. 두 차례의 우승은 한국의 농구인들에게 아시아 정상 국가로서의 정체성을 내면화하는 동기를 제공하였고 중국의 등장164) 이후 우승이 어려워진

---

164) 중화인민공화국(中華人民共和國)을 말한다. 한국은 1992년 8월 24일 중국과 적대관계를 청산하고 국교를 정상화하기 전까지 중공(中共)이라고 불렀다. 이 무렵 한국인에게 중국은 자유중국(自由中國; 中華民國), 즉 대만(臺灣)을 뜻했다. 1958년 국제올림픽위원회(IOC)에서 탈퇴하면서 국제무대에서 자취를 감추었던 중

상황에서도 정상을 탈환해야 한다는 치열한 의지와 목적의식을 견지할 수 있는 동인(動因)이 되었다. 이러한 의미는 훗날에 구체적으로 정립되지만 당대에도 적잖이 감동했던 것 같다.

『동아일보』는 1969년 12월 1일자 1면 중단에 신동파가 점프숏하는 사진과 함께 한국 남자농구 대표팀의 우승 기사를 게재하였다. 이 기사를 통하여

동아일보 1969년 12월 1일자 1면

당시 아시아남자농구선수권대회의 위상과 더불어 한국 사회가 얼마나 국제 스포츠 대회 입상을 희구했으며 거기에 가치를 부여했는지도 미루어 짐작할 수 있다. '한국 농구도 아주 제패(아주 제패)'라는 제목을 붙인 『동아일보』는 'ABC 비(比)를 96 대 86 격파(擊破)'라는 작은 제목과 '내년 세계대회 출전 자격'이라는 중간 제목을 넣었다. 상세한 기사 내용은 다음과 같다.

국은 1971년 일본에서 열린 세계탁구선수권대회에 선수단을 파견하면서 국제 스포츠 무대에 다시 등장했다. 아시아 무대에 본격적으로 모습을 보이기 시작한 시기는 1974년 테헤란 아시안게임이었다. 중국은 270명에 이르는 대규모 선수단을 파견하였다. 이보다 앞선 1973년 아시안게임 집행위원회는 자유중국의 축출을 결의하였다.

한국대표농구팀은 29일 방콕에서 거행된 제5회 아시아 농구선수권대회 최종일 경기에서 선수권자인 필리핀을 96대86으로 완파, 60년 농구사상 처음으로 아시아의 패자로 군림했다. 이로써 한국대표농구팀은 아시아연맹의 결의에 따라 70년 유고에서 거행되는 세계농구선수권대회 아시아 지역 대표로 참가할 자격을 얻는 데 성공했다.

한국팀은 거친 필리핀의 플레이 매너 때문에 후반초까지 고전을 면치 못했으나 신동파의 슛이 계속 호조를 보임으로써 리드를 잡기 시작, 6명의 필리핀 베스트를 5반칙 퇴장시켜 추격권을 훨씬 벗어났다. 이 게임에서 신동파 선수는 단독으로 50포인트를 획득, 최고수훈선수로 각광을 받았다.

제5회 아시아농구선수권대회 종합순위는 다음과 같다.

▶ 우승＝한국 8전8승
▶ 준우승＝일본＝8전7승1패
▶ 3위＝필리핀 8전6승2패[165]

같은 날 『경향신문』은 8면 톱으로 승전보를 게재하였다. 제목은 '농구 60년 최고의 날', '신동파 혼자서 50점', '11번이나 타이, 전반은 동점'이었다. 이 기사는 경기의 줄거리를 알게 해주는 상보(詳報)인 셈인데 시간대별로 경기 상황을 알게 해주는 요즘의 보도 방식과는 달리 대체적인 흐름을 이해할 수 있을 정도의 정보만을 담고 있다. 앞서 소개한 『동아일보』의 보도와 마찬가지로 우리 스포

---

165) 동아일보. 1969. 12. 1. 1면.

츠 미디어의 당시 형태를 짐작하게 한다. 또한 『동아일보』와 『경향신문』이 나란히 '한국농구 60년 사상 첫 개가'로 보도하고 있는데, 당시 한국의 농구 도입 시기를 1909년으로 인식하고 있었던 것인지, 아니면 '반백년'이나 '반만년 역사'처럼 대강을 잡아 서술한 것인지 분명하지 않다.

한국 농구는 29일 대망의 아시아 정상을 정복했다. 한국은 이날 밤 방콕 국립 체육관에서 거행된 제5회 아시아 농구선수권대회 최종일 결승전에서 전후반에 걸쳐 열한 차례의 타이와 역전을 거듭한 접전 끝에 숙적 필리핀을 95-86으로 꺾고 8전 전승으로 우승함으로써 한국농구 60년사상 처음으로 아시아농구의 정상에 오른 것이다.

김영일 신동파 이인표 김인건 유희형 등 베스트 파이브를 초반부터 기용한 한국은 골게터 신동파가 철저히 마크를 당해 4분 만에 11대10으로 역전 당했으나 이인표의 다채로운 드라이브 인으로 돌파구를 뚫어 6분에 다시 리드를 잡고 신동파는 마크가 풀려짐으로써 줄곧 리드를 잡아오다 주전선수들의 많은 파울로 말미암아 필리핀의 속공을 허용, 전반전을 47-47 타이로 끝냈다.

후반전에 들어선 한국은 이인표의 드라이브인과 신동파 선수의 정확한 중거리 슛으로 일진일퇴의 시소게임을 벌여오다 63대61로 리드를 잡고부터 초조해진 필리핀 팀의 무리한 경기 운영과 주전선수 4명의 5반칙 퇴장으로 승세를 잡고 드디어 95대86으로 전년도 우승팀인 필리핀을 누르고 한국농구의 꿈을 이루고 말았다.

한국의 히어로 신동파 선수는 끈덕진 마크에도 불구하고 종횡무진 50점이라는 개인득점을 기록했다. 아시아농구의 정상에 오른 한국 농구선수들은 감격에 벅찬 눈물을 흘렸으며 한표욱 대사 등 응원 나온 교포들의 감격어린 환성이 경기장 내를 진동시켰다.166)

신동파는 회고록에서 1969년을 일컬어 "한국농구가 아시아의 정상을 정복했던 해"라고 썼다. 이 기억은 그의 일생을 통틀어 변하지 않는 가치로 간직되었다.

69년은 한국농구가 아시아의 정상을 정복했던 해이다. 이해 11월 18일부터 29일까지 방콕에서 제5회 아시아남자농구선수권대회가 열렸는데 한국이 숙적 필리핀을 꺾고 처음으로 우승한 것이다. 당시 코치는 김영기 선배였고 선수는 김영일, 이인표, 신현수, 유희형, 곽현채, 김인건, 박한, 최종규, 이자영, 조승연, 서상철 그리고 나였다.

이 해는 한국농구도 마찬가지였지만 나의 선수 생활도 피크에 올랐던 해였다. 이제까지의 한국농구는 공격위주로 수비가 약한 게 흠이었는데 이 대회를 계기로 공수의 밸런스를 유지하게 된 것이다. 다시 말하면 공격위주의 농구가 수비위주의 농구가 된 것인데 이것이 우리가 아시아의 정상을 정복하는 데 결정적인 역할을 했다. 이런 사실은 스코어상으로 봐도 알 수 있다. 우리는 대

---

166) 경향신문. 1969. 12. 1. 8면.

홍콩전을 1백12-38, 대 중국전을 96-69, 대 일본전을 75-66, 대 라오스전을 1백54-50으로 각각 이겼는데 우리의 실점이 많지 않은 것을 보면 우리의 수비가 얼마나 강화되었는지 잘 알 수 있는 것이다.

나는 66년 방콕 아시아경기대회 이후 아시아에서 개인득점 1위를 계속 마크하고 있었는데 이 대회에서는 이 사실을 더 확실히 해서 마치 내가 이 해를 위해서 농구를 시작한 것 같은 착각까지 느꼈다.167)

---

167) 일간스포츠. 1974. 2. 1. 3면.

세기의 대결, 축구 vs 농구 술내기

　이 대목에서 술 이야기를 빠뜨릴 수 없다. 1970년 방콕아시안게임이 끝난 다음 농구 대표팀과 축구 대표팀 선수들이 술 마시기 내기를 했다는 일화는 우리 스포츠의 전설로 남았다. 그러나 심판을 세우고 시간을 정해 모월 모시에 어디에서 경기를 하자는 식으로 정하지 않았으므로 말하자면 우리 스포츠 역사에 있어 야사(野史) 내지는 야담(野談)에 속한다. 그런 만큼 우리 스포츠계와 주당계 공통의 전설로 남은 이 회전(會戰)은 정설이 따로 없이 수많은 참가자와 목격자의 전언이 각기 다른 버전, 구체적으로는 당시 술내기에 참가했던 여러 사람의 기억이 파편처럼 흩어져 있다. 이 파편들을 퍼즐 조각처럼 맞추면 실제의 사정을 매우 가깝게 재현할 수 있을 것이다. 필자가 직접 만나 구술을 녹취한 신동파 외에도 김영기, 김인건, 유희형 등 당대의 뛰어난 인물들이 방콕에서 벌어진 술내기에 대한 기록을 여러 매체에 소개한 사례가 있다. 다음에 소개하는 내용은 필자가 2013년에 발간한 『아메리칸 바스켓볼』에 실린 내용과 상당 부분 겹친다. 그러나 술 얘기를 하려면 결코 지나칠 수 없는 내용이어서 여기 다시 싣는다.

김영기는 2004년 『중앙일보』에 회고록을 연재하면서 26일째 되던 날 '술 마시기 대회'라는 제목으로 한 회 분을 할애하였다. 7월 15일자에 게재된 이 글에서 그는 방콕 아시안게임 우승 뒤풀이 때 농구팀의 '술 선수'들이 축구팀 선수들에게 '완승(完勝)'했다고 기록하였다. 그 내용은 다음과 같다.

1970년 방콕 아시안게임 때 한국 농구선수들과 축구선수들 간에 있었던 '술 마시기 대회'는 30여 년이 지난 지금도 많은 사람의 입에 오르내린다. 그 사건(?)의 전말은 이렇다.

농구팀은 우승한 날 밤 장덕진 선수단장에게 인사를 갔다. 축구협회장을 겸하고 있던 장 단장은 "수고했다."며 선수들에게 금일봉을 줬다. 그런데 봉투엔 고작 300달러가 들어 있었다. 다음날 축구팀이 버마와 비겨 공동우승을 차지했다. 우리는 "족구(足球)는 반쪽 우승"이라고 놀려댔으나 정작 포상금은 우리보다 훨씬 많은 1인당 100달러였다는 사실을 알게 됐다. 기분이 찜찜했다.

농구팀은 폐막식을 마치고 호텔 앞 일본식당에서 조촐한 회식을 하고 있었다. 그때 축구선수들이 들어왔다. 자연스럽게 술을 한 잔씩 나눈 뒤 나는 한홍기 축구감독, 최은택 코치와 함께 호텔로 돌아왔다. 식당을 나서면서 선수들에게 적당히 마시라고 당부했다. 다음날 새벽 한국행 비행기를 타야했기 때문이다. 한 감독은 한국전쟁 때 축구화와 영어사전만 갖고 월남한 일화로 유명한 축구인이었다.

그런데 출국하는 날 아침 큰 소동이 일어났다. 농구선수들은 멀쩡하게 짐을 꾸려 모두 공항버스에 올랐으나, 몇 명의 축구선수가 보이지 않았던 것이다. 그들 중 일부는 숙소에서 자고 있었고, 어떤 선수는 화장실에서 잠들어 있었다. 힘들게 그들을 공항으로 옮겼으나 그 곳에서도 인사불성이었다. 원인을 알아보니 전날 일본식당에서 농구선수들과 축구선수들이 밤새도록 술 대결을 벌였기 때문이라는 것이었다.

포상금이 적어 심사가 뒤틀린 농구선수들이 술 대결을 제의했고, 축구선수들이 이에 응한 것이다. 두 팀은 일곱 명씩 '술 선수'를 뽑았다. 농구팀에선 김영일, 이인표, 신동파, 유희형, 김인건, 박한, 최종규가 나섰다. 축구팀에선 오인복, 김홍일, 이회택, 박이천, 정규풍, 최재모, 김호가 나왔다. 서로 테이블을 사이에 두고 마주 앉았다. 맥주를 상자 째 갖다 놓았다. 잔은 하나뿐이었다. 1대 1 대결을 벌였다. 한 명이 탈락하면 옆 사람이 대신 잔을 받아야 했다. 마지막 한 명이 남을 때까지 시합은 계속됐다. 쉴 새 없이 술잔이 오갔다. 순식간에 술병이 쌓였다.

두 시간쯤 지나 자정을 넘어서자 축구팀에서 탈락자가 나오기 시작했다. 술잔을 받아 마시자마자 토하거나 화장실 변기 앞에 쓰러져 코를 고는 사람도 있었다. 자리에서 소변을 보는 사람도 생겼다. 급기야 최재모 혼자 일곱 명의 술잔을 받아야 하는 불상사가 발생했다. 그도 끝내 무릎을 꿇었다. 농구팀은 한 명의 낙오자도 없이 남은 술병을 깨끗이 비우고 숙소로 돌아왔다.

이 사실은 귀국 비행기 안에서 화제가 됐고, 농구선수들의 술 실력은 한국 스포츠 야사의 한 페이지를 장식했다. 운동선수들은 술을 즐겨 마시는 편이지만 농구선수들의 음주는 유별났다. 키가 큰 만큼 장도 길어서 그럴까?[168]

김영기의 회고는 당시의 분위기를 잘 알려준다. 그런데 몇 가지 점에서 사실과 다르거나 확인이 필요하다. 예를 들어 1970년 방콕 아시안게임에서 농구와 축구경기의 금메달을 결정하는 경기는 같은 날 열렸다. 1970년 12월 20일. 다만 농구 결승리그 마지막 경기가 먼저 열려 한국이 이스라엘을 81-67로 크게 이기고 우승했다. 한국은 이스라엘과 4승1패로 동률을 이루었지만 승자승 원칙에 따라 우승했다. 축구 결승은 대회를 장식하는 마지막 이벤트였고 한국은 버마와 연장까지 가는 접전 끝에 0-0으로 비겨 공동 우승했다. 술내기의 방식에 대해서도 다른 증언과 일치하지 않는 부분이 있다. 김영기는 지도자로서 방콕 아시안게임에 참가했으므로 선수들의 술자리에서 벌어진 일을 직접 보지 못하고 전해 들었을 것이다. 따라서 술내기 방식에 대해서는 참가한 인물들의 증언이 훨씬 더 정확할 것으로 판단한다. 예를 들어 당시 농구 대표팀의 '선수'로 출전한 김인건은 농구 선수들이 숙소 근처에서 술을 마시고 있는데 축구 선수들이 뒤늦게 합류해 어울렸고, 시간이 지나고 보니

---

168) 중앙일보. 2004. 7. 15. http://article.joins.com/news/article/article.asp?ctg=12&Total_ID=363094[accessed 30. June. 2014]

농구 선수들만 남아 계속 술을 마시고 있었다고 회고하였다. 2009년 7월 13일자 『스포츠조선』의 인터넷 판(版)에는 이 내용이 비교적 자세히 실렸다. 정리하면 다음과 같다.

1970년 12월 태국 수도 방콕에서 열린 제6회 아시안게임에 출전한 한국 선수단은 연이은 낭보에 들떴다. 조오련이 수영 2관왕에 오르고 '아시아의 마녀' 백옥자는 투포환에서 금메달을 따냈다. 권투 라이트급에서 김현치가 우승하는 등 한국의 금메달 수는 12개를 넘어섰다. 이 대회에서 한국 남자농구는 사상 처음으로 금메달을 따냈다. 김영일 · 김인건 · 신동파 · 이인표 · 유희형 등이 활약했다. 거기다 축구마저 우승하자 한국 선수단은 잔칫집이 됐다. 김호 · 이회택 · 정강지 · 박이천 · 박수일 · 김정남 · 정규풍 · 김재한 등이 축구 우승의 주역이었다.[169]

목표로 삼았던 종합 2위 달성은 무난했다. 그런데 단장으로서 선수단을 이끌고 간 장덕진 대한체육회 부회장은 기쁜 가운데 머릿속이 복잡해졌다. 그는 서울에서 출정식을 할 때 금메달 한 개에 100만 원이라는 거액을 포상금으로 약속했다. 하지만 구기 종목에서 우승하고 보니 간단한 문제가 아니었다. 농구와 축구 선수를 합해 서른 명이 넘었기 때문이다. 결국 개인종목 우승자에겐

---

169) 이 가운데 김재한에 대한 기억은 잘못되었다. 왜냐하면 김재한은 1972년에야 뒤늦게 대표선수가 되었고, 그 당시 그의 나이는 스물다섯 살이었다. 1970년 방콕에서 우승한 한국축구 대표팀의 선수들은 당시 축구 대표팀은 오인복 · 이세연 · 서윤찬 · 김호 · 김기효 · 김정남 · 최재모 · 최길수 · 박병주 · 임국찬 · 홍인웅 · 이회택 · 박이천 · 박수일 · 정강지 · 김창일 · 정규풍 · 박수덕 · 김기복 · 최상철 등이었다.

약속대로 포상금으로 100만 원씩 지급했고 구기 종목 선수들에게는 몇 백 달러씩 지급하는 것으로 정리되었다. 그래도 큰 소란은 없었다고 한다. 이런 분위기 속에서 훗날 전설로 남게 되는 술 마시기 대결이 벌어진 것이다. 금메달과 포상금, 들뜬 분위기……. 술을 마시기에 이 보다 더 좋은 날은 없었으리라.

기록에 의하면, 1970년 방콕 아시안게임에서는 농구 결승이 축구 결승보다 먼저 열렸다. 우승을 확정한 남자 농구 대표팀 선수들은 단체로 축구 대표팀의 경기를 응원했다. 응원을 마친 그들은 하나 둘 숙소 근처 식당으로 모여들었다. 한국 선수단이 숙소로 사용한 곳은 마노라 호텔이었는데, 당시 선수들은 '마누라 호텔'이라고 불렀다고 한다. 마노라 호텔 바로 앞에 옥호(屋號)를 '오사카'라고 지은 작은 일식집이 있었다. 저녁은 호텔에서 이미 먹었으니 일본 요리를 먹을 생각은 아니었다. 김인건은 "맥주를 마시러 갔다."라고 기억하였다.[170]

"맥주 마시러 간 거죠. 위에서도 굳이 말리지 않았습니다. 사고만 안 나면 된다는 분위기였죠. 태국 맥주는 독하고 머리가 아파 주로 수입 맥주를 마셨습니다. 독일이나 덴마크 맥주요. 작은 것 한 병에 5달러 정도 했던 걸로 기억합니다. 아주 비쌌지만 다들 주머니에 돈이 있었으니 큰 신경 안 쓰고 기분을 냈죠."

나중에 시상식을 마친 축구 선수들이 들이닥쳤다. 미리 약속을 하지도 않았는데 자연스럽게 어울리면서 술자리가 떠들썩해졌다. 땅콩, 치즈크래커를 안주 삼아 모두 병째 들이켰다. 농구도, 축구

---

170) 유희형은 2008년 9월 22일 『점프볼』에 실린 인터뷰에서 이 식당을 '후지 레스토랑'이라고 기억했다. 또한 그는 당시에 마신 술이 알코올 함량 12%나 되는 태국 맥주였다고 기억하였다.

도 사상 첫 금메달이었으니 할 애기도 많았다. 맥주병은 쌓이고, 자정이 가까워지면서 술자리에 변화가 생기기 시작했다. 하나 둘 자세가 흐트러졌고, 엎드려 자기도 했다. 잔뜩 취해 흐느적거리는 동료 선수를 부축해 호텔 방에 뉘어 놓고 돌아오는 선수도 있었다.

"정말 엄청나게들 마셨습니다. 적게 먹은 사람도 열댓 병은 해치웠죠. 다 해서 수백 병 마셨을 겁니다. 그 중에서도 박한 씨가 유독 잘 마셨습니다. 저도 평소 자주 마시는 편은 아니었지만 한 번 마셨다 하면 웬만큼은 했죠. 그날도 끝까지 남았으니까요."[171]

김인건의 술회에 따르면 당시 어느 기자가 술집 분위기를 재밌게 전달하려고 '술내기를 했는데 농구 선수들이 이겼다.'라고 적었다고 한다. 그러나 그는 "사실 술내기는 아니었고 그냥 재미있게 마시다 보니 축구 선수들이 하나 둘 나가떨어진 거다. 늦게 온 선수도 있었고, 마시다 말고 볼일 보러 갔다 오는 선수도 있었고 그랬으니까. 새벽녘에 판 정리를 해 보니 농구 선수만 남았더라. 그래서 또 마셨다. 결론적으로는 농구선수들이 이긴 게 되나?"라고 말했다.

그런데 이 말을 전해들은 신동파는 펄쩍 뛰면서, "무슨 소리야. 그건 분명히 '시합'이었어."라고 잘라 말했다. 나는 2013년 6월 12일에 올림픽파크텔 커피숍에서 신동파를 만나 커피를 함께 마셨다.

---

171) 스포츠조선. 2009. 7. 13. 인터넷 판(版).

그에게서 빌린 연구자료 꾸러미를 돌려주기 위해 비가 부슬부슬 내리는 수요일 오전 열한 시에 약속을 했다. 우리는 자리를 옮겨 점심으로 설렁탕을 먹어가며 오래 대화했는데, 이 자리에서 방콕에서 벌어진 술내기에 대한 설명을 들었다. 정리하면 다음과 같다.

농구선수와 축구선수들은 저녁 아홉 시부터 딱 규칙을 정해 놓고 시작했다. 긴 탁자를 가운데 놓고, 마치 남북회담을 하듯이 농구선수와 축구선수가 여덟 명씩 마주앉았다. 농구에서는 김영일·김인건·이인표·신동파·최종규·박한·곽현채·유희형이 나갔다. [172]

규칙은 이랬다. 첫째 술을 먹고 취해서 고성을 지르거나, 둘째 토하거나, 셋째 졸거나, 넷째 그밖에 주정을 하면 지는 것으로 했다. 우리는 작전을 짜기를, 자기 앞에 앉은 사람만 상대하기로 했다. 대각선으로든 어디로든 술잔을 건네지 않고 앞사람에게만 잔을 주기로 한 것이다. 한참 술을 마시다 보니 축구 쪽에서 세 명이 빠져나가 다섯 명만 남았다. 우리는 쉴 새 없이 잔을 비우고 축구선수들에게 권했다. 우리는 여덟 명이 모두 남아 있는데 축구

---

172) 신동파는 축구 쪽에서 누가 나갔는지 일일이 기억하지는 못하였다. 그가 기억하는 축구선수는 김호·정규풍·박이천 등 김인건이 기억하는 인물들과 대체로 일치했다. 그러나 신동파는 "김정남은 술을 못하니까 안 나왔을 텐데……."라며 자신없어했다. 그의 기억은 김정남의 말을 통하여 확인할 수 있었다. 김정남은 2013년 6월 15일 『일간스포츠』 송지훈 기자와 전화 인터뷰를 하면서 "술내기를 했다. 그러나 나는 술을 못하기 때문에 대신 최재모를 내보냈다. 술자리는 새벽까지 이어졌다. 최재모는 술에 너무 취해 누군가 업어서 호텔로 옮겨야 했다. 다음 날은 한국으로 돌아오는 날이었다."라고 술회하였다. 또 유희형은 이 때 양측에서 일곱 명씩 나갔다고 기억하였다. 사람마다 기억에 차이는 있지만, 전체적으로 볼 때 농구인들의 기억이 축구인들의 기억에 비해 세세한 편이다. '승자(勝者)'였기 때문일까.

쪽은 달아난 세 명 몫까지 책임져야 하니까 시간이 갈수록 죽을 지경이었을 것이다. 판세가 기우는 것을 보고 우리는 차라리 항복을 하라고 축구선수들을 재촉했다. 견디다 못한 축구선수들이 마침내 '만세'를 불렀다. 더 이상 못 마시겠다는 것이다. 승리를 확인한 다음 박한의 말이 걸작이었다.

"그거 참, 농구는 이제 목 축였는데. 시작하려고 하니까 그만하자네……."

그러자 축구 쪽에서 누군가 "에이, 짐승만도 못한 놈들. 너희가 사람이냐."라며 불평을 했다. 그때 우리 농구팀의 말단이 아마 이자영이었을 것이다. 우리가 계속해서 술을 마시고 있는데 이자영이가 들어와서 다급하게 외쳤다.

"형님, 큰일 났습니다. 지금 네 시 반이에요. 임원들이 지금 단복 입고 짐 들고 나오고 있습니다."

"무슨 소릴 하는 거냐."라며 시계를 보니 정말 네 시 반이었다. 일곱 시간 반 동안 술을 마셨는데, 시간 가는 줄도 몰랐던 것이다. 그때 우리는 대한항공 전세기 편으로 방콕에 갔는데, 대형비행기가 없어서 1진, 2진, 3진으로 나눠 파견되었다. 축구와 농구는 우승을 했으니까 결승전은 물론 폐막식까지 보고 돌아온 셈이다. 호텔로 돌아가 보니 과연 임원들이 태극기가 붙은 단복을 입고 모두 현관 앞에 나와 있었다. 우리는 하나같이 불콰해진 얼굴로 건들거리며 "어, 죄송합니다."라고 사과했지만 임원들은 별 말 없이 "이놈들 빨리……."하고 재촉하기만 했다. 우승을 했기에 망정이지 메달을 따지 못했다면 아마 우리 모두 징계를 당했을 것이다.

그 일이 있은 지 꽤 시간이 지난 다음의 일이다. 우리 농구선수들은 휴가를 받으면 명동에 모여 술을 마시곤 했다. 그때 명동에는 우리 농구선수들과 축구선수들이 자주 가는 단골술집이 있었는데, 옥호가 '신지'였다. 우리가 술을 마시고 있을 때 축구선수가 들어오면 우리는 "한번 또 할래?" 하고 농담을 섞어 놀리곤 하였다. 그때마다 축구선수들의 반응은 한결같았는데, "야 너희 인간 같지도 않은 놈들과는 다시 안 어울린다."고 손사래를 치곤했다. 내가 이상하다고 생각하는 일이 한 가지 있는데, 그때 우리가 축구선수들과 술내기한 사실을 제대로 기억하는 사람이 없다는 거다. 이긴 쪽이나 진 쪽이나 모두 고주망태가 돼서 그런 걸까?"

발동이 걸린 선수들의 술잔치는 그 자리에서 끝나지 않았다. 대회가 끝났으므로 선수단은 오전 네 시까지 호텔 로비에 짐을 내놓고 다섯 시에는 공항으로 가는 버스를 타야 했다. 그렇다고 멈출 선수들도 아니었다. 밤새도록 마셨다. 새벽에 호텔에 들어가 짐을 싸서 로비에 내놓고는 비행기를 바꾸어 타는 오사카로 갔다. 오사카에서도 줄곧 술과 씨름했다고 한다. 선수들이 귀국하는 동안 서울에서는 환영행사와 축하 퍼레이드를 준비하고 있었다. 선수단은 귀국하자마자 환영행사에 참석했다. 꽃가루를 맞으며 서울 시내에서 카퍼레이드를 하는 농구 선수들은 술 냄새를 숨길 수 없었다.[173]

이 진술과는 조금 다른 버전이 있다. 신동파는 2010년 1월 15일 『문화일보』와의 인터뷰에서 "남자농구와 축구가 금메달을 딴 뒤 가벼운 마음으로 귀국 전날 밤 각 8명씩 모여 '술시합'을 했어요

---

173) 신동파 구술, 2013. 6. 12.

축구선수 중에 이회택 김정남은 술을 못하고 이세연 변호영 박이천 등이 나왔죠. 규칙은 주정해도, 울어도, 시비 걸어도, 잠들어도, 토해도 '아웃', 생리작용인 화장실만 허용됐어요. 결국 새벽 5시에 축구는 4명만 남고 농구는 모두 살아남았죠. 농구의 대표 술꾼인 박한이 '이제 시작인데 이게 뭐냐'고 하니까 축구선수들이 '너희가 인간이냐'며 백기를 들었죠."라고 진술하였다. 한편, 유희형은 2008년 9월 22일『점프볼』에 실린 인터뷰에서 술내기에 대해 짧게 언급하였다.

> 70년 방콕 아시안게임이 원래 한국에서 열릴 계획이었어. 그런데 박정희 대통령이 경제개발 5개년 계획 때문에 돈이 없었던 거지. 박 대통령이 약 20만 불을 싸들고 태국으로 가서 한 번 더 하라고 해서 방콕에서 열리게 된 거야. 술내기 발단이 재미있어. 축구 대표팀이 우리한테 계속 고춧가루를 뿌렸었지. 한국선수단 단장이 우승하면 선수 한 명당 100불씩 준다고 했는데, 축구가 공동 우승을 하고 일인당 100불씩 주고, 우리는 이스라엘 꺾고 우승을 해냈는데도 회식하라고 300불만 준거야. 그 전에 농구는 69년 국제대회 첫 우승을 하고도 일주일전 축구가 킹스컵 우승을 하는 바람에 찬밥 신세가 됐었거든. 축구 대표팀은 좋은데서 술 먹고 왔다고 우리한테 와서 자랑을 하는 거야. …(중략)… 방콕에 마노라 호텔이라고 아담한 호텔이 있었는데, 그 건너편에 일본식 후지 레스토랑이라고 있었지. 거기서 축구 대표팀을 만난거야. 우리는 속으로 '요거 잘 만났다'라고 생각했지. 7대7 정도 됐었는데, 맥주

내기를 시작한 거지. 그때만해도 태국 맥주가 알코올이 12% 정도로 독했어. 한 두 시간 지났을까. 우리는 그대로인데 축구단 일곱 명 전원이 오바이트를 했지. 그 중에 한 명은 앉아서 실례를 하는 애들도 있었으니까, 우리가 완전히 이긴 거지. 그 날 새벽 다섯 시에 차를 타고 공항을 가야하는데, 축구 팀 애들은 비실비실 거렸지. 그 뒤에 태릉선수촌에서 축구선수들이 우리만 만나면 두 손을 번쩍 들었지. 허허.174)

2010년 5월 19일자 『문화일보』에는 이동윤 선임기자가 술내기를 소재로 쓴 기사가 게재되었는데 제목은 '키가 클수록 술이 세다? 농구·배구 전설의 주당들'이었다.

1970년 방콕아시안게임에서 농구와 축구가 동반 우승을 했습니다. 두 종목 선수들은 동반 우승을 기념하자며 맥줏집에 갔는데 그 자리에서 술 먹기 대회가 벌어졌다고 합니다. 여기서 두 종목 참석자들의 말이 약간 다릅니다. 이회택 축구협회 부회장은 "농구 애들이랑 '술 시합'을 했다"고 한 반면, 박한 전 고려대 농구감독은 "시합은 무슨, 그냥 동반 우승 축하주나 한잔하자고 의기투합했지"라고 말합니다. 아마 축구선수들의 마음속에 '농구, 너희들이 얼마나 마시는지 보자'는 경쟁 심리가 있지 않았나 생각됩니다. 맥주를 마셨지만, 방콕 맥주는 알코올 도수 8도짜리로 요즘 유행하는 '소맥'과 비슷했다고 박한 감독은 회고합니다. 술이 약

---

174) http://news.jumpball.co.kr/news/view/cd/83/seq/267/page/80[accessed 30. June. 2014]

한 이회택 감독이 가장 먼저 쓰러졌고 축구팀에서 말술로 유명했던 정규풍까지 두 손을 들었지만 김영일(작고), 박한, 신동파, 김인건, 이인표 등 농구계에서도 유명한 주당들은 독한 방콕 맥주를 각자 두 짝 이상 마시고 '더 이상 돈이 없어' 입맛을 다시며 숙소로 돌아갔다고 합니다.175)

아무튼 당시 선수들의 술잔치는 스포츠계에서 화제가 됐다. 나아가 누가 술을 더 잘 마시느냐는 문제로 논쟁거리가 되기도 했다. 정말로 농구 선수들의 술 실력이 절륜하여 축구 선수들을 전멸시킨 것일까? 이런 주장에 대해 축구인 들은 상당히 불만스러워 한다. 가장 큰 불만은 그 날의 술 마시기 대결이 불공평하게 진행됐다는 데 있다. 농구 선수들은 일찌감치 경기를 마치고 식사까지 든든히 한 다음 한잔 하러 나왔다. 그런데 축구 선수들은 태국의 무더위 속에서 연장전까지 가는 지옥 같은 승부를 했기 때문에 체력이 남아 있지 않았다고 한다. 이런 상태에서 우승의 기쁨에 취해 술을 바쁘게 들이켰으므로 쉽게 취할 수밖에 없었다는 주장이다.

농구인들과 축구인 들의 일치하지 않는 주장을 검증할 방법은 없다. 방콕 대회전 이후 리턴 매치가 벌어진 일도 없으므로 확인한 사람도 없다. 전설은 전설로 남아 앞으로도 이어질 것이 틀림없다. 틀림없는 사실은, 농구나 배구, 씨름 종목 선수들의 주량이 일반인에 비해 크다는 점이다. 아마도 몸집이 크니까 많은 술을 마실 수

---

175) 문화일보, 2010. 5. 19. 인터넷 판(版).

밖에 없고, 내장이 크고 튼튼해 술을 소화해내는 능력도 뛰어난 것일지 모른다. 운동선수들은 일반인보다 운동량이 많고 신진대사가 빨라 알코올도 빠르고 효과적으로 분해할 수 있을 것이다. 스포츠계를 둘러보면 적잖은 운동선수들이 술을 즐기고, 유난히 술을 밝히는 선수도 있다. 스포츠계의 음주 문화 내지 분위기와 관련이 있을 터인데, 지도자나 선배 선수들이 대체로 술을 즐기고 선수들의 음주에 대해서도 너그럽다 보니 술을 마시는 데 거리낌이 없다.

내가 기자가 되어 생활하는 동안 가장 곤혹스런 때는 술자리에 갔을 때다. 한 마디로 주력(酒力)이 달려 견디기가 어려웠던 것이다. 더구나 농구 종목에 종사하는 분들은 대개 말술을 마다않는 주당들이었다. 내가 만나 본 농구인들 가운데 고려대 감독 시절의 박한, 실업농구 삼성 감독 시절의 김인건 같은 분은 절륜한 술 실력으로 감탄을 자아냈다. 실업농구 현대와 프로농구 기아의 감독을 지낸 박수교나 프로농구 LG와 오리온스 감독을 지낸 이충희도 술 실력에 관한 한 둘째가라면 서러워할 맹장에 속한다. 나는 이 사람들이 취한 모습을 제대로 본 적이 없다. 프로농구 동부와 KT에서 감독으로 일한 전창진과 같이 일적불음(一滴不飮)인 경우도 없지는 않다. 그러나 이런 농구인은 매우 드물다. 적지 않은 농구인들이 강력한 간장(肝臟)을 자부심의 상징 내지 정체성인 것처럼 여기는 것 같은 느낌을 여러 번 받았다.

나는 1998년 겨울에 연세대 동문인 농구스타 신선우와 축구스타

허정무가 술을 마시는 자리에 동석한 적이 있다. 두 사람이 잔을 기울인 곳은 강남에 있는 주점이었다. 술자리는 사람이 모이자마자 맥주에다 양주를 타서 큰 맥주잔으로 '원샷'을 하면서 시작되었다. 술이 약한 나는 몇 잔 마시지도 못하고 속이 뒤집어졌지만 두 사람은 이튿날 새벽까지 술을 마셨다. 내가 알기에 신선우는 간이 좋지 않아 술을 조심해야 하는데, 허정무와는 우정으로 뭉친 사이지만 술자리에서는 양보할 수 없었던 모양이다. 이튿날 저녁 현대 구단 직원에게 전해 들었는데, 신선우는 숙소 근처에 있는 개인병원에 가서 수액을 맞으며 오후 내내 쉬었다고 한다. 하루 일정을 모두 포기해야 할 만큼 과음을 했던 것이다. 그래도 축구를 한 친구 허정무와의 술자리에서 약한 모습을 보일 수는 없었던 것이다.

나는 스포츠맨들이 경기에서 뿐 아니라 일상생활에서도 흔히 승부욕을 발동하고 결코 양보하려 들지 않는다는 사실을 알고 있다. 사나이라면 주량에 관계없이 '깡으로' 술을 마셔야 한다는 우리의 음주 문화 속에서 신선우와 허정무가 사생결단 술을 들이켜야 했던 사정을 나는 이해하고도 남는다.

한국 농구 역사상 유일한 세계대회 득점왕

신동파는 1963년 10월 타이베이에서 열린 제2회 ABC를 시작으로 국가대표 선수로서 경력을 쌓기 시작하여 활발하고도 폭넓은 국제 경기 경험을 쌓아 나갔다. 1964년 도쿄 올림픽, 1965년 제3회 ABC(콸라룸푸르), 1966년 제5회 아시아경기대회(방콕), 1967년 제4회 ABC(서울), 제2회 도쿄 유니버시아드, 1968년 멕시코시티 올림픽, 1969년 제5회 ABC(방콕), 1970년 제6회 유고 세계남자농구선수권대회, 제3회 토리노 유니버시아드, 제6회 아시아경기대회(방콕), 1971년 제6회 ABC(도쿄), 1973년 제7회 ABC(마닐라) 등 한국 남자 농구 대표팀이 출전한 대회에 모두 출전하여 부상이나 질병으로 인한 경우를 제외한 대부분의 경기에서 주전 선수로 활약하였다. 이 시기에 축적된 다양한 경험은 신동파를 비롯하여 비슷한 시기에 대표선수 생활을 한 농구인들에게 강한 인상과 영향을 남겼다. 이 농구인들이 활약한 시기는, 그들이 은퇴한 뒤 상당수가 각급 농구팀의 코치나 감독 등 지도자가 되어 후진을 양성했다는 점에서 한국 농구의 역사라는 측면에서 볼 때도 의미 있는 시기였다고 평가할 수 있다. 신동파는 이 시대의 인물군(人物群) 가운데서도 그 족적이 가장 뚜렷하다고 볼 수 있으며, 그의 업적 대부분은 높은 득점력으로 집약되었다. 신동파의 득점 능력은 그가 참가한 각종 국제대회 기록을 통하여 확인할 수 있다. 신동파가 한국 대표팀의 주된 득점 선수로 자리를 굳힌 시기는 이전까지 한국 남자농구 부동의 에이스로 활약한 김영기가 은퇴한 1966년 이후부터이다.

1968년 멕시코시티올림픽에 참가한 신동파(오른쪽).
가운데가 이인표, 왼쪽은 제프 고스폴.

신동파의 업적 가운데 가장 돋보이는 부분은 1970년 유고 세계 남자농구선수권대회에 출전해 득점 1위를 기록한 대목이다. 한국인은 물론 아시아 선수로서는 최초이자 유일한 세계농구선수권대회 득점왕으로서 위업이 빛난다. 신동파는 8경기에 출전해 총 261점, 경기당 32.6점을 기록하였는데 슛 성공률이 무려 80.4%에 달했다. 특히 준우승 팀인 브라질을 상대로는 집중적인 수비를 받으면서도 40점을 기록하는 놀라운 득점력을 발휘하였다. 신동파의 경기당 기록은 2014년 7월 현재 세계선수권대회 역대 2위이며 1위는 그리스의 니콜라오스 갈리스(33.7점)이다. 아시아 챔피언 자격으로 출전한 한국은 종합 11위를 기록하였다. 이때의 활약상은 그가 쓴 회고록을 통해 확인할 수 있다.

당시 선수단 단장은 이병희 회장이었고 감독 강재권 섭외 조동재 코치 김영기 씨였고 선수는 김영일, 이인표, 김인건, 신현수, 이병국, 최종규, 박한, 곽현채, 유희형, 윤정근, 추헌근, 그리고 나였다. 우리는 이 대회에 대비, 장신에 대한 훈련을 쌓았다. 우리는 장신의 공격을 차단하기 위한 수비전법으로는 타이트 맨 투 맨, 2-3 지역방어, 1-2-2 하프 코트 존 프레스 등을 익히고 공격에서는 최대한 지연작전을 써 슛을 쏘는 방법을 택해 되도록이면 상대방의 공격 시간을 줄이게 했다.

이 대회 참가국은 한국 캐나다 파나마 유고 브라질 소련 미국 이탈리아 체코 우루과이 쿠바 호주 아랍 등 13개국이었는데 우리는 브라질 이탈리아 캐나다 등 강팀과 한 조가 되었다. 3개 조로 나뉘어진 팀들은 예선리그를 가져 상위 2개 팀이 상위리그에 올라가고 나머지는 하위리그를 벌이게 되었는데 우리는 브라질에

82-77, 이탈리아에 77-66으로 지고 캐나다만 97-88로 이겨 상위리그에 올라가지 못하고 하위그룹으로 처졌다.

우리는 이 대회에서 상위리그에 올라갈 수 있었는데 첫 게임인 대(대) 브라질전에서 거듭되는 심판의 오심으로 전세를 뒤집지 못하고 2골 반을 진 것을 생각하면 지금도 그 억울함을 참지 못한다. 예선리그는 유고의 스프린트 시에서 가졌는데 첫 게임인 데 브라질전의 심판은 체코와 이집트 등 농구가 비교적 약한 나라 심판이었기 때문에 처음부터 우리에게 불리하다는 각오를 가지고 게임에 임했다. 176)

대 브라질전에서 우리는 1포인트를 가지고 시소게임을 벌였다. 게임종료 1분여를 남기고도 역시 1포인트 차로 리드를 당하고 있었다. 여기서 유희형이 브라질의 수비를 과감히 뚫고 드라이브 인해 들어갈 때 상대방 선수가 유를 밀어제쳤다. 그런데도 체코의 주심은 유의 오펜스 파울을 선언했다. 우리는 게임을 역전시킬 수 있는 절호의 찬스를 놓치게 되었다. 억울했다. 우리들은 사기가 꺾였다. 우리 벤치는 이에 맹렬히 항의했으나 오심을 번복할 수는 없었다.

이 뒤 우리는 계속 1포인트 차를 양보하지 않고 쫓아가고 있었다. 게임 종료 1분여를 남겨 놓았을 때 김인건 선배가 브라질 수비를 뚫고 골밑으로 맹렬히 대시해 들어갔다. 다급해진 브라질 선수 하나가 김 선배를 밀어 김 선배는 볼을 가진 채 라인 밖으로 밀려 나갔다. 누가 보아도 브라질 선수의 반칙이었다. 그런데 이게 어찌된 일인가. 체코 주심은 이때도 김 선배의 터치 아웃을 선

---

176) 일간스포츠. 1974. 2. 3. 3면.

언, 브라질에 불을 주었다. 정말 미칠 일이었다. 우리 선수들은 물론 벤치에서도 야단이 일어났다. 그러나 주심은 우리의 항의는 아랑곳없이 경기를 진행시켰다. 우리는 맥이 빠져 전의를 상실한 상태였다.

이렇게 결정적인 오심이 속출하는 가운데 게임이 끝나 우리는 82-77로 졌다. 대 브라질전은 비록 우리가 2골 반을 졌지만 우리 농구가 세계정상과 어깨를 나란히 하고 겨뤘다는 데 큰 의의가 있다고 생각한다. 우리는 2년 전 멕시코 올림픽에서 브라질에 91-59라는 큰 스코어 차로 졌었다. 그런데 불과 2년 동안에 한국 농구는 공수에서 많은 발전을 보였고 장신에 대한 대책도 세웠기 때문에 지기는 졌지만 좋은 성적을 낸 것이다. 당시 브라질 농구는 미,소와 정상을 다툴 정도의 실력을 갖고 있는 강호였는데 한국과 시소 게임을 해 파문을 일으켰다. 그리고 이 대회에서 브라질은 미,소를 제치고 준우승을 차지하였으며 주최국인 유고가 우승, 소련은 3위, 미국은 5위를 차지했었다. 이 게임에서는 관중도 모두 약자인 우리를 응원하고 있었는데 심판이 연속 오심을 저지르자 심판에게 신랄한 야유를 퍼부었다. 이때 유고 관중들이 "비바(만세) 코리아", "비바 신동파"를 외치며 우리를 응원했던 것이다. 이 게임에서 나는 우리가 얻은 77점의 반이 넘는 40포인트를 따냈다.

대 캐나다전은 우리가 지난 68년 전지훈련을 가서 3전 전패를 당했던 일이 생각나 비장한 각오로 임한 결과 97-88로 낙승했다. 이 게임에서의 나의 득점은 39포인트였다. 우리는 1승1패를 기록하고 대 이탈리아전을 맞았다. 대 이탈리아전은 우리가 상위리그에 올라가냐 하위그룹으로 처지느냐 하는 중요한 게임이었다. 그런데 이 중요한 고비의 게임에서 나는 이탈리아의 마크에 걸려 제대로 플레이를 하지 못하고 겨우 18점밖에 기록하지 못했다.[177] 내가 앞서 가진 2게임서 모두 79점이라는 획기적인 포인트를 따자 이탈리아는 이에 대비, 박스 앤드 원 수비 전법을 사용했는데 나는 이것에 완전히 걸려들었다. 박스 앤드 원이란 수비 전법은 상대방 스타플레이어의 득점을 봉쇄하는 수비 전법의 하나다. 이것은 네 사람은 지역방어를 하고 그 팀에서 제일 수비를 잘하는 선수가 상대방 스타플레이어를 그림자처럼 따라다니며 맨 투 맨으로 마크하는 것이다. 나는 이탈리아 팀의 이런 전법에 완전히 마크당해 공격할 기회를 잃었다. 이렇게 되자 김영기 코치는 나의 공격권을 이인표 선배에 넘겼다. 나는 이탈리아 수비를 교란시키며 사정거리로 들어간다. 그러면 상대방은 수비를 나에 집중한다. 이때 나는 노 마크 찬스에 있는 이인표 선배에게 다시 패스, 이 선배가 슛을 쏘는 공격 전법을 썼다. 이 전법은 이 선배의 활약으로 상당한 성과를 거둬 많은 점수 차로 패하지 않을 수 있었다.

이렇게 해서 우리는 1승2패로 상위리그에 못 올라가고 하위그룹에 처져 9위를 차지했다.[178] 이 대회 예선리그를 마치고 베스트 스코어러와 베스트 플레이어를 뽑았는데 베스트 스코어러에는 내가, 플레이어에는 이름을 기억할 수 없는 브라질 선수가 뽑혔었다.[179]

---

177) 공식기록에는 16득점으로 나타난다.
178) 이 부분에 대해서는 신동파의 기억이 분명하지 않은 것 같다. 공식기록에 따르면 한국의 순위는 유고, 브라질, 소련, 이탈리아, 미국, 체코, 우루과이, 쿠바, 파나마, 캐나다에 이어 11위였다. 12위는 호주, 13위는 통일 아랍 공화국(UAR)이었다. UAR은 1958~1971년까지 이집트의 공식 국명이었다.

신동파의 세계선수권대회 기록

대회	상대	날짜	기록	경기결과(전반)
1970 유고	브라질	5월 10일	40득점	77-82(39-44)
	캐나다	5월 11일	39득점	97-88(49-50)
	이탈리아	5월 13일	16득점	66-77(31-36)
	파나마	5월 17일	36득점	88-91(34-39,84-84)*
	캐나다	5월 19일	30득점	79-77(45-45)
	통·일아랍공화국	5월 20일	28득점	93-73(47-36)
	쿠바	5월 22일	41득점	76-77(40-39)
	호주	5월 23일	31득점	92-79(49-41)

* 연장 승부

또한 신동파는 두 차례 올림픽에 참가하였는데, 1964년 도쿄 올림픽에서는 9경기에 출전해 80점(경기당 8.9점), 1968년 멕시코시티 올림픽에서는 9경기에 출전해 195점(경기당 21.7점)을 기록하였다. 이 가운데 멕시코시티 올림픽에 출전했을 때의 기록을 선명하게 남겼다. 도쿄 올림픽에 출전했을 때는 아직 팀의 중심 선수가 아니었지만 멕시코시티에서는 주득점원으로서 책임이 막중했다.

---

179) 예선 리그를 마치고 베스트 스코어러와 베스트 플레이어를 뽑았다는 신동파의 기억은 사실과 약간 거리가 있다. 대회가 끝나지 않았는데 득점왕을 정할 수는 없기 때문이다. 공식기록에 따르면 베스트 플레이어(토너먼트 MVP)는 소련의 세르게이 벨로프(Sergej Belov)였고 벨로프와 케니 위싱턴(미국), 모데스타스 파울라우스카스(소련), 우비라탄 페레이라(우루과이), 크레시미르 코시치(유고)가 베스트 5(토너먼트 팀)에 선정됐다. 득점 1위는 신동파였고 2위는 우루과이의 오마 아레스티아였는데 그의 경기당 득점은 19.7점로, 신동파에 비하면 12.9점이나 낮았다.

멕시코는 해발 3천여 미터가 되는 고지대여서 공기가 희박하여 우리에겐 큰 고생이 되었다. 우리는 여기에 대비한 훈련을 2개월 동안 했으나 현지에 당도해 보니 별로 효과가 없었다. 우리는 산소부족 등으로 매일 코피를 흘렸으며 몸이 제대로 풀리지 않아 항상 찌부드드했다. 이런 상태 속에서 우리는 홈 코트인 멕시코와 첫 게임을 가졌다. 동경올림픽에서 억울하게 진 것을 설욕할 수 있는 좋은 기회였으나 이를 살리지 못하고 또다시 75-62로 지고 말았다. 멕시코 팀에는 동경올림픽 멤버가 아직도 3~4명 있었다. 타이트 맨 투 맨으로 장신의 공격을 차단한 우리는 처음부터 시소 게임을 벌였으나 후반에 체력이 떨어지고 산소부족으로 호흡장애를 받아 제대로 뛰지 못해 한번도 게임을 역전시켜 보지 못하고 패퇴했다.

(중략)

하위그룹에서 우리는 필리핀과 13~14위전을 가져 필리핀에 져서 14위를 차지했다. 우리는 어떻게 하든지 필리핀을 꺾으려고 필사적으로 노력했었다. 그러나 불행히도 우리는 시종 시소게임을 전개한 끝에 분패했다. 우리가 필리핀에 진 데 대해서는 호된 벌이 떨어졌다. 우리는 필리핀과의 대전을 끝낸 후는 3일 동안 프리 타임을 가질 수 있어 처음부터 이때를 굉장히 기대하고 있었다. 그런데 우리가 다른 팀도 아닌 라이벌 필리핀에 또 지니 당시 한국선수단 단장이던 이병희 회장이 우리에게 '외출금지령'을 내린 것이다. 우리가 벼르던 프리 타임은 이렇게 해서 사라져 버렸다. 우리들은 하루 종일 호텔방에 처박혀 잡담으로 소일했던 것이 지금도 억울하다.

나는 멕시코 올림픽 예선리그에서 개인득점 2위를 마크했는데
1위는 파나마 선수가 차지하였었다.[180]

신동파의 올림픽 기록

대회	상대	날짜	기록	경기결과(전반)
1964 도쿄	핀란드	10월 11일	12득점	72-80(31-37)
	우루과이	10월 12일	2득점	64-105(29-66)
	브라질	10월 13일	6득점	65-92(24-51)
	호주	10월 14일	10득점	58-65(19-31)
	페루	10월 16일	3득점	57-84(20-41)
	유고슬라비아	10월 17일	18득점	66-99(30-47)
	미국	10월 18일	8득점	50-116(23-70)
	헝가리	10월 20일	7득점	83-99(43-38)
	페루	10월 22일	14득점	66-71(31-37)
1968 멕시코시티	멕시코	10월 13일	22득점	62-75(27-39)
	폴란드	10월 14일	27득점	67-77(27-38)
	소련	10월 15일	22득점	58-89(34-44)
	쿠바	10월 16일	24득점	71-80(29-34)
	브라질	10월 18일	9득점	59-91(32-42)
	모로코	10월 19일	21득점	76-54(38-17)
	불가리아	10월 20일	18득점	60-64(33-32)
	세네갈	10월 22일	34득점	76-59(37-28)
	필리핀	10월 23일	12득점	63-66(34-31)

---

180) 일간스포츠. 1974. 2. 1. 3면.

응급실에서 경기장으로, 마닐라의 전율

한국 남자농구가 세계선수권대회나 올림픽 못잖게 큰 비중을 둔 대회는 ABC이다. 이 대회는 아시아의 최강 팀을 가리는 이벤트로서 전통적으로 아시아 강호들의 각축장이 되어 왔다. 신동파는 1963년부터 1973년까지 여섯 차례 출전하였으며, 1967년부터 한국 팀의 에이스로 자리를 굳힘으로써 경쟁 팀의 주된 수비 목표가 되었다. 그는 한국이 준우승한 1967년 서울 대회에서 9경기 205점(경기당 22.8점), 최초의 우승을 달성한 1969년 태국 대회에서 8경기 212점(경기당 26.5점)을 기록하였다. 특히 태국 대회에서 우승을 다툰 필리핀을 상대로 50득점을 기록함으로써 한국의 가장 뛰어난 득점 선수로 명성을 떨쳤다.[181] 1971년 일본 대회에서는 8경기 210점(경기당 26.3점), 1973년 마닐라 대회에서는 9경기 291점(경기당 27.9점)을 기록하였다. 특히 마닐라 대회의 기록은 대회 도중 발병

---

181) 필리핀의 일부 언론은 48득점으로 보도했다.

해 병원에서 치료를 받으면서 훈련은 못하고 경기에만 출전하는 악조건 속에 수립된 수치이다. 신동파는 국가대표 선수로 활동하는 동안 시종 팀의 주 득점 선수로서 자부심과 함께 강한 책임감을 보였다. 고열로 신음하며 병원에서 치료를 받아가며 출전한 1973년 ABC를 통하여 이 같은 점을 확인할 수 있다.

"다음은 日本과의 2차전이 남아 있었다. 이 대전이 있기 전날 밤이었다. 밤 10시께 자리에 누워 잠을 청한 나는 목구멍에서 가래가 끓어오르고 숨이 차 잠을 이룰 수가 없었으며 머리에 손을 얹어 보니 열이 대단했다. 나는 감기려니 생각하고 다시 잠을 청했으나 도저히 잠이 오지 않고 고통이 심했다. 별 수 없이 새벽 4시께 김영기, 이인표 선배가 있는 방으로 찾아가 사정을 설명했다. 나는 어지간한 고통이면 참으려고 무척 노력했었다는 것을 여기에서 말해 두고 싶다. 그러나 내가 인내하기에는 너무나 벅찼다. 코칭·스탭은 주장인 내가 아프다는 바람에 모두 놀라며 근심하기 시작했다.

미안해서 죽을 지경이었다. 내 이야기를 듣고 난 선배들은 부랴부랴 대사관에 연락을 해 새벽 5시께 대사관 직원이 호텔에 찾아와 나를 병원으로 옮겼다. 나를 진단한 의사는 알레르기성 기관지염이라고 말하며 안정을 요한다고 말하는 것이었다. 이 순간 나는 대 일본전이 떠올랐다. "우리가 일본에 지면 준우승도 못한다."는 생각이 순간적으로 뇌리를 스쳤다. 나는 의사에게 "오늘 오후에 시합이 있으니 그때까지는 퇴원을 시켜 달라."고 말했더니 의

사는 "최선을 다해 보겠다."고 말해 나를 안심시켰다. 산소 호흡기를 꽂고 하루 종일 베드에 누워 있던 나는 "어떻게 하든지 대일본전에서 뛰어야 한다."는 생각에 묻혀 있었다.

대전시간이 가까워지니 마음이 그렇게 초조해질 수가 없었다. 나는 베드를 박차고 일어났다. 놀란 간호원이 의사를 데려왔다. 나는 의사에게 "퇴원하게 해 달라."고 말했다. 의사는 만약 무슨 일이 있을지 모르니 자기가 동반하겠다고 말했다. 나는 의사를 동반하고 게임이 있기 10분 전에 라커·룸에 들어갔다. 모두들 근심스런 표정으로 나를 쳐다보았다. 미안해서 고개를 못 들 정도였다. 나는 김영기 선배에게 "뛸 수 있다."고 말했다. 그랬더니 김 선배는 "이미 11명으로 싸울 준비가 되어 있으니 대 필리핀전에 나가라."고 만류했다. 그래도 나는 "뛰겠다."고 말하고 유니폼으로 갈아입은 다음 게임에 임했다. 나는 "이 상태로 뛰다가 코트에서 쓰러지는 한이 있더라도 온힘을 다하겠다."고 결심했다.

졸음이 와 눈이 감기고 휘청거렸다. 손끝 발끝의 뼈 마디마디가 속속 쑤셨다. 그래도 이를 악물고 뛰어 우리는 또 한 번 일본에 역전승을 거두었다. 게임이 끝나고 나서는 거의 쓰러질 지경이었다. 나는 체육관을 떠나는 선수들을 바라보며 의사와 함께 다시 병원으로 옮겨 왔다. 두 눈에서 눈물이 핑그르르 돌아 두 뺨을 타고 흘러내렸다. 눈을 감았다. 지난날의 일들이 주마등처럼 뇌리에 스쳤다. 지나온 10년 동안의 일들이 엊그제 일어났던 일같이 느껴졌다. 나는 이 순간 "내가 벌써 이렇게 됐나."하는 생각을 불현듯하게 되었고 내 체력의 한계를 처음으로 의식했다. 병원으로 실려오는 동안 줄곧 이런 감상적인 생각에 사로잡혔다. 그리고 은퇴를 생각하게 되었다.

병원에서 치료를 받으며 만 하루 반을 침대에 누워서 보냈다. 남은 것은 패권을 가름하는 대 필리핀전 뿐이었다. 나는 이 대회에서 기어이 우승하고 싶은 마음이 누구보다 절실했다. "이번 대회가 마지막이구나."하고 생각하니 지난날의 추억들이 새삼스러워지며 우승에 대한 집념이 더욱 강해졌다. 그러나 우리에게 승운은 없었다. 대 필리핀전에서 정신없이 뛰던 나는 승세가 필리핀에 기울었음을 알고 전신에 맥이 싹 빠졌다. 우리의 팀웍은 걷잡을 수없이 무너지기 시작했다. 미칠 듯 열광하는 관중들이 나를 삼켜 버리는 듯 한 착각을 일으키는 순간, 타임·업을 알리는 요란한 사이렌 소리가 귓전을 때렸다. "우리는 졌다."하는 생각이 들자 거의 미칠 것 같았다. 우승의 문턱에서 물러난 것이 더욱 분했다. 거의 쓰러질 것 같은 몸을 이끌고 호텔로 돌아왔다. 폭풍이 지나간 것처럼 마음이 허전했다. 귀국해서도 여전히 몸이 아팠다. 은퇴를 선언한 지난 5일까지 병원에서 기관지염 치료를 받고 온양에 가서 며칠 쉬면서 내 자신의 앞날에 대해 곰곰 생각했다."[182]

---

182) 일간스포츠. 1974. 2. 8. 3면. 신동파 면담, 2012. 5. 11.

신동파라는 이름의 한류(韓流)

신동파는 필리핀, 대만 등지에서 매우 존경을 받는 슈퍼스타. 특히 필리핀에서는 그의 이름이 '복(福)', '행운', '만사형통' 등과 같은 의미를 지닌 보통명사로 사용될 정도로 신적인 추앙을 받았다. 전성기에 필리핀 유지들은 필리핀 국가대표 선수들만 모아 새 팀을 만들 테니 와서 뛰어 달라고 간청하기도 했고 딸을 둔 필리핀의 은행가는 사위가 되어 달라는 제안도 했다. 신동파의 카리스마는 아시아 무대에서 두드러지고, 당대 아시아 최고의 농구 시장을 형성하고 있었던 필리핀에서 절대적인 인기를 구가하는 경지에 이르렀다. 일례로 1973년 4월 29일에 발행된 필리핀의 『익스프레스 스포츠(Express Sports)』는 필리핀의 전·현직 농구 스타와 전문가들을 동원해 신동파를 막기 위한 비책을 설문하였는데, 공통적으로 '일대일 수비로는 막을 수 없고 팀이 합심해야 한다.'는 데 의견 일치를 이루었다. 특히 1967년 서울에서 열린 ABC에서 신동파의 득점을

10점으로 제한함으로써 뛰어난 수비 능력을 발휘한 선수로 평가받은 필리핀의 전 국가대표 오캄포는 "신동파를 막는 일은 불가능하다."라고까지 말한 사례가 있다.

> 신동파를 막아내기 위해서는 기본적으로 팀 전체의 노력(Team Effort)이 필요하다. 팀 전체의 노력이란 무슨 뜻인가? (신동파에게) 패스를 하려는 선수(Passer)는 강하게 압박해야 한다. 그럼으로써 가능한 한 신동파가 공을 잡기 어렵게 만들어야 한다. 만약 신동파가 공을 잡게 되면, 그 다음에는 그를 막는 일이 불가능하기 때문이다.[183]

오캄포의 이와 같은 인터뷰 내용은 "신동파는 매우 강력한 볼 플레이어였다."라고 한 제프 고스폴의 평가를 정확하게 뒷받침하는 사례이다. 신동파가 굴지의 농구선수로서 성장하는 계기가 된 세 번째 시점은 오캄포와 관계가 있다. 즉, 신동파가 1967년 서울에서 열린 제 4회 ABC 결승에서 필리핀의 전문 수비선수 에드가르도 오캄포(Edgardo Ocampo)에게 봉쇄당해 기대 이하의 경기를 한 다음 수비 선수를 따돌리기 위한 개인기 향상에 진력하게 되었을 때이다. 오캄포는 필리핀의 대표적인 수비전문 선수였는데, 신동파가 한국 남자농구의 에이스로 떠오르기 전에는 김영기를 도맡아 수비하였다. 그는 매우 빠르고 영리했으며 필요하면 반칙도 서슴지 않

---

183) Express Sports, 1973. 4. 29.

는 선수였다. 김영기도 그에게 깊은 인상을 받은 나머지 자신의 저
서 『갈채와의 밀어』에서 그의 이름을 언급하였다.

　　다음으로 나를 괴롭힌 선수는 필리핀 팀의 주장 오캄포. 일 년
에 한 두어 번씩 만나게 되는 오캄포는 나보다 나이가 한 살 많
다. 이렇게 자주 만나게 되어 제법 친숙해졌건만 게임을 할 때에
는 인정사정없다. 심판이 안 보는 데서 빤쓰를 잡아 내리는 일은
그의 장기(長技)에 속한다. 인정사정이 없는 증거로는, 맨 투 맨
때, 얼굴만 맞대면 내 얼굴에 침을 뱉는다. 사람 얼굴에 사람이 침
을 뱉는 일은 얼른 이해가 안 갈 것이다. 문명인은 길거리에도 침
을 뱉지 않는다는데 사람 얼굴에 침을 뱉는다면 거짓말이라고 할
것이다. 그러나 좋게 말해서, 오캄포는 나의 얼굴을 쓰레기통 정
도나 토일렛 룸의 변기통 정도로 착각하고 있었다면 이해가 갈까.
그때보다 나이가 훨씬 많은 지금의 내 얼굴을 바라보고서도 내
아내는, "미남은 아니지만 준미남(準美男)은 돼요"하고 농을 할
정도인데, 만약 오캄포가 그렇게 생각했다면 역시 필리핀 사람과
한국 사람의 미적(美的) 가치관은 다른가보다.
　　처음 몇 번은, 오캄포의 이러한 행동에 분개하고 심판에게 항
의를 했다. 그러나 오캄포는 절대 그런 일이 없다고 극력 부인하
는 것이다. 그러면서 나의 얼굴을 가리키며 어디에 침이 묻었냐고
물적 증거를 요구한다. 땀으로 뒤범벅이 된 나의 얼굴에서 그가
뱉은 침을 찾아내기란 사실 어려운 일이었다. 현장을 목격하지 못
하고, 그렇다고 물적 증거도 발견하지 못한 심판은 그대로 게임을
진행시키는 것이다.

그의 이러한 행동은, 농구의 기술과는 무관한 것이지만 플레이어의 심리적인 긴장 상태를 자극하는 좋은 방법은 되었다. 쉽게 말하면 성질을 돋구어서 흥분 상태로 게임을 운영하게끔 하자는 하나의 작전은 되었다. 그러니까 플레이어에게서 침착성을 빼앗아 내자는 작전의 일종이었다.

　자유중국 대만에서 어느 해, 아시아 4강자 농구 리그전이 있던 때였다. 동률 수위로 올라가고 있는 필리핀과의 게임은 문자 그대로 치열하였다. 역시, 오캄포는 나를 괴롭히기 위해서 출전을 했다. 그의 출전은 플레이가 아니라 나를 괴롭히는 데에 목적이 있는 것 같았다. 이 날의 그의 태도 또한, 나의 발등을 밟고 가깝게 접근할 때에는 침을 뱉고, 때로는 나의 몸에 손을 대어 나를 극도의 흥분 상태에 몰아넣었다. 게임을 시작한 지, 약 5분이 지났을까? 막 패스된 보올을 드리블로 몰아 드라이브 인 자세를 취하며 오캄포를 비껴서 두어 발자국 전진하였을 때였다. 뒤에서 나의 유니폼 상의를 잡아당기는 감촉을 느꼈다. 뒤돌아보나마나 오캄포의 소행에 틀림이 없다. 나는 홧김에 창피를 무릅쓰고 전진하여 점프 숫! 고울인이다. 그러나 나의 유니폼 상의는 오캄포의 손장난에 의하여 볼품없게 찢어지고 바싹 마른 나의 상체가 수만 관중들 앞에 노출되었다. 나는, 어이없는 표정으로 멀거니 서 있는 오캄포를 이 보란 듯이 노려보았다. 당황해서 쫓아온 심판은 어쩔 줄을 모르고 서 있는 오캄포에게 티 파울을 선언하고 퇴장시켰다. 관중들이 쏟는 비난의 아우성은 내가 유니폼을 갈아입고 나올 때까지 계속되었다. 필리핀 팀 벤치에서는 낭패의 표정을 감추지 못했다. 나를 마크할 수 있는 오직 하나의 선수라고 믿던 오캄포를 경기장에서 빼앗겼으니 그럴 수밖에.

　이후로도, 잦은 국제 시합에서 오캄포를 자주 만났다. 그러나 한 번 이런 일이 있은 후로는 나에게도 자신이 생겼다. 그의 더티 플레이에 분개하고 흥분하기보다는 그가 그럴 때마다 조소 섞인 웃음으로 응수해 주기 시작했다. 태연한 표정으로 그의 야비한 플레이를 받아 주니까 나중에는 스스로 맥이 빠졌는지 게임에 파이팅을 내지 못했다. 그는 확실히, 우수한 플레이어는 아니었지만 심리적으로는 나를 괴롭힌 선수에 꼽히는 인물이다.[184]

　에드가르도 루시아노 '에드' 오캄포는 1938년 10월 5일 필리핀의 팜파냐에서 태어났다. 그의 아버지는 필리핀 건축의 아버지로 불리는 페르난도 히손 오캄포다. 마닐라의 아테네오에서 교육을 받은 그는 어릴 때부터 스포츠에 빠져들었다. 축구와 농구를 모두 좋아했고, 육상에도 재능을 보였다. 처음부터 농구선수가 되고 싶었으나 키가 작아 뜻을 이루지 못한 오캄포는 축구선수가 되어 뛰어난 실력을 발휘했다. 열일곱 살이 되자 언론에서 '미스터 풋볼'이라고 불릴 정도로 주목을 받게 되었다. 그는 1956년 필리핀 축구대표로 뽑혀 한국과 스페인으로 원정하기도 했다. 바로 이 해에 오캄포는 축구 경기를 하다 쇄골이 부러지는 사고를 당했다. 의사는 6개월 동안 운동을 삼갈 것을 권했는데 오캄포는 재활을 하는 동안 학교 농구팀에 들어가기로 결심했다. 그는 공식적으로 1957년부터

---

184) 김영기, 1966: 268~271.

필리핀의 대학농구 시즌 2라운드부터 선수로 활약하기 시작하였다. 오캄포는 아테네오 킹 이글(Ateneo King Eagle)의 선수로서 소속팀이 1957년과 1958년 연속우승을 하는 데 크게 기여하였다. 그는 비록 신장 169cm, 체중 71kg 밖에 되지 않은 작은 선수였지만 체력이 강하고 힘이 있었으며 빠르고 반사 신경이 뛰어나 언제나 코트에서 눈에 띄는 경기를 했다.

대학을 마친 오캄포는 1959년 필리핀 전통의 명문 이포 페인터스(YPO Painters)에 입단하여 이 팀이 전성기를 구가한 1960년대를 거쳐 1973~1974 시즌까지 프랜차이즈 스타로 군림하였다. 그는 1959년부터 1972년까지 필리핀 대표선수로서 수많은 국제대회에서 활약하였다. 그가 처음으로 대표선수가 된 1959년에 필리핀 대표팀은 국제농구연맹(FIBA) 세

All the scores:

RP	fg	ft	tp	Korea	fg	ft	tp
B'nardo	10	3	23	Kim MH	8	9	25
Papa	5	3	13	Lee	5	6	16
Bauzon	6	0	12	Kim IK	7	1	15
J'warski	6	0	12	Shin	3	4	10
Reynoso	2	0	4	Ha	3	1	7
Mariano	1	2	4	Sin	2	0	4
M'lencio	1	2	4	Kim YI	0	1	1
F'rencio	1	2	4	Choi	1	0	2
Roque	1	2	4	Kwak	0	0	0
Ocampo	1	1	3	Totals	29	22	80
Rojas	0	0	0				
Totals	35	13	83				

Halftime: 41-38
Personal fouls—Philippines(41): Bernardo 3, Papa 3, Bauzon 5, Jaworski 5, Reynoso 4, Roque 5, Mariano, Melencio 5, Ocampo 5, Rojas 5. Korea (30): Kim M. H. 3, Lee 4, Kim I. K. 4, Shin Dong Pa 5, Ha 2, Sin, Choi 4, Kwak. 2.
Referee: Mario Hopenayn (Uruguay); Umpire: Allen Gordon Rae (Canada).

1967년 10월 1일 서울에서 벌어진 한국과 필리핀의 아시아남자농구선수권대회 최종일 경기 기록. 신동파는 필드골로 6점, 자유투로 4점을 넣었다.

계남자농구선수권대회에 참가해 8위를 기록하였다. 오캄포가 활약하는 동안 필리핀 남자농구 대표팀은 1960년과 1963년, 그리고 1967년 아시아남자농구선수권대회(ABC)를 제패하였다. 1960년 로

마올림픽(11위), 1968년 멕시코시티올림픽(13위), 1972년 뮌헨올림픽(13위) 등 세 차례 올림픽에도 출전하였다.

필리핀 농구의 역사를 기록한 호세 마 보니파시오 에스코다는 오캄포에 대해 필리핀이 낳은 특출한 가드였고 코트 안팎에서 신사였다고 기록하고 있다. 이러한 평가는 그를 반칙이나 일삼은 삼류 선수 정도로 기억하고 있는 한국 농구계 인사들의 인식과 거리가 있다. 그도 그럴 것이 오캄포의 농구 인생을 통틀어 가장 빛나는 장면으로 평가받는 순간은 1967년에 한국을 물리치고 ABC에서 우승할 때 한국의 득점기계(scoring machine) 신동파를 10득점으로 묶은 경기였다.

오캄포는 1975년 코치가 되어 이포가 1975년 7월 마닐라은행을 물리치고 우승하는 데 기여했다. 이후로 로열 트루 오렌지 팀의 감독이 되어 1978년과 1979년 우승을 기록하는 등 성공가도를 달렸다. 그가 맡은 팀은 토요타(1981년), 마닐라맥주(1985년), 셸(1986~1987년), 펩시(1990년) 등이다. 1999년 61세의 나이로 세상을 떠난 오캄포는 아테네오 스포츠 명예의 전당(1982년), 국립 농구 명예의 전당(1999년), 필리핀농구협회 명예의 전당(2013년)에 차례로 헌액되는 등 생전과 사후에 걸쳐 영예를 누렸다.

신동파는 서울 ABC에서 필리핀의 오캄포에게 철저히 수비를 당해 10득점(필리핀 기록은 12득점)에 그친 뒤 "내가 아직도 젊고 앞으로 선수로서 뛰어야 할 시간이 많이 남았는데, 수비 선수에게 막혀 기량을 발휘하지 못한다면 결코 선수로서 성공했다고 할 수 없다. 어떤 수비 선수가 달라붙든지 반드시 제쳐 내고 득점할 수 있는 기술을 연마해야겠다."라고 결심했다고 한다. 아마도 이때를 계기로 상대 수비선수를 등지고 공을 받아 연결하는 공격이나 드리블로 수비를 제친 다음 레이업슛으로 득점하는 등의 개인 공격 능력이 크게 향상되었을 것으로 짐작할 수 있다.

필리핀하고 결승전을 하면서 내가 망신을 당했어…… 준결승까지 매 게임 30점 이상 했는데… 모든 국제대회에서 예선에는 20분밖에 안 뛰어…… 체력 세이브하기 위해서 전반 10분, 후반 10분 이런 식으로. 더 뛰고 싶은데 미치겠어…… 대만, 일본, 필리핀하고 할 때 이때는 40점 50점이 나오는 거지…… 전성기라면 내가 숫밖에 몰랐던 때보다 (19)67년 4회 ABC에서 MVP를 받았는데 준우승했어. 필리핀에 오캄포가 있었는데, 김영기 선배가 은퇴하고 다음 ABC때부터 김영기 선배 맡던 오캄포 이게 나한테 온 거야. 걔는 디펜스 밖에 못해. 그림자야…… 김영기 선배 쓴 책이 있어. 갈채와의 밀어. 은퇴하고 자서전 냈는데 제목이야. 거기 보면 '나를 괴롭힌 선수들'이라는 글이 있어요. 국내에선 문현장, 국제에서 오캄포, 두 분이 나와요. 하여간 어떻게 빠른지…… 사람이 아무리 빨라도 공격이 먼저 움직인 다음에 움직이므로 공격보다 느린 법이거든. 애는 먼저 가 있어. 내가 성질이 나서 후반전에 오반칙하고 나와 버렸다니까? (19)67년이면 기업은행에 입사하자마자 군대 가서 육군 복무 중이었어. 내가 그때는 일대일도 좀 했

어. 내가 신장이 좀 되니까 골밑에도 들어가서 김인건하고는 연세
대 선배니까 눈짓으로 다 알아요 하우, 어찌나 빠른지, 석 점인가
졌어요 죽겠어, 내가 성질이나 나가지고 그때까지 내가 10몇 점
넣었어, 내가… 그래 가지고 이러면 안 되겠다. 내가 농구할 날이
구만리인데, 이걸 넘어야 내가 산다고 생각했지. 얘(오감포) 타이
트 맨투맨에 대한, 요즘 공중에서 처리하는 플레이… 내가 걔 때
문에 그 이후로 많이 사용했어. 얘 수비 따돌리고 쉽게 볼을 잡을
수 있는 브이 컷이라든가 루프 리버스 컷 이런 거를 혼자 내가.
누가 가르쳐 준 게 아니고[185]

수비하는 선수의 중심을 무너뜨리는 신동파의 빠른 방향전환.

---

185) 신동파 면담, 2012. 5. 10.

현존하는 경기 동영상을 관찰하면 신동파가 동료 가드나 포워드로부터 공을 받기 위해 상대 선수를 등지거나 한 걸음 내딛으며 공을 받아 소유하는 능력이 대단히 뛰어나다는 사실을 확인할 수 있다. 또한 수비 선수의 무게중심이 어디에 기울어 있는지를 파악하여 반대방향으로 회전하면서 골대를 향하여 움직이는 공격이 매우 빠르고 정확하다는 사실도 알 수 있다. 그의 레이업슛은 높이 떠오르거나 림을 타고 빠르게 회전하며 그물망 안으로 흘러들거나 백보드를 맞고 날카로운 각도로 빠르게 림을 통과하기 때문에 수비 선수가 공을 쳐내기 어렵고, 보는 입장에서는 속이 후련한 쾌감을 느끼게 하는 장면을 자주 만들어냈다. 전체적으로 볼 때 슛을 제외하고도 신동파에게는 여러 가지 공격(득점) 수단이 있었으며 그러한 기술은 대체로 빠르기(스피드)와 정확성에 기초를 두고 있었다. 이러한 기술을 몸에 익히기까지 신동파의 노력은 쉴 사이 없이 계속되었을 것이다. 이러한 노력이 헛되지 않았기에, 신동파는 훗날 오캄포와의 만남에서 수비를 아랑곳하지 않는 압도적인 기량으로 서울에서 당한 선수로서의 수모를 만회하였다고 술회하였다.

1971년 5월 소속팀인 기업은행 농구팀의 필리핀 원정에 참여해 오캄포가 소속한 니크(이코 Yco의 오기인 듯)와도 경기를 했다. 크리스파는 당시 필리핀 실업팀 중 우승팀이었고 내가 가장 싫어하는 오캄포가 있는 니크는 2위, 현재도 대표선수 주전으로 뛰고 있는 자위르스키가 있는 메랄코는 3위 팀이었다. 니코와 시합을 남겨두고는 마닐라가 온통 떠들썩했다. 마닐라에서 발행되는 스포츠·월드, 데일리·익스프레스, 마닐라·타임스 등 중요 신문에서는 "내일 申東坡와 오캄포와 만난다." "숙적의 대결" 등으로 헤드·라인을 뽑아 대서특필했다.

그리고 실제로 게임에 들어가서도 관중들이 더 열광적이었다. 이 게임서 나는 숙적의 마크·맨 오캄포를 넉·아웃시킬 수 있었다. 나를 마크하는 오캄포는 너무 늙어 있었다. 이 당시 그의 나이 33세, 나보다는 6세나 위였다. 그는 움직임이 전과 같이 재빠르지 못했다. 내가 34포인트를 기록하는 동안 오캄포의 수비는 전혀 성공하지 않았고, 나를 막다가 반칙이 많아져 후반 시작하자마자 5반칙으로 퇴장 당했다. 서울에서 맞붙었을 때는 내가 제몫을 못하고 후반에 5반칙으로 물러나야 했는데 입장이 정반대가 되었다. 이렇게 해서 오캄포는 후반 들어가 얼마 안 되어 5반칙 퇴장 당했다. 오캄포가 퇴장하자 열광하던 관중들도 맥이 빠졌던지 실망에 찬 야유를 보냈다. 나는 이 게임에서 34포인트를 따내 필리핀 관중들로부터 크게 환영을 받았다. 나는 8게임서 모두 345점을 얻어 매게임의 평균 득점은 43포인트 정도였는데 가장 많은 득점을 얻은 것은 대 그리스파와의 2차전에서 52점을 기록한 것이다.

오캄포가 5반칙으로 퇴장당하고 니코가 우리에게 지자 다음날 신문에 재미있는 사진이 실렸었다. 다음 날 필리핀의 신문에는 공격하는 내 모습과 그런 나를 바라보는 오캄포의 모습이 함께 담긴 사진이 실렸는데 기사의 제목은 "오캄포는 이제 늙었다."라는 내용이었다. 내가 농구선수로서 원숙한 플레이를 할 수 있었던 해는 한국이 아시아의 정상을 차지했던 69년, 70년이 아니라 오히려 이 해였다고 말하고 싶다.186)

신동파는 수비수 한두 명이 막기 어려운 압도적인 공격력을 발휘했다. 사진은 1973년 12월 15일 필리핀 마닐라의 리잘 기념체육관에서 열린, 아시아 남자농구선수권대회의 패권이 걸린 경기. 신동파가 필리핀 수비수들의 겹수비를 받으며 동료의 패스를 기다리고 있다. 그는 슈터였지만 상대 팀 센터의 수비를 받으며 골밑에서 득점할 만큼 경기장 모든 장소에서 득점할 수 있는 선수였다.

186) 신동파 면담, 2012. 5. 11. 일간스포츠. 1974. 2. 4. 7면. 이 책의 표지를 장식한 사진이 바로 신동파와 오캄포가 격돌하는 장면이다. 신동파는 이 승리에 큰 의미를 부여하였다. 자신이 간직했던 한계의 일부분을 허물어뜨렸다는 기쁨을 느낀 듯하다.

전성기에 구사한 높은 경기력에 대한 신동파의 자신감은 대단해서, 훗날 그는 "팀의 주포, 슈터라면 한 명의 수비 선수를 이용해 막을 수 없는 선수여야 한다. 수비를 맡은 선수의 동료 수비 선수가 도와야 하고, 그래서 공격하는 선수의 동료에게 상대적으로 많은 득점 기회를 제공할 수 있는 이점을 만들어야 한다. 이런 어려움 때문에 상대팀에서 그를 막기 위해 고통스런 준비 과정을 거치도록 해야 한다."고 자신 있게 말하면서 "요즘은 그런 선수를 찾기 어렵다."고 높은 자부심을 에둘러 표현하기도 하였다.[187]

2010년 1월 17일자 『문화일보』는 '매년 서너 차례 필리핀 건너가 영웅대접 받고 오죠.'라는 제목으로 신동파에 대한 매우 재미있는 기사를 게재하였는데, 기자는 이 기사를 통하여 신동파에 대해 '최초의 한류'라는 지위를 부여한다.

'아시아 한류(韓流)'의 원조는 신동파(66·대한농구협회 부회장)였다. 한류가 본격적으로 시작되기 훨씬 앞선 30년 전, 이미 필리핀을 비롯한 아시아에서 신동파의 한류가 위세를 떨쳤다. 그 위세는 필리핀에선 아직도 이어진다. 그의 이름을 써 붙인 합승차(지프니)가 지금도 다니고, 그의 이름을 딴 상점도 있다. 그의 이름이 행운을 가져다준다고 믿는다니, 이만한 한류가 없다.

신동파는 한국농구의 '신화'이자 '역사'다. 농구스타가 나오면 그 이름 앞에 항상 '제2의 신동파'란 접두사가 붙었다. 한국전쟁

---

187) 신동파 면담, 2012. 12. 21.

의 상흔이 가시지 않은 1960년대, 아시아 최빈국의 그 어렵던 시절에 신동파는 국민들에게 희망을 주었다. 50대 이상 세대들이 지금도 그의 이름을 들으면 가슴이 싸한 향수를 느끼는 것도 이 때문이다.

가장 기억에 남는 경기는 역시 1969년 방콕에서 열린 제5회 아시아선수권의 필리핀과의 결승전이다. 필리핀과의 긴 인연이 시작된 경기이기도 하다.

"당시 필리핀은 아시아 최강이었죠. 결승에서 필리핀을 95-86으로 누르고 한국농구가 처음 아시아를 제패했죠. 제가 50점을 넣었습니다. 당시만 해도 필리핀은 아시아에서 잘사는 나라여서 TV로 중계를 했어요. 필리핀에서는 자기들이 패한 그 경기를 6개월간이나 계속 재방송했다고 해요. 나의 슛 모션을 하나하나 전문가들이 분석을 하면서요. 이후에도 제가 속한 기업은행 팀을 체재비와 경기료를 줘가며 초청해서 은퇴 때까지 매년 갔습니다. 지난해까지 매년 서너 차례씩 다녀오고 그곳 프로농구 챔피언결정전에 시구자로 초대 받기도 했죠."

엉뚱한 질문을 해봤다. 농구로 돈은 좀 모으셨습니까?

"대학 갈 때, 실업 갈 때, 또 요즘 같으면 프로에 갈 때 목돈을 챙기지만 제가 뛸 때만 해도 그런 환경은 못됐어요. 실업 시절 한 달에 한 번 기업은행 본점에 가서 월급봉투 받는 게 그렇게 좋았어요. 필리핀에서 외국인선수로 오라고 했지만 당시만 해도 외국에 가면 매국노 취급을 받던 때라 생각도 못했죠. 농구로 큰돈을 만진 건 없지만 국가대표라는 자부심만으로 운동에 올인했어요. 이 점도, 돈에 크게 좌우되는 요즘 젊은 선수들 보면서 착잡할 때가 있어요."[188]

신동파는 요즘의 기준으로 볼 때도 상당한 미남이다. 큰 키에 얼굴이 작고 팔다리가 길다. 거기다 뛰어난 농구선수였으므로 농구가 국기(國技)와 다름없는 필리핀에서는 현역 시절부터 인기가 하늘을 찔렀다. 미남 농구 스타에 염문(艷聞)이 따르지 않으면 오히려 이상한 일이다. 신동파가 소속 팀인 기업은행을 이끌고 전지훈련과 친선경기를 하기 위해 필리핀을 방문했을 때는 상대 팀에서 신동파와 기업은행을 이겨보기 위해 미인계를 사용한 사례도 있다. 신동파는 회고록에 완곡하게나마 한때의 짜릿한 기억을 기록으로 남겼다.

71년 기업은행 팀이 마닐라에 원정 가서 메랄코와 대전을 갖기 전날 밤이었다. 이때만 해도 극성스런 팬들의 사인공세와 전화장난이 심해 호텔측에 미리 이야기를 해 놓아 내 방으로 걸려오는 전화는 무조건 대주지 말라고 당부해 놓기까지 했다.
  그런데 한밤중에 전화가 걸려왔다. 서창옥 선수와 한방을 쓰고 있던 나는 서가 전화를 받아주길 바랐으나 서가 잠이 깊이 들어 하는 수 없이 내가 받았다. 불을 켜고 시계를 보니 새벽 3시였다.
  상대방은 여자 목소리였다. 그 여자는 내가 신동파라는 것을 확인한 다음 "나는 당신의 팬인데 지금 만나보고 싶다."고 엉뚱한

188) http://www.munhwa.com/news/view.html?no=2010011501032433008004[accessed 30. June. 2104]

수작을 걸어왔다. 나는 "오늘은 너무 늦었으니 내일 날이 밝으면 만나자."고 했더니 그 여자는 "나도 같은 호텔에 들어 있으니 지금 내 방으로 좀 올 수 없느냐."고 대담한 유혹을 했다.

나는 하도 어이가 없어 "내일 만나자."라는 말을 하고 전화를 끊었다. 그랬더니 다시 전화가 걸려왔다. 여자는 나에게 "혼자 있느냐."고 물었다. 그래서 나는 "룸 메이트와 함께 있다."고 퉁명스럽게 말했다. 그랬더니 그 여자는 자기 방 룸 넘버를 알려 주면서 "나는 지금 혼자 있다.", "외롭다.", "5분만 이야기를 좀 하자."고 계속 치근거렸다. 나는 이상한 예감이 들어 "나를 만나고 싶으면 내일 오전 10시 내 방으로 오라."고 말하고 전화를 끊었다. 그 뒤로 그 여자에게서는 다시 전화가 없었다.

이튿날 아침 나는 팀 메이트 서에게 어젯밤 일을 이야기하며 그 여자를 기다리고 있었다. 어떻게 생긴 여자이기에 대담한 유혹을 했을까 하는 호기심도 생겨 그 여자를 한번 보고 싶었다. 그러나 그 여자는 11시가 넘어도 나타나지 않았다.

서와 나는 어제 저녁 그 여자가 일러준 룸 넘버를 기억하고 있었기 때문에 그 여자의 방을 찾아 나섰다. 우리가 두리번거리며 방을 찾고 있을 때 룸 보이가 나타나서 "이 방에 있던 여자는 오늘 아침 일찍 짐을 가지고 나갔다."고 말하면서 의아한 표정으로 우리를 쳐다보았다. 우리는 보이에게 "그 여자는 무엇하는 여자냐."고 묻자 보이는 의미 있는 웃음을 웃고 그 방문을 열어 주었다. 방문을 여는 순간 우리는 놀라움을 금치 못했다. 그 방에는 응접실 서재 침실이 호화판으로 갖춰진 딜럭스 룸이었다. 우리는 방을 보는 순간 이 여자가 어떤 계획을 가지고 이 방에 들었다가 내가 만날 것을 완강히 거부하자 실패하고 돌아간 것임이 분명했다. 이 뒤 우리는 수소문 끝에 메랄코 팀에서 미인계를 쓰려다 실패한 것임을 알고 모두가 한바탕 웃음을 터뜨렸다.

이 원정경기에서 돌아와 중매로 71년 6월 12일 이연일 양과 타워 호텔에서 약혼식을 올렸다.[189]

---

189) 일간스포츠. 1974. 2. 6. 3면.

신동파의 유산, 이충희와 허재

신동파는 당시로서는 새로운 기술에 속한 원 핸드 점프 슛을 완전히 체득하여 본격적인 슛 플레이를 수행한 선수다. 그가 수행한 경기력과 그에 따른 업적은 훗날 등장하는 이충희·김현준·문경은 등 우수한 슛 전문 선수들에게 큰 영향을 미친다. 한국 농구사에서 신동파는 광복 이후 첫 대중스타라고 할 수 있는 김영기의 뒤를 이어 남자농구의 가장 대표적인 인기선수였다. 신동파가 은퇴한 이후 신동파의 경기력과 인기에 버금가는 인물은 이충희, 허재 등을 꼽을 수 있다. 특히 이충희는 신동파의 경기 스타일과 슈터 중심의 농구라는 콘셉트를 유산으로 물려받은 직접적인, 또한 마지막 계승자라고 할 수 있다. 다시 『문화일보』의 기사를 인용한다.

후배 중에 '제2의 신동파'로 누구를 꼽는지 물어보았다. 그런데 정색을 하고 '아쉽다'는 대답이 돌아왔다.

"제 생각만이 아니고, 근대농구의 맥이 있습니다. 김영기—신동파—이충희—허재로 이어집니다. 각 10년 터울이죠. 이충희는 저 이상으로 슛 감각이 비상했고 허재는 슈터라기보다 기술로 화려하게 농구를 했어요. 이후 10년씩을 대표할 선수가 나오지 않았다고 봅니다. 그것이 농구의 인기가 하락하는 데 영향을 미쳤어요. 여자농구에서도 박신자—박찬숙 이후가 없는 게 문제거든요. 스타들은 있었지만 슈퍼스타가 나오지 않은 게 참 아쉬워요."

신동파는 이충희를 뛰어난 득점 전문 선수로 꼽았다. 이충희는 실업농구 시대에 열린 '농구대잔치' 무대에서 뛰어난 슈터로 손꼽혔다. 그러나 신동파와 같이 다양한 득점 기술을 구사하지는 못했다. 신동파의 키가 190cm로 당시로서는 센터가 가능한 높이였던 데 비해 이충희는 182cm에 불과했다.

신동파가 수행한 경기력과 그에 따른 업적은 훗날 등장하는 이충희(李忠熙), 김현준(金賢俊), 문경은(文景垠) 등 우수한 슛 전문 선수들에게 동기를 부여하고 영감을 불어넣었다. 특히 신동파 이후 가장 뛰어난 슛 기술로 성인 실업대회인 농구대잔치에서 경기당 최다 득점 기록을 남긴 이충희는 신동파의 직접적인 영향권 안에서 성장한 선수의 대표적인 사례라고 볼 수 있다. 또한 이충희는 미디어와의 인터뷰를 통하여 신동파로부터 영향을 받았음을 부인하지 않았다. 예를 들어 2009년 5월 농구전문 월간잡지 『점프볼』과 인터뷰를 하면서, "처음부터 슈터로 시작했느냐?"는 질문에 "신동파씨가 활약했던 시절에 라디오를 듣고 자랐어요. 농구는 상대 골대에 골을 많이 넣는 게 가장 중요하다고 생각했죠"라고 대답하였다. 즉 그는 신동파를 통하여 이상적이고 완성된 농구 선수의 모습을 '득점을 많이 하는 슈터'라고 생각했음을 유추해볼 수 있다. 신동파 역시 이충희의 슛 구사 능력을 높이 평가하고 있다.

내가 생각하기에 후배 선수들 가운데 이 선수는 정말 슛을 타고났다 싶은 선수는 이충희야. 나도 슛 타이밍이 빠른 선수였지만 이충희는 더 빠른 것 같아. 특히 수비가 열려서 득점기회다 싶을 때 열에 아홉은 성공을 시켜 주어야 하는데, 그런 선수는 이충희 뿐이야.[190]

---

190) 신동파 면담, 2012. 12. 21.

공격법은 이충희의 득점 확률을 극대화하기 위해 고안한 대표적인 사례로 볼 수 있다. 방열은 이 공격 방법에서 슛을 던지는 선수는 이충희와 박수교였다고 적었으며 2012년

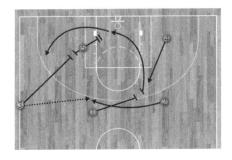

방열이 그린 이충희를 활용한 득점 전술

10월 3일 전화면담에서는 "대개 이충희를 활용하였다."라고 확인하였다(방열 전화 면담, 2012. 10. 3). 그림은 공이 사이드라인 밖으로 나가 재차 공격을 시도하는 상황이다. ③은 현대 팀의 가드인 박수교, ①은 이충희이다. 그는 박수교에게서 공을 넘겨받는 척 하다가 또 한 명의 가드인 ②를 위해 스크린(수비선수에 대한 가로막기)하고, ②는 ③으로부터 공을 받는다. 이때 ①은 스크린을 한 다음 즉시 골밑으로 침투했다가 ⑤의 스크린을 받으며 돌아 나와 왼쪽 45도 지점으로 이동한다. 이 과정에서 ③은 또 한 번 ①을 수비하는 선수를 스크린하여 ①이 방해를 받지 않고 슛을 던질 수 있는 기회를 만들어 준다. 이러한 경기 방식은 '동파스 플레이' 또는 G1, G2와 근본적으로 같은 성격이라고 볼 요소가 충분하다. 신동파에서 시작되어 이충희와 김현준으로 이어진, 슈터에 의한 외곽 득점 위주의 공격 전술은 한국 남녀 농구의 대표적인 특징으로 착근하기에 이르렀다.

에필로그

황혼의 신화(神話)

모든 스포츠 종목이 그렇지만, 농구도 세대를 걸러 황금세대가 등장해 한 시대를 수놓고 그들이 물러가면 한동안 암흑의 시기를 보낸다. 내가 아는 한, 기록이 말해주는 우리 농구의 1세대 황금세대는 이성구가 활약하던 시기다. 이성구-장이진-염은현은 일제강점기 한반도 출신의 뛰어난 농구선수로서 1936년 베를린올림픽에 일본대표선수로 출전하였다. 베를린올림픽 공식 기록집을 보면 눈매가 날카로운 이성구가 경기가 벌어지는 코트를 바라보고 있는 사진이 나온다. 형겊농구화를 신은 그의 주변에는 머리를 빗어 넘긴 일본인 동료 선수와 물을 담았을 것으로 짐작되는 큰 주전자가 놓였다. (주전자… 그렇다, 1960~1970년대 교실 한편에 있었고 매일 오전과 오후 당번학생이 수돗가에 가서 채워오곤 하던 그 주전자다. 우리는 플라스틱 컵으로 그 물을 마셨고, 학기가 중간쯤 지나 플라스틱 컵이 깨지거나 어디론가 사라진 다음에는 뚜껑에 물을 받아 마시기도 했다. 거친 녀석들은 주전자 주둥이에 입을 대고 마시기도 했다. 또한 운동회가 열리거나 반 대항 축구 경기가 열릴 때에는 반드시 물을 채워 들고 나가기도 했다.) 나는 이 사진을 볼 때마다 가슴이 저릿한 아픔과 감동을 함께 느낀다. 사각모를 쓰고 신촌 바닥이나 종로를 누볐음직한 식민지 청년의 응어리와 체념을 사진 속에서 본다.

이성구는, 당연한 일이지만, 일본어가 유창했고 일본 농구인들과 유대가 돈독했다. 내가 스포츠 기자가 되어 농구를 취재하기 시작했을 때 이성구는 아직 살아 있었다. 그에게서 강한 민족혼이나 일제에 대한 증오심 같은 것은 발견하지 못했다. 광복이 되지 않았다면 식민지에서 고등교육을 받은 지식인으로서, 또한 선수로서 높은 수준의 경기력과 더불어 남다른 실적을 쌓은 농구인으로서 일정한 역할을 하며 살아갔으리라고 생각한다. 그의 위상은 이상백과 유사했을 수도 있다. 이성구는 광복 이후 한국의 농구계에서 큰 영향력을 행사했고 늙어서는 원로로 대접받았다. 특히 연세대학교에서는 '연세대 농구의 대부' 또는 '연세대 농구의 아버지' 정도로 떠받들렸다. 특히 최희암이 이성구를 각별히 예우하는 모습을 여러 차례 보았다. 최희암은 1993년부터 성인농구 무대에서 두드러진 성적을 거두고 많은 출신 선수를 실업(훗날에는 프로) 팀에 진출시킴으로써 스타 지도자로 부각된 인물이다. 물론 이성구-장이진-염은현 이전 세대가 있었을 것이다. 하늘 아래 새로운 것은 없고, 스타도 땅에서 솟듯 어느 날 갑자기 등장하지는 않으니까. 그러나 문서나 사진 등으로 남은 자료가 충분치 않은 가운데, 이성구-장이진-염은현 세 대만이 기록이 베푸는 특혜를 최초로 향유하였다.

한국에서 신문이 스포츠 내지 체육을 적극적으로 보도한 시기는 1890년대로 거슬러 올라간다. 계몽적 수단으로서 신문이 보건위생과 체력증진이라는 목표에 초점을 맞춘 기사를 게재하는 경향이 강했다. 방송에 의한 스포츠 중계는 1927년 전조선 야구선수권대회를 중계한 것이 시초이며 최초의 농구 중계는 1939년에 이르러서야 시작되었다. 1939년 7월 27일부터 3일 동안 캐나다 웨스턴 농구단이 한국을 방문해 연희, 보성전문과 경기를 할 때 경성방송에서 중계를 한 것이다(김원제, 2005). 한국 농구 역사에 이름을 남긴 첫 실력자들은 이성구·장이진·염은현 등인데 이들의 명성이 널리 알려진 시기는 1936년 독일의 베를린에서 열린 올림픽에 참가하는 일본대표팀의 일원으로 선발되었을 때다.[192] 이들의 소식은 『조선중앙일보』나 『동아일보』 같은 국내 언론 매체를 통하여 대중에 소개되었다. 그러므로 이들은 얕은 수준에서일지언정 미디어의 세례를 받은 최초의 선수들이라고 할 수 있다.

광복 후 출현한 김영기는 걸출한 기량을 지닌 선수로서 제3공화국 시기에 강력하게 시행된 체육정책에 영향을 받은 방송 매체들

---

[192] 이들 외에 육상 마라톤 종목의 손기정과 남승룡, 축구 종목의 김용식 등이 일본의 대표선수로 선발되어 베를린올림픽에 출전하였다.

이 활발히 중계방송에 참여한 데 힘입어 전국적인 스타로 부각되었다. 김영기는 1956년부터 1965년까지 국가대표를 지냈고, 1969년부터 1974년까지 국가대표 코치와 감독을 지낸 성공한 농구 인이다. 전례 없는 테크닉과 잘생긴 용모로 인기를 모은 그가 활약한 시기는 라디오를 통한 중계가 일반화된 시기였다. 또한 정부홍보시책으로 필름 영상물이 제작되기도 하였는데, 예를 들어 『대한뉴스』는 1964년 도쿄올림픽에 참가한 한국 남자농구 대표팀의 경기 내용을 영상물로 보도하면서 1964년 9월 25일 열린 쿠바와의 경기, 9월 27일에 열린 태국과의 경기 내용 및 결과를 전하였다.[193)]

김영기는 자서전적 저서인 『갈채와의 밀어』에서 1964년 9월 30일 일본 요코하마에서 벌어진 멕시코와의 도쿄 올림픽 예선전 방송 내용을 상세히 소개하고 있다. 당시 활약하던 임택근·이광재·최계환·김주환 등이 합동방송단 캐스터로서 참여한 이 방송 중계 기록은 당시의 라디오 중계 형식과 내용을 알 수 있는 귀중한 자료라고 할 수 있다. 그 내용을 일부 소개하면 다음과 같다. 맞춤법과 띄어쓰기는 원본과 같다.

······지금 우리 선수들, 오른쪽 백보오드 밑에서 레이업 숫을 쏘며 가벼운 위밍업을 하고 있습니다. 여기는 요꼬하마 문화체육관, 제18회 도오꾜오 올림픽 농구 예선전이 벌어지고 있는 이곳

---

193) 대한뉴스, 1964. 10. 3

요꼬하마 문화체육관에서는 5천 명을 수용하는 관중석이 입추의 여지없이 꽉 차 있습니다. 그 중에는 손에 태극기를 든 우리나라 재일 교포들의 응원단도 보입니다. 아직 게임이 시작되려면 약 2분이 남아 있습니다. 여기서 잠깐, 오늘까지의 한국 팀의 전적을 말씀드리겠습니다.

9월 25일, 큐바와의 대전에서는 67대61로 감격적인 승리를 거뒀습니다. 9월 26일, 캐나다와의 대전에서는 65대73, 4고올 차로 아깝게 분패, 그러나 9월 27일, 태국과의 대전에서는 74대62라는 스코아로 대승했습니다. 그러나 9월 28일 오오스트레일리아와의 대전에서는 53대71로 석패해서, 결국 현재 2승2패의 전적을 가지고 멕시코와의 대전에 임하게 된 것입니다.

우리 한국 팀의 멤바를 보면, 6번 김영기, 7번 문현장, 11번 방열, 5번 김종선, 13번 김영일, 5번 하의건, 9번 김무현, 12번 김인건, 10번 신동파, 15번 정진봉, 14번 김승규, 8번 이병구, 이렇게 열두 명의 선수가 지금 워밍업을 하고 있는 것입니다. 조국과 민족의 영예를 걸고 오늘 거행되는 멕시코와의 대전은, 과연 어떻게 될 것인지 그 귀추가 주목된다고 아니할 수 없습니다.

말씀드리고 있는 순간, 우리 한국 팀 선수들은 코오치의 지시를 받기 위해 벤치로 모두 나가고 있습니다. 곧 게임이 시작될 것 같습니다. 우리 한국 팀, 벤치에 원형으로 둘러서서 한참 작전에 여념이 없는 것 같습니다.……

드디어 타임 인! 주심과 부심이 센타 라인으로 나왔습니다. 심판은 손짓으로 이 게임의 주의를 하고 있습니다. 우리 한국의 스타팅 멤바를 소개하면, 6번 김영기, 10번 신동파, 13번 김영일, 12

번 김인건, 15번 정진봉. 한편 멕시코 팀의 스타팅 멤바는, 센타에 13번, 포드에 9번 15번, 가드에 12번, 8번입니다. 1미95를 넘는 선수가 세 명이나 끼어 있는 멕시코 팀, 신장 면으로 우리 한국 팀보다 월등한 위치에 있읍니다. 과연 오늘 어떻게 싸워 줄 것인지 궁금합니다.

지금 막 양 팀 선수들, 센타 라인을 중심으로 제 자리에 섰읍니다. 우리 한국 팀의 김영일 선수, 그리고 멕시코 팀의 센타가 토스 볼 자세로 섰읍니다.

말씀 드리고 있는 순간에 센타 토스! 장신의 13번 선수가 멕시코 팀에 탭한 보올, 9번 잡아서 12번에게, 12번은 8번에게, 8번의 드리블! 우리 한국 팀 철통 같은 수비진으로 멕시코 팀의 공격을 저지하고 있읍니다. 드리블하던 8번, 레프트 사이드에 있는 12번에게 오바 패스! 12번 바운드를 하다가 롱 숫! 아무렇게나 쏜 보올입니다. 고울인! 8번의 패스를 받아서 롱 숫으로 선취점을 올리는 12번 선수. 가벼운 숫이었읍니다.

광복 이후 최고의 스타는 김영기임에 틀림없다. 그가 선수생활을 통틀어 보여주었던 뛰어난 기량을 기록으로 확인하기는 매우 어렵고 제한적이다. 또한 시대의 특징과 농구 경기의 특성을 고려해 보아야 한다. 그러나 곳곳에 단편적으로 남은 공식 기록만으로도 김영기가 당대 한국 농구로서는 상상하기 어려운 수준에 도달한 인물이었다는 사실을 확인할 수 있다. 나는 여러 농구계 인사들로부터 선수 시절 김영기가 얼마나 뛰어난 선수였는지에 대한 증언을 들을 수 있었다. 1969년과 1970년에 한국 남자농구를 아시아 정상에 올려놓은 전설적인 인물들도 한결같이 김영기의 위대함을 언급하였고 무한한 존경심을 표현하였다. 이러한 인정과 존경은 훗날 김영기가 행정가가 되어 활동할 때에도 변함이 없었고, 그러므로 그가 원하는 일을 추구해 나가는 데 있어 적지 않게 유리한 국면을 조성해 주었을 것이 틀림없다. 나 또한 기자로서, 또한 스포츠 연구가로서 김영기를 자주 인터뷰하고 자료를 열람해 갈무리해오는 동안 농구와 한국 스포츠에 대한 그의 탁견을 여러 차례 확인할 수 있었다. 그리고 매우 다행한 일이지만 그에게는 광복 이후 활발히 전개된 언론의 스포츠 보도활동이라는 행운도 따랐다. 대한민국의 여러 도서관에 산재한 신문 스크랩은 당대를 열광시킨 김영기의 족적을 확인하는 데 결정적인 힌트를 제공한다. 물론 그 시대 언론의 보도 방식이 현재와는 확연히 다르기에 혹 김영기에 대해 연구하려는 학자가 있다면 역사적 상상력의 도움을 받은 다음에라야 도전할 수 있을 것이다. 특별히 득점 기록과 같은 수치는 당대의 언론으로부터 얻어내기가 매우 어렵다.

당대 최고의 스타 선수로 우뚝했던 김영기의 바로 뒤 세대로 출현해 1960년대 후반 국가대표팀의 주축을 이루는 선수들이 김영일, 김인건, 이인표, 신동파, 유희형 등이다. 재능으로 충만한 이들은 김영기의 맹활약으로 인해 고조된 국민들의 농구에 대한 관심과 언론 매체의 활발한 보도 및 중계 문화를 유산으로 물려받은 세대였다. 신동파는 그 중에서도 첫손에 꼽힌다. 신동파에 대한 자료는 김영기에 비하면 많은 편이다. 그는 올림픽에 두 차례(1964년 도쿄 올림픽과 1968년 멕시코시티 올림픽), 세계선수권대회에 한 차례(1970년 유고슬라비아 세계남자농구선수권대회) 출전했다. 그가 출전한 대회 기록은 올림픽위원회나 국제농구위원회에 온전히 보관되어 있다. 이 소중한 기록이 그들의 출신 국가인 대한민국이 아니라 국제경기기구에 남아 있다는 사실에 대해 개탄할 수는 없지만 누구도 비난하기는 어렵다. 그들이 활동하던 시대는 지금처럼 누가 몇 점을 넣었느냐를 따지기에 앞서 얼마나 많이 이기느냐, 얼마나 순위표 상단에 올라 국위를 선양하느냐가 우선인 시대였다. 이 프레임은 신동파 이후의 세대로 이행하는데, 21세기에 들어서도 근본적으로 달라졌다고 보기 어렵다. 신동파 이후 한국 남자농구는 중국이라는 거인과 조우하면서, '만리장성 돌파'가 시대의 과업으로 떠오른다.194) 신동파가 후계자처럼 생각하는 이충희와 그를 둘러싼 엘리트 세대라고 평가할 만한 신선우, 박수교, 신동찬, 임정명, 이문규 등이 모두 중국을 극복해야 세계로 진출할 수 있다는 절박함 속에 분투하

194) 중화인민공화국(中華人民共和國)을 말한다. 한국은 1992년 8월 24일 중국과 적대관계를 청산하고 국교를 정상화하기 전까지 중공(中共)이라고 불렸다. 이 무렵 한국인에게 중국은 자유중국(自由中國; 中華民國), 즉 대만(臺灣)을 뜻했다. 1958년 국제올림픽위원회(IOC)에서 탈퇴하면서 국제무대에서 자취를 감추었던 중국은 1971년 일본에서 열린 세계탁구선수권대회에 선수단을 파견하면서 국제 스포츠 무대에 다시 등장했다. 아시아 무대에 본격적으로 모습을 보이기 시작한 시기는 1974년 테헤란 아시안게임이었다. 중국은 270명에 이르는 대규모 선수단을 파견하였다. 이보다 앞선 1973년 아시안게임 집행위원회는 자유중국의 축출을 결의하였다.

였다.

　위대하다는 평가를 받아 마땅한 신동파 주변 세대의 인물들은 이제 인생의 황혼을 맞고 있다. 김영일은 이미 세상을 떠났고, 이 책을 쓰는 현재 대부분의 인물들이 70대의 고령으로서 농구계의 원로 그룹에 진입했다. 그러나 그들은 결코 낡은 인물들이 아니고 우리 농구의 현재, 그 가장 가까운 이정표 아래 우뚝 서서 이쪽을 바라보고 있다. 우리가 현재 보고 있는 한국 남자농구는 거의 50년 전에 그들이 이미 완성해 놓았다. 신동파라는 이름은 필리핀 뿐 아니라 대한민국에서도 여전히 현재의 이름이어야 한다. 내가 신동파에 대하여 책을 쓰는 이유도 과거가 아니라 그로 인하여 현재와 미래를 말하기 위해서이다. 미네르바의 부엉이는 과거를 향하여 날지 않는다.

신동파에 대해 더 알고 싶다면

누구든 신동파에 대해 더 알고 싶다면 도서관을 뒤져라. 이성구가 누리지 못했고 김영기에게는 충분하지 않았던 미디어의 축복이 신동파의 세대에 이르면 비교적 넉넉하게 베풀어져 그를 알고자 하는 호기심 많은 독자에게 길을 열어 보인다. 비록 당대의 기록이 여기저기 흩어져 있기는 하지만 가짓수는 적지 않고, 신동파 스스로도 1974년(일간스포츠)과 1981년(조선일보), 1996년(경향신문) 등 세 차례에 걸쳐 신문에 회고록을 남겼다. 신동파의 생애에 대해 주변인들이 언급하는 등의 형식으로 여기 저기 흩어진 기록도 적지 않은 편이다. 이 가운데 기본이 될 수 있는 자료는 1974년 1월부터 『일간스포츠』에 29차례에 걸쳐 연재된 '농구에 묻혀 15년'이라는 제목의 회고록(이하 '1974년 회고록')이다. 이 회고록은 신동파의 은퇴 직전에 기획된 것으로 판단되며, 간결하고 사실 위주의 구성으로 인하여 신동파 개인에 대해서 뿐 아니라 신동파가 활약하던 시기를 전후한 한국 남자농구계의 정황을 짐작할 수 있는 귀중한 자료이다. 1981년 1월 25일부터 2월 4일까지 7차례에 걸쳐『조선일보』에 게재된 내용은 에피소드 위주로 이루어져 있으며, 다른 필자들의 연재 내용과 함께 편집되어 1981년에『국가대표선수 : 잊을 수 없는 순간들』이라는 제목의 책자로 발간되었다. 1996년 1월 22일부터 1월 29일까지『경향신문』에 6회에 걸쳐 연재된 '나의 젊음, 나의 사랑 - 농구인 신동파'라는 제목의 회고록은 '1974년 회고록'을 바탕으로『경향신문』의 담당 기자가 압축해 정리한 형태여서 새로운 요소를 찾아보기는 어렵다. 또한 2005년『월간조선』9월호에 '아시아 농구계의 큰 얼굴 신동파'라는 제목으로 신동파의 생애를 정리한 기사가 16페이지(382~397)에 걸쳐 게재되었는데, 이 기사는 집필 기자인 이건실이 신동파의 '1974년 회고록' 스크랩을 통째로 복사해다 간추린 글이라는 사실을 신동파 자신이 확인하고 있으므로 사료적 가치는 현저히 떨어진다고 판단된다. 이 밖에 신동파보다 한 세대 앞서 스타의 지위를 누렸고, 기업은행 농구팀의 선배이며 국가대표 시절 동료이자 은퇴 뒤에는 코치와 감독으로서 신동파를 지도한 김영기가 쓴『갈채와의 밀어』(1966년)라는 제목의 회고록에 신동파와 관련한 내용이 일부 실려 있어 유력한 자료로서 참고할 가치가 있다고 본다. 이 밖에 신문과 잡지 등속에 산재한 신동파의 활동에 대한 언급 역시 '1974년 회고록' 또는 신동파의 직접 증언을 기초로 한 내용들로서 신동파 자신도 오래 된 옛 기억의 근거를 회고록에서 찾고 있기 때문에 '1974년 회고록'의 테두리에서 벗어나는 내용을 취하기는 어려울 것으로 판단한다.

참고 문헌

경향신문. 1963. 10. 12. 8면. 靑軍 팀, 白軍 눌러.

경향신문. 1963. 5. 29. 6면. 代表選手 18名 선정.

경향신문. 1966. 5. 7. 4면. 미 레온 마콘 소위 농구강화 코치 임명.

경향신문. 1967. 1. 9. 4면. 마콘 농구코치 후임 미 고스폴 소위 위촉.

경향신문. 1967. 10. 2. 6면. 1위에 신동파 ABC 베스트5.

고기환(2007). 체력요인에 의한 농구경기의 경기력과 점프 슛의 결정요인. 한국스포츠
    리서치, 18(4), 505~514.

김무현, 2010년 5월 13일 서울 KBL빌딩 라운지에서 면담 녹취.

김영기(1966). 갈채와의 밀어, 서울: 원문각.

김영기, 2010년 3월 5일 서울 여의도 매리어트 2층 커피숍에서 면담 녹취.

김인건(2005, 6). 김인건의 농구이야기. 스포츠 온, 48~49.

김인건, 2010년 1월 11일 서울 태릉선수촌 촌장사무실에서 면담 녹취.

김재우(2009). 서울YMCA 근대체육 100년사, 서울: 서울YMCA.

김형수(2000). 농구 원 핸드 점프 슛의 3차원 운동학적 영상분석. 한국체육학회지,
    39(4), 698~705.

김형수·박제영(1999). 여자 농구 선수들의 원 핸드 점프 슛의 운동학적 분석. 한국사회
    체육학회지, 12, 465~475.

대한농구협회(1989). 한국농구 80년, 서울: 대한농구협회.

대한농구협회(2008). 한국농구 100년, 서울: 대한농구협회.

대한뉴스, 1964. 10. 3. 도쿄올림픽 남자농구 경기.

대한뉴스, 1969. 12. 6. 축구, 농구 아시아의 패권.

동아일보 1955. 8. 10. 3면. 농구강습회 개최 美코·취 지도로

동아일보 1962. 11. 29. 8면. 籠球 男子優秀選手 24名 選拔

동아일보. 1963. 10. 16. 3면. 亞細亞籠球選手權 代表 12名 選拔.

동아일보. 1966. 12. 16. 4면. 농구 극적 승리에 감격의 울음바다.

동아일보. 1974. 2. 5. 8면. 아시아 第一의 籠球 골게터 申東坡 돌연 은퇴.

매일경제신문. 1982. 12. 29. 12면. 拳鬪王國 과시…日·中共 넘볼 수 있게 돼.

박한, 2010년 2월 24일 서울 KBL빌딩 라운지에서 면담 녹취.

방열, 2010년 4월 28일 전화 면담 녹취.

방열, 2011년 3월 9일 전화 면담.

방열, 2012년 1월 3일 경상북도 안동시 금강산 식당에서 면담.

방열, 2012년 3월 5일 전화 면담.

비키 고스폴, 2010년 3월 20일 서울 JW매리어트호텔 이그제큐티브 라운지에서 면담
    녹취.

신동파, 2010년 2월 25일 서울 올림픽파크텔 커피숍에서 면담 녹취.

신동파, 2012년 12월 21일 서울 올림픽파크텔 커피숍에서 면담 녹취.

신동파, 2012년 3월 14일 전화 면담.

신동파, 2012년 5월 10일 서울 올림픽파크텔 커피숍에서 면담 녹취.

신동파, 2012년 5월 11일 서울 방이동 자택에서 면담.

신동파, 2012년 8월 30일 전화 면담.

신동파, 2012년 9월 7일 전화 면담.

유희형, 2010년 3월 20일 서울 JW매리어트 호텔 이그제큐티브 라운지에서 면담 녹취.

유희형, 2010년 3월 4일 서울 마천청소년회관 관장실에서 면담 녹취.

이동진·정익수(2010). 농구 3득점 점프슛 동작의 운동역학적 분석. 한국운동역학회지,
    20(1), 49~55.

이인표, 2010년 2월 24일 서울 KBL빌딩 라운지에서 면담 녹취.

이인표, 2012년 3월 14일 전화 면담.

일간스포츠 1974. 1. 10~1974. 2. 8. 농구에 묻혀 15년.

점프볼. 2009. 5. 86~87쪽. 신이 내린 슈터 이충희.

제프 고스폴, 2010년 3월 20일 서울 JW매리어트호텔 이그제큐티브 라운지에서 면담

녹취.

조광식(2002). 세계를 향한 창의와 도전, 서울: 국민체육진흥공단.

조광식(2007, 12). 바스켓에 담긴 영욕의 1세기, 점프볼, 104-107.

조선일보체육부(1981). 국가대표선수 : 잊을 수 없는 순간들, 서울: 문학예술사.

조승연, 2010년 8월 27일 나고야 매리어트 아소시아 호텔 헬스클럽에서 면담 녹취.

조승연, 2011년 12월 30일 서울 잠실체육관 프로농구 삼성 구단사무실에서 면담.

조승연, 2012년 3월 14일 전화 면담.

중앙일보. 1966. 11. 22. 8면. 아주경기 우리 대표단 실력.

중앙일보. 1966. 6. 14. 8면. 아주 경기 파견 농구 후보 선수 15명 선발.

중앙일보. 1966. 8. 4. 8면. 농구대표팀 훈련에 큰 타격, 연대원정팀에 대표선수 7명 끼어.

찰리 마콘, 2010년 4월 30일 e-Mail 인터뷰.

찰리 마콘, 2010년 5월 6일 e-Mail 인터뷰.

찰리 마콘, 2012년 3월 23일 e-Mail 인터뷰.

최영식, 2010년 4월 28일 전화 면담 녹취.

최영식, 2013년 1월 3일 전화 면담 녹취.

최종규, 2010년 11월 29일 전화 면담.

최종규, 2011년 10월 13일 서울 순화동 스타벅스 올리브타워점에서 면담.

최종규, 2012년 3월 14일 전화 면담.

최종규, 2012년 3월 21일 인천 신포동 경남식당에서 면담 녹취.

최지영·황인승·이성철(1992). 투사거리에 따른 농구 점프 슛 동작의 운동학적 분석. 한국체육학회지, 31(2), 261~270.

하의건, 2010년 11월 29일 전화 면담.

하의건, 2011년 8월 17일 서울 태릉선수촌에서 면담.

허진석(2010). 1960년대 한국 농구의 미국 농구 체험, 한국체육사학회지, 15(2), 63~76.

허진석(2010). 스포츠공화국의 탄생, 서울: 동국대학교출판부.

허진석(2011). 제프 고스폴의 한국농구대표팀 코치 활동(1967~1968)에 대한 구술사적 연구, 한국체육사학회지, 16(1), 99~116.

허진석(2012). 한국남자농구 대표팀 최초의 미국인 코치 찰리 마콘에 대한 구술사적 연구, 한국체육사학회지, 17(2), 1~18.

허진석(2013). 아메리칸 바스켓볼, 서울: 글누림.

Alex Sachare(1994). The Official NBA Basketball Encyclopedia. New York, NY: Villard Books.

Basketball Illustrated(1971). ABC특집. Tokyo, Japan: Basketball Illustrated.

Bronx Science(2005). Nat Holman is still Mr. Basketball. New York, NY: CCNY.

Christgau, John(1999). The Origins of the Jump Shot. Lincoln: University of Nebraska Press.

Express Sports, 1973. 4. 29. p, 3. Can Shin be stopped?

FIBA, Shin Dong Pa's Profile. online. http://archive.fiba.com/pages/eng/fa/player/p/pid/82796/sid/2907/tid/313/_/1970_World_Championship_for_Men/index.html [accessed 3. January 2013]

Florian Wanninger & Anita Jankov(1993). FIBA Basketball Results. München, Bayern: Thomas Denner Verlag & Medien-Service.

Hoffman Christian & Wade Branner & Brad Salois(2010). VMI Keydets-2009-2010 Basketball Media Guide. Richmond. B&B Printing Inc.

http://article.joins.com/news/article/article.asp?ctg=12&Total_ID=363094[sccessed 30. June. 2014]

http://encykorea.aks.ac.kr/Contents/Index?dataType=0201&contents_id=E0048848[accessed 30. June. 2014]

http://news.jumpball.co.kr/news/view/cd/83/seq/267/page/80[accessed 30. June. 2014]

http://news.jumpball.co.kr/news/view/cd/83/seq/294/page/77[accessed 30. June. 2014]

http://news.jumpball.co.kr/news/view/cd/83/seq/850.html[accessed 30. June. 2014]

http://sportsmuseum.co.kr/mvp/2000/mar.htm[accessed 30. June. 2014]

http://www.asiae.co.kr/news/view.htm?idxno=2013080507160471396[accessed 30. June.

2014]

http://www.munhwa.com/news/view.html?no=20100115010324330008004[accessed 30.
June. 2104]

http://xportsnews.hankyung.com/?ac=article_view&entry_id=357670[accessed 21. June.
2014]

Joe Hutton(1966). Basketball. Mankato, Minn: Creative Educational Society.

Kozlowski, M(1997). A Concise Dictionary of American Basketball. Warsaw: Ypsylon Ltd.

Organisationskomitee Für Die XI: OLympiade Berlin 1936 e.v.(1936). The 11th Olympic
Games Berlin 1936 Official Refort. Berlin: Wihelm Limpert.

The History of UC SanDiego, Korean basketball team plays UCSD Tritons. 1968. 2. 16.
online.http://libraries.ucsd.edu/historyofucsd/newsreleases/1968/19680216.html   [accessed
6. January 2013]

The New York Times, 2 April 2011. online. http://www.nytimes.com/2011/04/03/sports/
ncaabasketball/03jumper.html?_r=1 [accessed 30. August 2012]

허진석

서울에서 태어나 동국대학교 국어국문학과를 졸업하고 동국대학교 대학원에서 이학박사 학위를 취득했다. 주요 저서로 『농구 코트의 젊은 영웅들』(1994), 『타이프라이터의 죽음으로부터 불법적인 섹스까지』(1994), 『농구 코트의 젊은 영웅들 2』(1996), 『길거리 농구 핸드북』(1997), 『X-레이 필름 속의 어둠』(2001), 『스포츠 공화국의 탄생』(2010), 『스포츠 보도의 이론과 실제』(2011), 『그렇다, 우리는 호모 루덴스다』(2012), 『미디어를 요리하라』(2012·공저), 『아메리칸 바스켓볼』(2013) 등이 있다.

우리 아버지 시대의 마이클 조던, 득점기계 신동파
ⓒ 허진석 2014

초판 1쇄 발행 2014년 10월 30일
초판 2쇄 발행 2014년 12월 24일

지은이 허진석
펴낸이 최종숙

책임편집 이태곤
편집 권분옥 이소희 박선주 문선희 오정대
디자인 안혜진 이홍주
마케팅 박태훈 안현진
관리 구본준
펴낸곳 글누림출판사
출판등록 제303-2005-000038호(등록일 2005년 10월 5일)
주소 서울 서초구 반포4동 577-25 문창빌딩 2층(우137-807)
대표전화 02-3409-2055 | **팩스** 02-3409-2059 | **전자우편** nurim3888@hanmail.net
누리집 http://www.geulnurim.co.kr
정가 18,000원
ISBN 978-89-6327-275-7 03990

＊이 도서의 국립중앙도서관 출판예정도서목록(CIP)은 서지정보유통지원시스템 홈페이지(http://seoji.nl.go.kr)와
국가자료공동목록시스템(http://www.nl.go.kr/kolisnet)에서 이용하실 수 있습니다.(CIP제어번호: CIP2014030411)